站在新的文明起点上

STANDING ON A NEW STARTING POINT OF CIVILIZATION

中国品牌经济体系、政策与价值取向

姜卫红　著

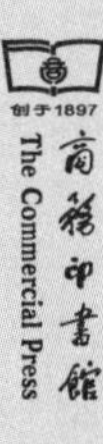

品牌经济研究与实践的开拓

每一个人都有自己的梦，有的人将个人的梦与国家的梦紧密地结合在一起。“位卑未敢忘忧国”，当姜卫红把他近年来学术研究的结晶《站在新的文明起点上——中国品牌经济体系、政策与价值取向》《迈向全球城市的密钥——上海品牌经济发展历史研究》《品牌：深刻地改变一切》，以“姜卫红品牌研究系列”之名放在我面前时，我很自然地想起了这句话。

在新一轮全球化竞争中，中国何为？中国学者何为？姜卫红品牌研究系列便是对此的独到诠释。《站在新的文明起点上——中国品牌经济体系、政策与价值取向》让我们从未如此清晰地明了我国推进品牌经济发展已有的体制机制架构的由来、已起到的作用，还有在未来应发挥的作用。具体来说，他对我国品牌经济的定义、内涵、体系结构、层次结构、保障体系、政策演变、地方实践、趋势特点、文化支撑等给予了系统深入的阐述。在阐述中，他又对中国自近代以来第一次鸦片战争后沦为半殖民地半封建社会，在被西方国家品牌化的历史耻辱中中国现代民族品牌萌发兴起，到民国时期，中国现代民族品牌在艰难中奋发图强，再到中华人民共和国成立和中华民族在中国共产党领导下，实现民族复兴、国家崛起，中国品牌以全新的姿态走向世界，与世界交融发展的历史进程，进行了客观精当的勾勒，雄辩地说明中国站在了人类文明进程新的起点上，一方面表明中国文明已步入新阶段，另一方面表明中国将对世界文明做出新的更大贡献。

《迈向全球城市的密钥——上海品牌经济发展历史研究》从历史的角度梳理了作者所生活的城市——上海品牌建设的历史脉络，让我们深切地感知在时代的大变迁中，尤其自上海开埠以来，上海品牌何以炼成。循着那些历史线索，我们可以真切地窥见上海乃至我国不同时代品牌建设的体制机制架构、法律面、政策面、产业发展特点、成就，如何从无到有，从弱到强，从点到线再到面，进而形成具有上海特色，乃至我国社会主义特色的品牌发展之路。因循这些线索，他又选择了一系列对上海经济社会文化发展影响至深的企业品牌案例，绝大部分延续至今，它们任岁月变幻、时代更替，茁壮成长，例如顾绣、豫园、江南造船厂、申新纺织公司等。这些案例显然是近代以来上海品牌崛起以及中国快速进入现代工商业文明的探路与标志，是中国实现现代化发展的引领与缩影。难得的是，他在此书中对中国共产党在新中国成立前上海创立的红色企业品牌也进行了钩沉，让我们知道当下如雷贯耳的大品牌如轮船招商局、华润等的由来，上海这座城市以及在这座城市里诞生的品牌是如此深刻地影响中国发展。此书当然也是我国第一本品牌经济角度的历史研究专著，不仅为品牌史研究，而且为历史研究拓展了新的领域。

《品牌：深刻地改变一切》是姜卫红这些年来在不同层次论坛、研讨会等场合的演讲或发言，及其在《解放日报》《文汇报》《中国名牌》《中国工业报》等报纸杂志上撰写的文章的结集，还包括他所承担的部分课题的研究报告及成果精选。从中可以窥见这些年来他所关注的品牌建设的领域，从国家层面，到世界第六大城市群——长三角城市群，再到我国国际化大都市上海，直至企业品牌、产品品牌如何实现创新发展，纵横捭阖，议论风生，几乎是我国近年来品牌建设经验的浓缩。他的诸多观点极为独到，例如该书收录的短文《民族品牌助推现代化经济发展体系建设》是他应邀在山东鲁花集团入选新华社民族品牌工程签约仪式上的演讲。在这次演讲中，他率先鲜明地提出品牌经济是我国构建现代化经济体系目前以及未来相当长时间里的主体性经济特征，这一提法真切地回答了近年来我国品牌建设力度不断加大的真实原因，并表明了中国经济未来发展的走向与方式。此书中还有一篇短文《品牌是无形的国土》，更是把品牌与国家疆域相提并论，振聋发聩，为我国今天大力实施“走出去”战略过程中如何发挥品牌作用，给出了深度阐释。

显然，姜卫红品牌研究系列对我国品牌建设的成就既进行了总结提炼，也直面问题，击中了我国品牌建设中不少痛点、难点等新老问题，难能可贵的是，他还提出了不少中肯的建议。如果说《品牌：深刻地改变一切》是带有散点式的剖析，那么《迈向全球城市的密钥——上海品牌经济发展历史研究》则是从时间的跨度，以上海为视角，全景式地表述了上海品牌建设的来龙去脉，《站在新的文明起点上——中国品牌经济体系、政策与价值取向》则为我国品牌经济发展方式构建起了面向未来的坚实的理论体系。因此姜卫红品牌经济研究系列是一个有机整体，彼此之间既有着紧密的内在逻辑关系，还有着形式上的依存关系，对于我国未来构建现代化经济体系，提出了很好的建议，也对我国如何更有效地促进经济可持续发展具有良好启迪，在我国品牌以及品牌经济理论研究方面可谓别开生面。

姜卫红对于促进我国品牌建设所开展的工作当然不止于此。他在执着于研究的同时，也是一位品牌经济实践层面上的开拓者、躬耕者。他参与推动举办了第一个上海品牌发展论坛；参与了我国第一个以品牌为命名的大型博览会——首届长三角（上海）品牌博览会。在姜卫红品牌研究系列中，对此活动以及这些实践均有所记载。

在姜卫红身上有着我国传统知识分子的理想追求，力争知行合一，以知识和实践回馈国家和民族。他承担了不少政府部门委托的品牌政策研究，使他的研究成果充分体现在品牌建设的政策方面。

阅读姜卫红品牌研究系列，还应与他的实践相映照来读，才能更真切地感知他这一品牌经济理论研究以及实践等多方面的阶段性成果的价值，可以说姜卫红同志是在用实际行动贯彻和践行习近平总书记所提出的实现“三个转变”，即“中国制造向中国创造转变、中国速度向中国质量转变、中国产品向中国品牌转变”。真诚地期待姜卫红不仅在我国品牌建设的理论研究层面、政策研究层面、决策咨询层面，还有在实践层面有更多开拓，取得更多建树，为我们这个时代实现伟大的中国梦做出更多贡献。

刘振华

（作者系品牌中国战略规划院创始人，山西省人民政府原省长，第十届、第十一届全国人大内务司法委员会副主任委员，第十六届中央委员。）

自序

挺直了，中国品牌经济

中国往何处去，如何去，去往后又将会怎样？千百年来中国人一直在寻求着答案。这一答案在不同的历史时期有着各自不同的特定回答，并且后人也有着不同的解读。了解历史，理解历史，特别是对当时语境中的人的了解与理解，感同身受，进而启蒙自己，憧憬未来，决定在当下乃至历史进程中如何自处。

历史行进到今天，中国何为？中国共产党在十九大报告中明确指出，构建现代化经济体系。那么，它在现阶段的主体性经济特征是什么？种种迹象清晰地表明是品牌经济。尽管在国家级的官方文件里，还只提及了品牌，没有提及品牌经济；而在相关省市的文件里，品牌经济的文字表述则越来越多。例如，在江苏、上海等省市政府的文件里不仅有品牌经济的文字，而且有着明确的指向。显然，国家对此仍较为审慎，但省市地方已经争先恐后地结合各自实际情况有声有色地践行，表明了一种由下而上、既成事实的趋势。截至目前，国家层面的文件里虽不提品牌经济，然而纵观其政策取向，又非常鲜明地直指品牌经济。品牌不等于品牌经济，品牌经济包含品牌。品牌是一种市场经济现象，品牌经济则是市场经济活动中品牌发展到一定程度后的一种经济发展方式，即以品牌为经济驱动力，有着自己独特的价值诉求、体系结构、营运规律，既作用于经济发展，同时又作用于政治、社会和文化的发展，呈现为一种迥异于以往的新的人类文明形态，对一个国家或地区（城市）的巨大提升作用不言而喻。

今日中国全力推进品牌建设，进而尽快形成品牌经济发展方式，草蛇灰线，伏脉千里。远在第一次鸦片战争时，中国在与西方的全面较量中无奈处于下风，一大批仁人志士痛定思痛，走上救亡图强之路。从戊戌变法、辛亥革命到新中国诞生，一百多年来的中国历尽坎坷，救亡图存，波澜壮阔。其中一个重要的表现乃是实业救国：从晚清的洋务运动到民国年间的国货运动，再到如今的“中国品牌日”，开辟了中国现代品牌从无到有、从弱到强、从小到大、从模仿到创新、从跟随学习到局部领先的发展之路。中国品牌一路走来，可谓千折百回，艰辛卓绝。构建现代化经济体系，充分发挥品牌经济的作用，既是对历史的赓续，又是面向未来的国家价值诉求，体制机制将随之做出深刻调整，在这一调整中，总有一些区域、城市、企业，或者个人走在前面，先行先试，或成功或成仁，有着无限的悲喜交集。联想到最近最高人民法院对于张文中、顾雏军等企业家案件的重审，莫不如此。这些案件一波三折、柳暗花明，何尝不令人感慨唏嘘？吴敬琏老先生一再大声疾呼：市场经济便是法治经济，显得特别意味深长，振聋发聩。须知，品牌经济首要的便是产权保护，这也是现代经济体系的基石。真诚地希望借助这次公开重审，能对权力进行一次有效的普法，现代的法治之光穿透权力的曲折幽暗以及坚硬，使这样的悲剧不再重演。从张文中、顾雏军当年意气风发的盛年之姿对照他们如今的龙钟之态，他们已然苍老。如果在他们身上没有发生这样的悲剧，他们会是如何大展宏图，为社会创造出多少财富？如果正义来得再迟些，他们还能看到公正到来的这一天吗？他们创造的企业品牌的无形资产将有谁给予评估、赔偿？他们人生的梦想与追求又有谁能赔偿？

中国的经济在崛起，经济总量已是全球第二，品牌的数量与质量齐齐上升。中国的崛起承载了太多时代、太多中国人的梦想。当我们把目光越过中国的上空，来到世界其他国家的文明史中追寻的时候，我们会发现任何一个民族在世界历史上的地位，不是看它获得了多少，而是为世界贡献了多少，还有为它的人民带来多少福祉。再回过头看一看中国自己的文明史，也表达着同样的理念，人性相同，人类的普遍价值有着惊人的一致性。文明的进程从来不会一帆风顺，也从来没有一帆风顺过，这也是人类自身的性情所决定。人类在创造自身文明的进程中，像一枚枚风中的落叶，不管风将它送往多高，终有一天会结结实实地落到大地上，化为泥土，这是人类的宿命。就像人类对于文字的使用一样。人类创造了它，用来沟通和相互理解，却又正是它造成人类的语言鸿沟，令人类隔阂纷争，生死相搏。文明的进程犹如白天与黑暗的交替，这是人类的常态，不会因为科技进步、物质丰盛，而让人类的精神世界、价值追求有多少改变，改变更多的是载体而已。因此，当我们构建现代化经济体系，实现质量变革、效率变革、动力变革时要警惕，我们是否会走向我们初心的反面。

在全球化竞争中，品牌经济让全球化竞争变得更加残酷，更加赤裸裸，更加腥风血雨。在这样一场竞争中，中国何为？在中国加入WTO时，美国便将中国当成假想敌。15年前，我担任《社会观察》杂志执行主编时编发过一篇翻译稿，题为《全球品牌的回归》，原作者John Quelch。稿件篇幅很短，1 000字不到。这篇文章介绍在2000年，也就是中国加入世贸组织时，全球前100个最有价值品牌中，美国占62个，这年美国的GDP占全球的28%。这篇文章认为全球品牌达到了市场饱和。美国同意中国入世，是让中国随即成为以美国为代表的跨国公司品牌的新兴市场。作为它们长驱直入的市场，我们为之付出很多，资源、土地、廉价的劳动力和市场等，有的自主品牌因此而消亡。但有一个不争的事实是，我们的经济总量跃升为全球第二，并诞生不少新兴品牌；在世界500强及其他不同的世界品牌榜上终于有了中国品牌，并且表现出强劲的上升势头。《全球品牌的回归》在文末这样预测："有两种力量开始驱使全球品牌回归：全球经济回升以及中国在世界经济舞台的崛起。吸引消费者重新回到全球品牌上来的，除了超国家的定位之外还需要有一种对抗的力量——对抗美国的品牌霸权的力量，中国就是这种力量。中国经济和工业增长的速度使它成为21世纪的世界工厂。同时，我们还可看到中国自己也将成为全球品牌的发源地。"他说对了。近年来，中国全力以赴构建"一带一路"，在上海举办盛大的中国国际进口博览会，与"一带一路"沿线国家共享中国改革开放的成果。这是中国对于未来全球化发展的超国家定位，并且明确推进《中国制造2025》计划。

奥巴马在任时，搞TPP，特朗普上台后将之弃如敝屣，他以更直接的商人方式，试图运用贸易保护主义，拿知识产权说事，对中国经济发展大加挞伐，以此实现美国优先。他以中兴通讯祭刀，一下子敲醒众多中国人的美梦，认清中国的真实国力和中国品牌的真实力量。与美国品牌相比，中国除极少数品牌相对强而言（注意，是相对强，不是绝对强），大部分是弱势品牌，无论知识产权，还是商业模式等，都与美国品牌有着巨大差距。可是与美国品牌的全面对抗已不可避免。在品牌的对抗中，能否取胜不是看谁的品牌数量多、体量大，或是口号响，而是看谁拥有多少强势品牌以及背后的国家体制、国家意志和国家文化的支撑有多强。在这些方面美国值得中国继续学习，中国本质上追求的是长期品牌价值。

2014年4月，在由我负责操办的第三届上海品牌发展论坛上，时任上海市副市长周波在致辞中明确提出上海要率先向品牌经济转型发展，这是针对上海经济的实际情况而采取的一种经济发展方式，是上海经济发展的内在需求。他致辞的情形我至今仍清楚记得。那天他直接从机场赶到会场，稍事休息后，便直接登上讲坛发言。之后，上海市品牌建设工作联席会议办公室开始对上海品牌经济发展方式进行探讨，并委托我们上海品牌发展研究中心担纲相关文件的起草，这便是2016年9月1日起执行，由上海市人民政府办公厅印发的《本市贯彻〈国务院办公厅关于坚持发挥品牌引领作用推动供需结构升级意见〉的实施办法》(〔2016〕38号)。在这份文件中上海在全国各省、直辖市层面率先提出品牌经济这一概念。作为这份文件起草的直接领衔者，我知道在之前，青岛、宁波等城市的政府文件中已提出品牌经济概念，但它是品牌的经济，是产品经济条件下的品牌建设，以争创驰名商标、著名商标、名牌为主，并没有把它视为一种经济体系以及经济发展方式，虽然这种论述自有其价值。在学术研究上，也已有人对此做出贡献，例如山东大学孙曰瑶教授的《品牌经济学》(经济科学出版社，2005年)，还有他与刘华军合著的《品牌经济原理》(经济科学出版社，2007年)，他们的研究是以品牌为对象的经济学分析，属于微观经济学范畴，而不是从宏观经济学角度的分析。许多大学也还仅停留并满足于在管理学下的分支来教学，局限于如何塑造企业品牌、产品品牌以及品类品牌上。这份文件则明确了品牌经济的三个层次、五个内涵。其中，三个层次正确来说是五个层次，即城市品牌、区域品牌、产业品牌、企业品牌和产品品牌。文件中将区域品牌与产业品牌归为一个层次，企业品牌与产品品牌归为一个层次；五个内涵为：诚信立本、科技创新、质量保证、消费引领、情感维护，五个内涵当全面贯穿于每一个层次的品牌。上海在我国品牌建设中具有举足轻重的地位与作用，它不仅是我国现代品牌的摇篮，更是新时代全国改革开放的排头兵、创新发展的先行者，长三角高质量一体化发展的龙头，代表国家参与全球性合作与竞争。显然上海的理念与实践在我国品牌经济发展中有着强大的示范、引领效应，对于具体的研究者以及实践者有着相应的高要求。

品牌经济不仅需要理论解答，同时具有很强的实践性。紧接着，我又领衔中国品牌经济价值指数体系研究、上海品牌经济政策研究等系列课题。在研究中我极注重理论与实践相结合，在开展中国品牌经济价值指数体系研究时，以文件中“五个内涵”为主要依据，并与上海医药行业协会合作，形成上海医药行业企业品牌指数，在2017年11月8日，上海医药行业协会成立二十周年之际公开发布。在2018年4月28日首届长三角（上海）品牌博览会上举行的第四届长三角城市·品牌发展论坛上做了医药企业品牌榜发布。上海品牌经济政策研究则又使我们对国内外的品牌政策做了较为深入的比较和分析，对上海未来实现全球卓越城市需要采取什么样的品牌政策有了初步的系统性认识。我深切地认识到品牌政策在品牌经济建设中具有不可替代的纲领性和导向性的作用，然而国内外关于这方面研究较为缺乏。有一次参加一个高校组织的以品牌为主题的论坛上，一位著名教授就我国品牌政策现状发言，我听了以后，直皱眉头，尽管他参加过政府关于推进品牌建设的一些征求意见之类的会议，但对于政府的运作体系以及相关品牌政策并不熟悉。这使我感到进行这一研究的必要性。在写作上海品牌经济历史研究的导言时，我任由这一思绪牵引，乃至完成全书写作后，才发现这一部分可以独立成书。品牌中国战略规划院常继生副院长阅读了初稿后，他建议应独立成书，我又听从了他的建议，对于这部分内容，我在北京、上海、广东、福建和安徽等地有关论坛以及培训会上以中国品牌经济政策的演变及趋势为题演讲，较受欢迎。

现在我终于把导言部分扩展为本书，形成相对完整的理论架构以及内容体系。在扩展过程中，我不可能两耳不闻窗外事。正因为闻了窗外事，风声雨声读书声，声声入耳，更感写作此书的紧迫性、重要性和针对性。与此同时，我不断地陷入较为沉重的思考，到底何为品牌经济？品牌经济作为市场经济的产物，现代化经济体系在现阶段乃至未来相当长时期里的主体性经济特征，既有鲜明的意识形态的烙印，同时又超越意识形态，有着一般性经济意义。但又仅仅是经济意义吗？在品牌经济的理论范式以及实践中，人的情感、审美、精神等均为生产要素，可以作价，一切价格化、资本化。唯一的区别是谁卖出更好的价格，谁获得最有品质的物质载体以及服务。它以物质载体占有消费者的时候，不仅仅是肉体的占有，而且是灵魂的占有。这就是所谓的品牌奴役、品牌殖民。品牌经济的另一面应是品牌伦理、品牌法治、品牌文化，对品牌经济发展给予应有的矫正，并赋予其灵魂。我国以“一带一路”倡议为标志，推动全球经济一体化发展，我国的国际化进程大大加快，为世界文明注入一股清新的活力，自然对品牌经济发展提出了更高要求。这一要求对品牌经济本身意味着什么？对中国未来又意味着什么？为“一带一路”沿线国家带来什么？为全世界又带来什么？在人类文明史中如何担当？在哲学层面上，乃重建人与物质世界的关系。

显然，在现代化经济体系里，品牌以及品牌经济应有自己的品格与道德诉求。2016年4月、5月、6月、9月这四个月，国务院密集出台了关于品牌建设的文件，主要包括《关于印发消费品标准和质量提升规划（2016—2020年）的通知》《关于发挥品牌引领作用推动供需结构升级的意见》《关于开展消费品工业“三品”专项行动营造良好市场环境的若干意见》《关于印发贯彻实施质量发展纲要2016行动计划的通知》，中共中央、国务院印发《国家创新驱动发展战略纲要》，等等。从创新、质量、消费、供给侧等改革全面推动中国进入品牌创造时代，被定位为“国家品牌政策年”。2017年4月，国务院批复国家发改委明确将每年5月10日设立为“中国品牌日”。2015年10月15日，中共中央、国务院印发《关于推进价格机制的若干意见》。2016年6月1日，国务院印发《关于在市场体系建设中建立公平竞争审查制度的意见》。2017年10月23日，国家发改委、财政部、商务部、国家工商总局[1]、国务院法制办联合印发《公平竞争审查制度实施细则（暂行）》等，推动公平竞争。2016年11月27日，中共中央、国务院印发《关于完善产权保护制度依法保护产权的意见》，提出有错必纠。2017年9月8日，中共中央、国务院印发《关于营造企业家健康成长环境　弘扬优秀企业家精神更好发挥企业家作用的意见》，再次提出“加快建立依法平等保护各种所有制经济产权的长效机制”。2018年1月2日，最高人民法院印发《关于充分发挥审判职能作用　为企业家创新创业营造良好法治环境的通知》，然后紧接着是对张文中、顾雏军等案的重审。2018年2月28日，中共中央印发《深化党和国家机构改革方案》。2018年4月，中共上海市委、上海市人民政府印发《关于全力打响上海“四大品牌”率先推动高质量发展的若干意见》。这些从中央到地方的体制、机制的重大调整以及相关政策的连续出台都不是孤立的，而是紧密联系、彼此衔接、互为支持，表达我国正在构筑从中央到地方的立体化的品牌政策体系以及践行体系，使品牌经济发展方式从价值主张、市场机制、行政体制、政策条文、法治保障等实现整体性匹配。美国施行的贸易保护主义行径再次倒逼我国加快构建现代化经济体系、加速品牌经济发展，张文中、顾雏军等错案的纠正必然对我国法治化营商环境、调动企业家在实施品牌强国战略中的积极性具有巨大的促进作用，但如果仅仅止于此，显然不够。

政策不是万能的，制度需要时时修正，核心是要挖掘并展现人的积极面、

1　本书中提及国家行政机构，均为涉事时间的机构名称。详请参看本书后面的相关说明。

光明面。在品牌经济发展中，企业家代表着市场活动的重要主体，是践行品牌经济成败的关键。对张文中、顾雏军等案的重审纠正，究其实质表达了政府对于民间的承诺，“政府本身并不是从棋盘外部介入的主体，而是被视为在棋盘上行动的参与人”。[1]以此力戒权力的傲慢，极力避免对企业家们非市场因素的无端伤害，达成国家与市场经济重要一方——企业家的和解，建立既“亲”又“清”的规范的政商契约，重拾民间信心。另一方面，谁将给予张文中、顾雏军们道德层面的歉意，承担必要的道义责任，并给予那些施害者必要的惩戒？唤醒他们作为人的良心，还有被冤枉的他们——企业家——公民应有的荣誉与尊重。在品牌经济发展中，国家不仅要彰显法治的力量，还要展现道德的魅力以及新型的文化范式，才能有效地制止悲剧重演。

在文明错综复杂的进程中，品牌建设有时难免在黑暗中前行，然而只要有明月、繁星和灯光的照引，就不会看不清要走的路，并且一定能走上康庄大道。

1 [日]青木昌彦:《制度经济学入门》，彭金辉、雷艳红译，中信出版集团，2017年8月第1版，第28页。

目　录

导言

新全球化背景下的品牌经济发展

不同的历史时期，全球化有着不同的形态。不同形态的全球化连缀在一起便深刻地反映出全球化的历史进程。当全球化的历史行进到2017年1月20日，那个有着一头金色卷毛，显得特立独行，名叫特朗普的美国老头以古稀高龄当选美国第45任总统时，与以往迥异其趣的新全球化，或者说新一轮全球化的大幕自此撩开。他以自己的主张、措施在全球范围内力推美国优先，包括美国再工业化，与中国发出的“一带一路”倡议针锋相对，大打贸易战，中美之间经贸摩擦自此越来越加剧，同时他与自己传统的盟友——欧洲诸国也日益产生新的经贸恩怨。随后随着2021年1月20日，比特朗普更为年长，年届78岁，温文尔雅的拜登当选美国第46任总统后，与特朗普一样将中国定位为“战略竞争对手”，但有一个变化更令人忧虑，他从特朗普对中国的不可持续的“硬遏制”向可持续可操控的选择性“巧遏制”转变，[1]中美之间的竞争更趋激烈复杂。

对此，如何认知这一新全球化背景下未来世界经济发展的趋势，直接决定了我们今天以及未来一段时期里的经济发展方式，甚至于文化范式的选择。尽管在事实上做出这种选择何其艰难，但还是必须无条件地以各种方法与途径进行探索，只有这样我们才能在自立于世界民族之林的发展之路上处变不惊，稳健前行。在现阶段，乃至更长历史时期里，不遗余力地推进品牌经济发展，是我们在这一新全球化背景下深刻把握世界经济发展趋势，构建社会主义现代化经济体系，让“一带一路”倡议行稳致远，化解国内乃至于更大范围内人民日

1　李庆田，魏琢艺:《拜登政府对华的“弹性遏制战略”》，载《现代国际关系》，2021年第5期，第9页。

益增长的美好生活需要和不平衡、不充分发展之间的矛盾，在未来世界文明竞争中胜出的伟大实践。

一、世界经济竞争深刻地反映为品牌经济竞争。自近代以来，所谓全球经济一体化，事实上是由西方发达国家引领并推动，以跨国公司品牌为具体载体，以品牌为标志的经济发展方式的竞争，即品牌经济竞争。这些西方跨国公司品牌像一只只忙碌的蜘蛛编织起全球经济网络，由于有母国的军事、外交等全方位的保驾护航，甚至于充当急先锋，它们几乎毫无对手，在世界各地攻城略地，安营扎寨，促使自己做大做强，成为母国实力的标志与载体，攫取世界经济利益以及控制世界的抓手，不断地奠定母国在全球的优势地位。跨国公司品牌无疑是移动的国土。因此，一部世界近代史，在某种意义上是西方发达国家跨国公司品牌做大做强史，虽然其内部有着激烈的此消彼长，包括随着科技创新、产业嬗变，诸多跨国公司品牌的新陈代谢，但总体上保持了绝对优势地位，因而相对产生了一定优越感。它们深谙品牌之道，对他国经济实施品牌化战略，即运用处于强势地位的跨国公司品牌实施品牌输出，以品牌为载体，整合他国廉价的自然资源、人力资源等为其生产优质的产品，再以全球、区域、本国以及他国为四种市场，对他国经济牢牢地进行低端锁定，多重获利，雄踞世界经济价值链高端，获取最为丰厚的利润，使强国恒强，弱国恒弱，不妨称之为品牌殖民。优质品牌在全球范围内的分布体现出不同国家的强弱。

在这一进程中，东方乃至于更大范围内的国家的经济几乎毫无还手之力，乃至拱手相让。但与此同时，奋起抗争，充分调动自身的各方面资源，师夷长技以制夷，积极培育自己的民族品牌，推动自己的工业化发展，以愚公移山般的精神，建立自己的现代工业体系和现代商贸服务业体系，收到了较好成效。时至今日，全球经济一体化不再是西方国家的简单地到处进行品牌殖民，而是东方等其他国家用自己精心培育的品牌以其人之道还治其人之身，在全球化中由被品牌进而主动出击，催生了一批属于自己的跨国公司品牌，争取一个国家必要的生存与发展的空间，为人类发展做出应有贡献。品牌又无疑是弱国转变为强国，后发国家实现弯道超车的重要抓手，融入全球经济体系并发挥作用的关键载体。全球经济竞争由此在一定程度上，极其自然地演变为以跨国公司品牌竞争为主要形态的品牌经济竞争，并以此构成新一轮全球化中经济竞争的主要形态，推动世界经济增长的主要动力。

自2008年世界金融危机以来，世界经济格局再次发生一系列戏剧性变化，其中一个重大变化直接反映为：一是以美国为代表的发达国家面对发展中国家，特别是中国经济的赶超之势，充分发挥先发优势，通过制定新的全球贸易规则等措施，从科技以及知识产权运用与保护等方面，以跨国公司品牌为载体，进一步加强对中国等发展中国家的低端锁定。在这方面，美国自特朗普执政之后虽然放弃了原来奥巴马倡导的TPP，但意味着他们做出了新的选择，以减税、再工业化等更加直接致命的方式，强化美国优先原则。二是中国等发展中国家面对以美国为首的发达国家对自己的围追堵截，纷纷探索新的发展模式以应对，能否胜出，尚有许多不确定因素，但无疑是新一轮全球化的重要表现。对此，从中国领导人、政府官方文件再到民间有一个词的使用频率越来越高，那就是“品牌”，并正在成为举国上下的共识。2017年4月，国务院专门发文，将每年5月10日设立为“中国品牌日”。中国要真正崛起于世界民族之林，并在新一轮全球化中胜出，经济发展真正实现从高速度增长到高质量发展的转变，品牌是最有力的载体。并以拥有一批具有强大国际竞争力的世界级自主品牌为标志，在此过程中必须形成有效的品牌经济发展方式。

二、发达国家已形成推进品牌经济发展的系统性制度安排。发展中国家的品牌经济发展与发达国家的品牌经济发展相比，显然，发达国家经过多年探索，已拥有系统性的品牌经济发展的制度安排，值得发展中国家借鉴。发达国家的品牌经济发展制度是随着工业革命兴起而随着工业迅猛发展，从短缺经济演变为过剩经济，在过剩经济条件下如何推动经济发展而逐步形成。这一制度安排体现在经济、社会和文化的方方面面，主要体现为四个部分：一是良好的法治体系。这一良好的法治体系具有全球视野，不仅适应国内经济发展需要，同时对推动世界经济良性发展产生积极作用。在15世纪至19世纪，英国、法国、美国、德国、西班牙和日本等国家纷纷制定了《反垄断法》《专利法》《版权法》和《商标法》等，建立了自己的知识产权制度。随着市场一体化的推进，这些工业化先发国家对全球范围内的经济秩序也进行制度性探索。例如历时十年准备，在1883年由比利时、法国、巴西、萨尔瓦多和意大利等11个国家签署的《保护工业产权巴黎公约》，迄今为止，经多次修订，在世界范围内产生越来越大的影响。目前缔约方，包括中国在内已扩展至170多个国家，为世界各国品牌的知识产权运用与保护提供了共同遵守的法律依据。二是建立在良好法治体系下的高度的市场化竞争机制。通过建立严格的遵守契约制度、人才培养制度、消费者权益保护制度等，规范市场运营。政府给予积极的政策引导与企业的自身追求形成高度的互动关系。一方面政府依据法律，制定相关的政策条文，并成立相关的推进品牌建设机构，提供强有力的组织保障和各种支持，形成良好的品牌建设氛围。例如德国工业设计运动的奠基人穆特西乌斯在1907年推动发起成立了德国第一个制造联盟——德意志制造联盟，旨在主张标准化和批量化生产的设计组织，提倡把功能性和装饰性的设计思想与机器生产深度结合。他的有关标准化思想，如"设计独立于经济""设计品质不能唯利是图"，成为德意志制造联盟所遵循的原则。1917年，德国建立了国家标准化协会（DIN），推动建立相应的认证体系。它虽然是一个非政府组织，但却是德国工业生产标准化的合格认证机构。2000年，瑞士联邦议会通过成立"瑞士国家形象委员会"议案，由该机构专门负责向国际推广瑞士国家形象。韩国作为品牌建设的后发国家，推进力度较大，取得了较好的效果。李明博任总统时在国家层面出台了《关于提高国家品牌价值的规定（总统令第21283号）》。根据这一规定，2009年1月22日，韩国的国家品牌委员会正式成立，由计划财政部、教育科学技术部、外交通商部、法务部、行政安全部、文化体育观光部、知识经济部和国土海洋部的长官，国务总理室长、通信广播委员会委员长、首尔特别市长、总统室国家品牌计划官（兼任委员会干事）等50名以内的成员构成，委员长由总统指定，指定委员人任期2年。[1]这些政策以及机构的成立，不仅促进了国内品牌建设，同时在世界范围内打造国家品牌，深入促进本国城市品牌、产业品牌、企业品牌和产品品牌的国际化发展。另一方面，企业家精神得到充分发挥，企业品牌、产品品牌与企业家的人格魅力、市场拓展等方面形成多位一体的良好局面，在消费者心目中树立起良好的品牌形象。三是科技研发体系支撑，主要表现为重视人才培养、科技研发和科技成果的产品品牌化转换。在这方面美国、德国、日本、英国等国家都有不俗的表现。例如美国在20世纪80年代出台了《拜杜法案》，"规定高校将拥有由联邦政府赞助研制的科研成果的所有权，加快了高校科研成果向实际生产能力的转化。在这部法案的鼓励下，美国出现了一大批在生物科学、医学、化工领域、信息技术领域非常活跃的著名学校。这也加快了高校科研成果的转化，使美国的科学技术发展居世界领先地位，并拥有像微软、耐克、IBM、苹果等一系列知名的品牌企业和产品品牌"。[2]四是对于品牌发展规律以及微观运作的专业化研究与服务。从高校教学与研究到企业品牌建设之间的探索，形成了全方位的专业化服务体系，这种专业化服务体系既富于全球视野，同时注重品牌在微观层面的实操性，进而深深地内化为企业以及企业家的内在动力，成为他们在企业经营中自觉的价值追求。这一服务专业化研究与服务本身以市场化、产业化的方式进行。例如《财富》杂志每年发布的世界500强排名，世界著名的品牌评估机构、世界品牌实验室、Interbrand和BrandZ等所做的各类品牌排行榜，已成为全球品牌发展的风向标。再如国际标准化组织推广的ISO认证体系，得到了世界各国的响应、认同和践行，不仅有效地帮助了企业的质量体系建设，进行品质管理，真正达到法治化、科学化的要求，极大地提高了企业的工作效率和产品合格率，迅速地提高了企业的经济效益和社会效益，而且对消除国家间的贸易与技术壁垒有着良好的促进作用。

1　刘瑞旗，李平等:《国家品牌与国家文化软实力研究》，经济管理出版社，2014年12月第1版，第104—105页。

2　刘瑞旗，李平等:《国家品牌战略问题研究》，经济管理出版社，2012年6月第1版，第134页。

三、跨国公司品牌正对全球秩序治理与国家权力带来新挑战。任何事物的发展都有它的两面性或多面性，这是事物在具体发展过程中渐渐显现出来的。在全球化推进进程中，有一个现象值得关注，那就是无论发达国家的跨国公司品牌，还是后发国家的跨国公司品牌，其中不少跨国公司品牌的国家属性正在有意或无意地弱化，正朝着无国界的品牌演变，使人类普遍性的国家公民身份有力地朝着世界公民身份转变。还有一个值得关注的现象：一是人类在组织生产时，对于产品采购普遍变成非品牌不采购，全球买，全球卖；二是人类在日常生活中，淹没于品牌的汪洋大海，相当一部分人非品牌不消费，变成了名副其实的品牌人。这些在全球范围内移动的产品采购人以及品牌人的国家意识正在普遍淡化，即使高喊爱国口号，也决然不会成为民族自主品牌的拥趸，而只是视品牌为圭臬。这些现象对国家经济发展、全球经济活动以及全球治理均带来全新的挑战，一方面表述为国家应往何处走，另一方面表述为全球化应往何处去。

人类的世界性组织以及世界性规则虽然近年来快速发展，但人类还普遍以国家为主体施行全球秩序治理，品牌以及品牌消费的国家属性、民族属性是基本状态，品牌经济竞争究其实质所反映的依然是国家间的经济较量，并且在一定程度上反映为不同文明之间的冲突。这一文明冲突是品牌经济深层次竞争的反映。亨廷顿把世界的冲突归结为文明的冲突，他认为：“在一个世界各国人民都以文化来界定自己的时代，一个没有文化核心而仅仅以政治信条来界定自己的社会哪里会有立足之地?”借用这句话，我们可以如此表述，在品牌经济竞争中，一个没有自主品牌为核心竞争力而仅仅以政治信条和文化信条来界定自己的国家哪里会在世界上有立足之地。亨廷顿敏锐地观察到，“全球范围内，存在着国家政府丧失权力的趋势，其过程也是通过把权力下放给次国家的、地区的、省的和地方的政治实体。在许多国家，包括那些发达世界中的国家，存在着提倡实质的自主和脱离国家的地区运动。各国政府在相当大的程度上已失去了控制资金从它们的国家流入和流出的能力，而且越来越难以控制思想、技术、商品和人员的流动。简而易之，国家边界已日益变得容易被渗透”。[1] 导致这一局面出现的相当程度上的原因是跨国公司品牌的全球活动，及其这一活动所引发的劳动者、消费者以及资本的全球流动，国家在依赖于由它们控制世界的时候，同时把权力也让渡给了它们。它们的趋利性需要在全球范围内自由流动时，又必然视国家为阻碍。它们不仅仅趋利，同时必然地成为独立于国家以及民族之外的思想、文化的生产者、传播者。

在品牌化下，国家的界限日渐模糊以及国家权力在弱化已是不争的事实，品牌将由此越来越超越国家与民族的属性，而成为属于全人类共有的财富，全人类文明的结晶，这是人类必须加以正视的。中国在新全球化竞争中加快走出去步伐时必须充分意识到这一点，并且应有自己切切实实的应对之策，即当我国一批自主品牌（无论国有性质，还是民营性质）在全球化进程中成为世界品牌时，如何避免对国内就业、经济发展以及国家权威等可能产生的不利影响。

四、新全球化下品牌的国家属性正在强化。全球化在不同价值引领以及不同科技发展水平的支持下有着不同的表现，但就其本质而言，在一批发达国家跨国公司品牌的具体践行下，世界各地的经济发展变得日益紧密。当然就美国而言，“在冷战结束后，全球化概念被注入了一种意识形态上的含义：全球主义。它缘起于华盛顿共识的新自由主义信条，这一共识由冷战结束后的美国首任总统克林顿发起，并由克林顿的继任者小布什和奥巴马贯彻执行。华盛顿共识构想了一个在经济、政治和国际关系方面采用统一规范和标准的世界。国家边界将逐渐失去意义甚至消失。文化差异让位于普世价值。选举民主和市场资本主义将主导全世界。最终，所有国家的治理方式都将趋同”。[2] 经过二十多年来的践行，2007年诺贝尔经济学奖获得者埃里克·马金斯在其《为什么中国的贫富差距日益扩大》一文中写道，“首先，支持全球化的人说，全球化会给穷国

1　[美]塞缪尔·亨廷顿：《文明的冲突与世界秩序的重建》，周琪，刘绯，张立平，王圆译，新华出版社，2010年1月第1版，第13页。

2　熊一舟编译：《全球主义的终结》，载《社会科学报》，2017年1月26日第7版。

带来繁荣和昌盛，应该说这种预期已经成为现实。30年前中国是一个贫穷的国家，现在中国不再贫穷，为什么中国在过去30年表现这么好呢？就是因为全球化。同时，中国、印度从全球化中深受其益，中国和印度已经意识到全球化有多么强大。”面对未来，美国在对以往全球化的反思中，重建美国优先的全球规则，从而开启新全球化。有的评论视其为逆全球化，但事实上是不可能的，只不过美国要采取与过去不同的方式来推动全球化。美国认为在以往华盛顿共识的推动下，美国并没有得到事实上的好处，它反而削弱了美国的全球领导力。美国要简捷有效地，甚至粗暴地调整美国与其他国家的劳动分工，增强美国的经济实力，改善美国的国内社会公平，提高美国的全球领导力，更赤裸裸地把任何欲与美国争雄的国家打压下去。美国强硬地强化美国公司品牌的国家身份，阻止一批美国跨国公司品牌打着全球主义口号，事实上只让美国社会顶层少数人受益，在客观上又帮助其他国家发展的现象发生。这从美国不遗余力地要求美国企业品牌必须保持与国家行为一致的种种措施，进而合力打压中国品牌——华为这件事情上暴露得十分充分。

对此，世界比任何时候都更需要一个新秩序，更有效的全球治理，包括政治的、经济的和文化的。中国在这一进程中，只有进一步发挥自己的作用，强化自身的地位，才能有效地促进国家崛起和民族复兴，平衡世界发展。世界范围内国家之间的竞争、品牌竞争将尤为激烈。这对于中国改革开放以来的路径依赖，包括品牌建设的路径依赖均带来新的巨大挑战。任何品牌的国家身份将得到前所未有的强化，而不是弱化。它深深地交织着国家与国家之间的利益之争、发展空间之争，像一滴水折射整个太阳一样，映照出世界范围内各种军事对抗、意识形态纷争、外交交锋之所以发生的根本原因。与此同时，它的世界的以及民族的身份，也得到前所未有的清晰凸现。它必须不断实现世界的品牌、国家的品牌、区域的品牌和民族的品牌等多重身份之间的有机均衡，担负起人类命运共同体的文明对话、文明交融的有效载体，才能不断获得发展空间。

五、关于本书的内容与框架。在新一轮全球化背景下，中国如何推进品牌建设，事关中国未来在世界文明中如何自处的大事。显然，中国共产党十九大报告中明确提出构建现代化经济体系，中国经济必须实现高速度增长向高质量发展的转变，意味着中国站在了新的文明起点上。对此，有必要明晰品牌经济的概念，及其在推进品牌经济发展中如何发挥品牌政策的作用，进而多角度、多层次、立体全面地聚焦品牌发展。本书首先着重于品牌经济的定义、内涵、特征等系统分析，指出品牌经济是建立在当下各层次品牌充分竞争条件基础上，人类劳动分工进入新的历史阶段的一种全新的经济发展方式，通过价值型、创新型发展，实现经济可持续增长。品牌建设业已成为政治、经济、社会和文化的核心活动，人类因此将更加专注于品牌建设，人类的文明也正以一系列品牌来呈现。其次对我国品牌建设的艰难历程、政策演变、体系以及趋势进行深入剖析，对国家品牌政策、地方政府品牌政策的特点、问题进行系统梳理，并分别以我国第六大世界级城市群——长江三角洲城市群品牌建设、我国现代品牌摇篮——上海为例，对品牌政策样本做出分析，如何通过持续的敢为天下先的开放、创新，推陈出新，实现品牌经济发展。另外对于推进我国智慧城市品牌、智慧旅游品牌以及信用品牌建设提出了思路性建议。最后，具体梳理我国品牌文化，对我国品牌经济文化范式做出恰当阐述。品牌经济的健康发展离不开与之相应的品牌文化支撑，品牌文化深刻地决定了品牌经济的价值取向、行为模式，还有结果。

第一章　品牌经济及品牌文化的定义

近年来，品牌以及品牌经济正迅速成为时兴的一个名词，其兴起有着天然的历史必然性和巨大的现实性，不仅非常鲜明地传递出目前我国以及世界范围内，正在不断勃兴的品牌经济现象，而且深刻地传递出人类历史上从未有过的经济发展的崭新形态以及趋势，及其因此而呈现的新的人类文明范式。对此，有些人由于固有的成见而无视，或用其他名词，例如知识经济、互联网经济等来解释和把握这一经济现象。可是当我们一旦考察知识经济、互联网经济等如何更有效地获得价值时，不仅仅是科技以及知识本身的价值，而且是经济与人文的价值，即这些知识经济、互联网经济等必须既给予人类高品质的物的使用价值，同时必须带来精神愉悦和审美层面的价值，品牌是无论如何绕不过去的。品牌像一座高耸入云的大山一样屹立在我们面前，这就与品牌经济深度关联，还有与此如影随形的品牌文化。

第一节　品牌经济的定义

关于品牌经济，自然应从品牌的经济来定义。品牌自身作为人类经济活动的产物，伴随着人类的经济活动而产生，是一种有信用承诺的物品，可以是服务，也可以是产品，是人类为了矫正自身在经济活动中出现的坑蒙拐骗、恶意竞争等人性的丑陋，追求一诺千金的优质服务而出现的一种符号，对于经济健康发展和人类自身升华有着良好的正面导向作用。为了便于消费者识别，它必须形成自己独特的识别符号，不仅表现在外在的商标、设计等，还内含质量、工艺、专利、情感、思想，以及为了获取利润的交易价格等方面，有形的属性与无形的属性是如此紧密地交织在同一个物体上，说明任何品牌的意义指向是多义的，不可能只是单一属性，凸显其固有的、呈现为圆形的多面性特点。“品牌的空间和多面特征交叉穿过政治、经济、社会和文化生活：作为市场中的商品和服务它们具有经济特征；作为集中生产、流通和消费的物品它们具有社会特征；作为提供含义和身份的实体它们具有文化特征；作为知识产权监管、金融资产销售和富有争议的象征物它们具有政治特征。”[1]

在漫长的农业时代，品牌虽然无处不在，人们对于品牌的认知拥有诸多本质把握，例如讲究质量、诚信为本、童叟无欺等，至今依然有着深刻影响，并且还将必须继续产生影响，但毕竟它是处于自然状态，对于品牌在经济活动中的地位、作用与意义，很难自觉地做出全面挖掘和深刻思考，因此它在人类经济活动中的作用一时之间难以得到更大程度发挥。伴随工业时代的到来，品牌在经济活动中的地位与作用越来越显示出它的重要性和必要性，人们对它的认知越来越深化，认识到它不仅是一种经济范式，而且还是一种文化范式，同时折射出某种政治范式、社会范式。经济范式体现为推动经济发展的一种良好方式，文化范式体现为一种价值观，能有效地塑造人在经济活动中的美德。政治范式体现出群体性价值诉求，而社会范式则体现出它对于社会行为的规范与引导。本书所着重阐述的是品牌的经济范式与文化范式。在文化价值链中，价值观反映为行为方式，行为方式直接导致结果。也就是说，什么样的品牌经济是什么样的品牌文化的反映，而什么样的品牌文化必然孕育并分娩出什么样的品牌经济，两者相辅相成。这样我们便不难理解，每一个品牌既是一个国家和民族经济竞争力的具体体现，同时，自然而然也是它们文化的深刻反映。品牌的打造过程，即是与之相吻合的文化不断显性化的过程，在这一意义上，品牌俨然是一个国家和民族硬实力与软实力完美的结晶、综合竞争力的标志，人们对

---

1 ［英］安迪·派克编:《品牌与品牌地理化》，邓安龙译，经济管理出版社，2016年3月第1版，第4页。

于品牌的认知以及对于品牌的打造变得前所未有的丰富、复杂和迫切，品牌的作用与意义不断地超越出人们对它的原有认知。

由此可知，品牌经济是人类经济活动中随着时代不断发展，不以人们的主观意志为转移而逐渐显现的一种经济形态，在不同时代有不同的表现。从中我们可以清晰地观察到人类物质文明转型的方向。如今前工业时代与后工业时代相交织，传统农业时代与现代农业时代相辉映，工商文明高度发达，人类步入以工商经济为基础的社会形态，工商业在经济比重中占有压倒性优势，工业与现代服务业占比不相伯仲，全球主要城市的现代服务业占比高于工业，即人类进入到后工业化时代，人类的劳动分工进入新的历史阶段。亚当·斯密在其《国民财富的性质和原因的研究》(《国富论》)一书中认为经济增长源于分工，而分工由交换促成。分工是人性中某种倾向的必然结果，它让人类最“不同的才能彼此都有用处。他们用各自才能生产不同的产品，通过互通有无、以货易货和交换，这些才能仿佛成了一种共同财富，在人类这里，每个人都可能买到他所需要的其他人才能生产的任何产品”。[1] 他又指出分工带来专业化。这种专业化带来生产组织结构的裂变，这种裂变又导致专业化分工程度日益深化和细分化，经济效率随之得到不断提升，经济总量也随之得到不断增长，组织结构、生产结构与经济效率相得益彰。这种分工的深化细化，对于社会而言，形成各种不同阶层；对于知识而言，导致知识爆炸；对于科技而言，各种发明层出不穷，并被应用到人类的生产方式之中；对于产业而言，新兴产业不断涌现，相互之间日益融合，产业迭代加速；对于市场而言，各种商品层出不穷，琳琅满目；对于资源而言，土地资源、矿产资源等被过度开发。商品经济高度发达，人类社会由此从短缺经济进入过剩经济，产品过剩、服务过剩，而带来极大浪费。人们对于商品的选择变成一个问题，选择成本急剧上升，包括知识成本、时间成本和信用成本等，不得不开始凭品牌选购。只有通过品牌选购才

1 ［英］亚当·斯密:《国富论》，唐日松等译，华夏出版社，2005年1月第1版，第15页。

能最有效地降低选择成本。品牌竞争加剧，这一切的变化若缺乏适当的制度加以约束和理性引导，便是资源滥用与不可持续。人们开始对这种经济增长方式进行反思，规范的制度对于经济持续健康发展具有关键性作用，从中也反映出制度在不同经济发展阶段的变迁，由此构成了品牌经济的动力发展路线（见图1-1）。什么样的经济形态，反映出什么样的经济制度。反之，什么样的经济制度引导并推动与之相吻合的经济形态的生成与发展。显然原有的经济制度难以适应变化了的经济形态，必须做出必要的变革。人们普遍认为原有的经济制度是一种粗放型的经济制度，这种制度下的经济发展方式是粗放型的经济发展方式。当面对变化了的经济形态，我们需要从实际出发，即从品牌视角加以梳理并认知它，品牌经济的概念便自然而然地呈现在我们面前。它原来早已客观存在，并且那样深刻地影响着人类的生活方式及其价值追求，那样深刻地影响着经济增长。人类必须构建新的经济制度以适应它的发展，因为它带来了全新的经济增长方式，而不仅仅是因为它降低了人们面对丰富的商品时的选择成本，这样的经济制度便是品牌经济制度，以利于品牌经济发展。

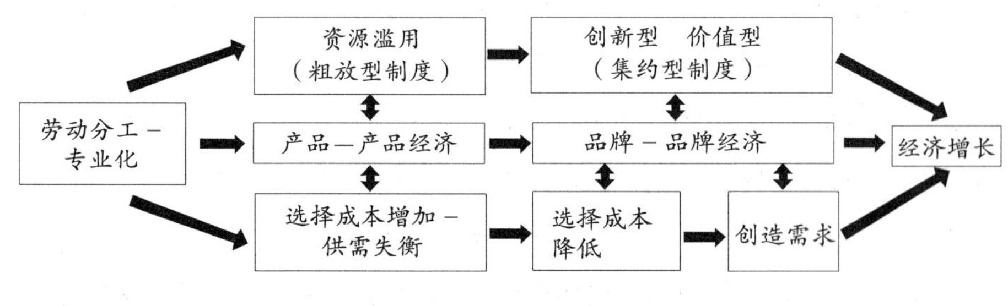

图 1-1 品牌经济动力结构

品牌经济的具体特征表现为：其一，品牌成为人们不可或缺的生活消费选择，这种选择成为全社会的普遍共识，并具有对品牌的消费能力。品牌消费同时成为人们提升生活品质的象征，直接拉动经济发展。其二，商标成为每一个品牌进入经济活动的必要条件，商标、专利以及版权等知识产权与品牌具有强相关性，获得法律保护，有系统性的法律支持和行政支持，以品牌为引领的正向淘汰机制基本形成。其三，品牌数量不断增加，品牌在产业可持续发展以及一个国家经济发展中处于绝对主导地位，对经济的贡献度极其显著。其四，品牌的专业服务体系基本形成，并且自身成为品牌经济发展的一股重要力量，主要属于生产性服务业，具体包括文化创意产业、知识产权服务业、教育培训产业、认证检验检测产业和金融信息产业。在这一意义上，品牌经济是服务经济发展到一定程度，同时与实体经济构成良性互动、互为支撑的客观反映。其五，品牌业已成为企业重要资产，即品牌资产，可评估、可货币化和可证券化，企业在经营管理中形成了较为成熟的品牌建设体系，在市场拓展中能自如运用品牌管理、品牌推广、品牌延伸、品牌并购，不断地强化企业的市场地位以及品牌地位。其六，经济增长依靠对各种资源的精细化、集约化利用，使资源避免浪费，进而得到最大化利用。各种产品和服务不仅有较高的使用价值，而且黏附精神价值，拥有人文内涵，使该产品或服务有效获取高附加值，足以支付因劳动减少而带来的就业者的收入减少，使劳动者的收入水平不仅得到维持，而且不断提高，拥有改善生活品质的能力。其七，在传统经济发展方式中，经济价值主要表现为人的劳动价格和物质资源价格，而在品牌经济范畴里，经济价值还必须包括无形资产，精神文化价格化。

品牌经济是后工业时代以及相对应的现代农业时代，品牌作为一种稀缺性优质资源，整合各种经济、社会和文化要素，推动经济实现高市场化、高品质化和高价值化发展的一种经济形态，其目标是满足人类日益增长的物质需求与精神需求，在工商文明中占据引领地位。在这里需要注意，在传统经济中，经济发展的要素主要指土地、资源和人，在品牌经济中，社会组织以及无形的文化直接成为经济要素，并导致品牌泛化。品牌越出经济范畴，催生出非经济性的政治品牌、社会品牌和文化品牌等，推动政治、经济、社会和文化全面提升品质，以使人类社会实现高品质发展，即让人类坚实地站在新的文明起点上。品牌经济既与我们对传统品牌的认知一脉相承，同时对品牌的内涵与外延做出现代性转换，成功地转型为现代经济重要形态。经济发展由此从要素驱动转变为创新驱动和价值驱动，即个性化驱动、差异化驱动和特色化驱动，注入了人类对经济活动，包括人对于自身的更高期许，同时试图以现代文化价值理念校正传统经济发展中的诸多弊端，让人类的经济活动更有秩序，人类的物质生活更有品质，人类的精神世界更为丰富和美好。

显然，品牌经济将有效地推动经济实现高阶发展，就其经济范式而言，在现阶段可以归为以下七类：第一，品牌经济是生态经济。纵观世界发达国家和全球经济发展轨迹，发展品牌经济需要具备一些基本要素：1.具有良好的国家政策保障；2.具有追求品质、品位偏好的消费群体，及其必要的消费能力；3.具有良好的品牌生产者以及品牌中介者；4.“品牌不仅仅影响一个企业、一个区域或者一个国家的经济发展，品牌已经成为连接不同市场、不同经济体之间的桥梁和纽带，促进了全球资本、商品、信息、思想、人员的流动和交流，推动了全球经济发展和社会文明进步。”[1] 这些要素相互之间具有良好的互生、互动、互促关系，由此构成品牌经济发展良好的生态基础。第二，品牌经济是质量经济。习近平总书记在十九大报告中16次提到了“质量”一词，充分说明党中央对中国品牌的高度重视。中国品牌的崛起需要过硬的质量保证，质量保证是对消费者的信用承诺。特别要注重工匠精神，这是建立特色品牌文化以及建立消费者忠诚度的基石。第三，品牌经济是创新经济。除商业模式创新之外，科技创新不能缺少，并且是品牌经济最重要的内核之一。普通的产品也罢，高精尖的产品也罢，一定要有把当代最先进的科学技术转化为市场产品的能力，企业拥有这样的产品才会奠定持续发展的生命力，这一点在当下信息科技大潮中尤其重要。第四，品牌经济是共享经济。发展品牌经济可以减少一个区域内部以及与外部之间地域、文化观念以及自然禀赋带来的地区发展的不平等性，使相对落后的地区搭上经济发展的“快车”，进而提升国家整体发展实力。[2] 第五，品牌经济是消费经济。品牌经济直接反映出一个地区的消费水平，

1 刘平均编著:《品牌价值发展理论》，中国质检出版社、中国标准出版社，2016年12月第1版，第3页。
2 谢京辉:《品牌经济论》，格致出版社，2016年版，第3页。

这一消费水平直接反映出这个地区的经济发展水平，特别是民众的收入水平、消费观念以及消费行为，即品牌消费能力。第六，品牌经济是创意经济。品牌的外在设计需要创意，不仅需要继承传统文化，而且在此基础上要有时代创造。无论继承，还是时代创造，都需要一个宽松的人文环境，让人们自由地思想，驰骋想象，充分进行思想情感表达，使品牌拥有相应的思想内涵以及情感寄托，拥有人性的温度。第七，品牌经济是法制经济。只有在充分以及有序竞争的条件下，品牌才能获得极强的生命力，这样的充分以及有序竞争必须建立在法治基础上，品牌竞争最能深刻地反映出一个地区的法治水平。

因此，品牌经济是一个地区综合发展水平的体现，品牌则是这一发展水平的标志，拥有什么样的品牌反映出这个地区的经济以及人文发展阶段，并预示着它未来的发展方向。

第二节 品牌经济的层次构架

在具体实践中，推动品牌经济发展必须强化系统集成。品牌经济建设体系架构，分为国家品牌、区域品牌、城市品牌、产业品牌、企业品牌和产品品牌六个层次，它们相互依托，互为支持，各有特点、功能和作用。其中国家品牌、区域品牌和城市品牌属于公共性品牌，有鲜明的公益特点，但又能为一个地区或一个城市的产业发展带来无形增值性价值。有的品牌专家把它们归入地理品牌范畴。此两者的定义既有相似性，又有显而易见的不同点。

国家品牌指一个国家在世界范围内具有高度的价值认同，这种价值认同基于这个国家历史文化的共性的抽象，同时是这个国家一系列具有较高附加值的产业品牌、企业品牌和产品品牌的商誉的总和。由虚实两个层面组成，虚的层面是指历史文化共性的抽象，实的层面是指产业品牌、企业品牌和产品品牌。所谓价值认同只有通过产业品牌、企业品牌和产品品牌才能感知，其竞争力必须由产业品牌、企业品牌和产品品牌来实现。国家品牌还由内在的能力与外在的形象所构成，内在的能力由这个国家的制度、历史、经济、科技、教育和文化等所构成。外在的形象，是指其他国家人民对它的印象与感受，即可感知的，例如国旗、国徽、国歌、国花等。

区域品牌是指国家内部国民经济分工体系中承担一定经济、文化功能形成的区域性价值倾向，尽管区域内部有着一定的经济与人文的差异性，但与其他区域相比，又有着自身的共同特点，这些特点足以与其他区域构成显著区别。它具有地域相邻、经济联系活跃、产业品牌高度关联、跨行政区划、多行政主体、文化特征高度相似等特点。它既可以作为实体，有明确的地理与行政边界；同时也可以是一个抽象的空间概念，存在于人们对某一地域长期认知的基础上。我国按照行政区可以划分为跨县域、跨城市和跨省域。当然从更大范围来说，还有跨国家的区域品牌。跨城市区域品牌往往与城市群品牌重合。城市群品牌是指在一定区域范围内，由多个城市所组成的集群式城市品牌，地理品牌概念显著。但由于城市群的跨行政区域特性，城市群品牌在具体构建中，具有多主体性、平等性和交叉性等特征，以中心城市政府为主导，并由这些城市政府组成相应机构，柔性式协调推进，其缺点是缺乏刚性约束，务虚性大于务实性，短时间效果难以明显。中心城市拥有推进型产业品牌、企业品牌和产品品牌，构成优势经济单元，与它协同的城市成为其推进型子区域，以此形成高度的劳动分工和专业分工。中心城市表现为知识密集型、资本型、高素质人才资源，协同城市表现为资源型、低素质劳动力资源，当然在某些方面可以形成显著特色，相互间有强烈的互补性以及比较优势，因此构成具有强烈互补性的价值链，进而形成一个区域的整体性竞争力。从区域性产业品牌而言，区域品牌还包括农业区域品牌、制造业区域品牌、旅游服务业区域品牌和高新技术园区品牌等。

城市品牌，是指一个行政区域明确的城市政治、经济、社会和文化相互交融而产生的鲜明的个性化倾向，这种个性化倾向能被这个城市的居民以及外来者所广泛认同，并能产生商业价值。它以自己的市徽、市花、市树和市歌等为主要标志，并且有自己的核心价值传递，并以此凝聚市民的文化认同。它具有公共性特点，可以为本市的产业品牌、企业品牌和产品品牌进行背书，使这些品牌直接增强市场竞争优势。其竞争力如同国家品牌一样，必须由产业品牌、企业品牌和产品品牌来实现。对于单一性的城市国家来说，城市品牌即国家品牌。顶尖的城市品牌往往是区域经济发展的磁极（增长极），拥有巨大的人才流、资金流、信息流和技术流。

产业品牌是指居于城市品牌与企业品牌之间，处于中观层面的一种品牌形态，是一个产业与其他产业相区别的标志，由一个或数个大企业品牌或特色品牌为龙头，带动相关中小微企业品牌发展。它主要通过产业凝聚企业，进而形成与产业链高度吻合的品牌链、价值链，通过产业互融、带动相关产业健康发展。在区域经济发展中，产业品牌通过跨区域的产业链的构建，成为一个地区与其他地区利益共享的载体与纽带。国家品牌、区域品牌以及城市品牌特色往往由它们的主要产业品牌形态所体现，是经济发展的支柱。从大的方面来划分，产业品牌分为工业品牌、服务业品牌和农业品牌等。随着科学技术发展和专业细分，此三大产业品牌不断发生裂变，并且对于某些产业来说，有着多种属性，具有混合性或跨界性，有些产业会因产业更新而弱化或消失。产业集群品牌是产业品牌形态中较为典型的反映。所谓产业集群品牌是指某类产业以及与其相配套的专业服务机构或专业供应商等在某一区域相对集中，具有显著的集中度，并产生良好的集聚效应，并在该产业中具有较好的差异性、标识度、美誉度以及持续的竞争力。

企业品牌是指以企业名称命名的品牌，是关于一个企业的经营理念、企业文化、产品品质以及服务态度等所构成的总和，并让企业员工以及消费者感受到的价值倾向。通过一系列公益性活动或市场行为使其获得市场美誉度，并由此直接促进企业所属产品的市场占有率，助力产品建立稳定的消费者群体。在一般情况下，企业品牌不等于产品品牌，但对于产品单一的企业，企业品牌与产品品牌往往合二为一。大企业品牌往往拥有多个品牌，形成母品牌与子品牌体系。企业品牌有时并不等于品牌企业，但品牌企业一般情况下包含企业品牌，如集团型品牌企业，其所属下级企业也是品牌企业。品牌企业指拥有商标并已获得市场认可，在市场上建立了良好声誉、拥有消费者忠诚度的企业。

产品品牌是企业所拥有，由企业开发，以此实现市场竞争力，直接获得最大利益的载体。它以商标为标志，让消费者在最短时间内最有效地获得感知差异和情感共鸣，并最大限度地降低消费者选择成本，进而转化为对该产品的持续购买力。对于企业品牌而言，以此获取持续稳定的高额利润，确保企业品牌健康发展。在品牌经济体系中，比之于企业品牌的微观性，它更为微观，然而恰恰是最基础性的，同时处于核心主体地位。没有良好的产品品牌为基石，其余层级的品牌便是空中楼阁。对产品品牌这一层级再进行细分的话，便是品类品牌，主要是满足不同层次不同对象的消费者的需求，使产品品牌变得更加精准、细分，更有针对性，其利益点相对单一。强势品类造就强势产品品牌。

国家品牌、区域品牌、城市品牌、产业品牌和企业品牌均围绕产品品牌而展开，它们的结构主要有三种类型：一是垂直型（见图1-2），自下而上，或自上而下；二是宝塔型（见图1-3）；三是圈层型（见图1-4）。从中我们可以

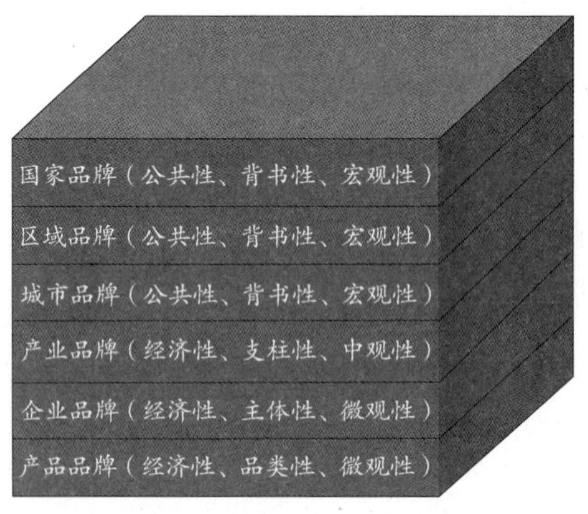

图 1-2 品牌经济层次及其关系图

清晰地看到它们之间的关系，在实践中，它们相互交错，互为背书，互为前提，甚至于重合，如某些产业品牌也即区域品牌。因此在具体实践中，往往是立体推进的。

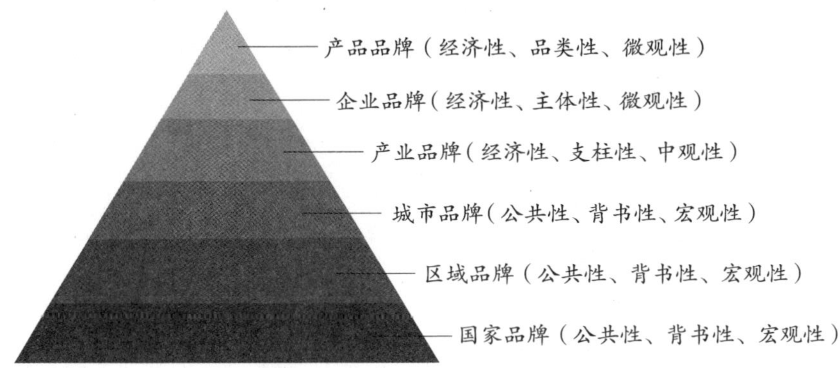

图 1–3　品牌经济层次的宝塔型结构

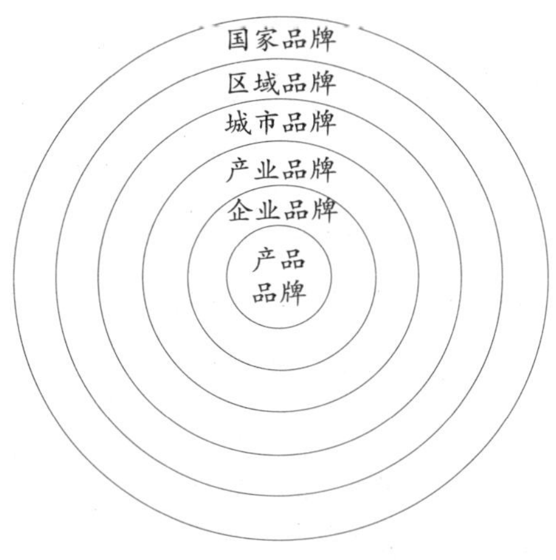

图 1–4　以产品品牌为核心的品牌经济圈层结构

有三个建设责任主体，其中国家品牌、区域品牌、城市品牌的建设主体均为政府，产业品牌的建设主体应为行业协会等社会性组织，然而在我国对产业发展乃至于产业品牌发展做出规划的往往是政府，行业协会等社会组织则处于辅助地位（见图1-5）。企业品牌的建设主体是企业自身。产品品牌由于附着并聚焦了这些层级的品牌的价值功能及其价值取向，是这些品牌的基础及其具体反映，相互之间直接构成品牌联想。目前在消费者认知中以及各类品牌教科书中所指品牌，一般指的是产品品牌，同时包含商品品牌和服务品牌等。凯文·莱恩·凯勒的经典著作《战略品牌管理》整本书谈的便是产品品牌的塑造。它既是一个企业的有形资产，同时也是一个企业的无形资产，可以通过交易，实现流转。

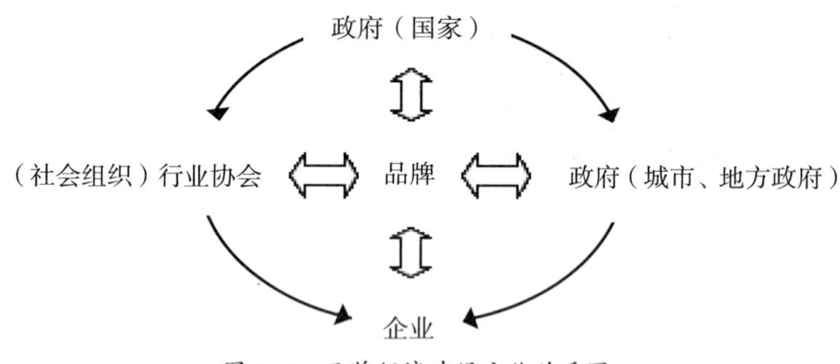

图 1-5 品牌经济建设主体关系图

以上六个层级的品牌由于所占据位置的不同，其属性以及所承担使命的不同是显而易见的，其中国家品牌、区域品牌和城市品牌具有不可移动性、超稳定性、可永续性。相比而言，产业品牌、企业品牌和产品品牌，均流动性强、迭代性强、永续性弱。针对某一企业品牌或某一产品品牌而言，往往会超越时代，不会因时代更替而消失。相对于产业品牌而言，企业品牌和产品品牌更具流动性，更善于突破行政壁垒，跨区域、跨国界发展。它们由于附着国家、区域、城市等属性，使它们在一定程度上成为移动的国土、移动的区域和移动的城市。

以上六个层级的品牌，都有强势与弱势之分，强势国家品牌往往由强势城市品牌、强势产业品牌、强势企业品牌和强势产品品牌作支撑。弱势国家品牌往往乏善可陈，当然也有例外，某一区域品牌、某一城市品牌、某一产业品牌、某一企业品牌或某一产品品牌占据一定优势，但这些优势难以转化或支撑起国家品牌的综合竞争力，充其量在相当局限范围内保持某种特色性。

强势国家品牌、强势区域品牌、强势城市品牌（全球城市）的衡量标准，主要看其在全球化中是否处于主导地位，是否是创新、科技研发、技术标准和思想文化的研发以及传播中心，及这些软实力向硬实力的转化能力，即是否培育有跨国公司品牌，特别是是否拥有在面向未来竞争中保持优势的强势型跨国公司品牌。

第三节　品牌经济建设中品牌文化的作用

无论国家品牌、区域品牌、城市品牌，还是产业品牌、企业品牌与产品品牌，在市场活动中都应拥有四个维度，即辨识度、知名度、美誉度和忠诚度，这是它们的共性之处。此四者之间的关系，首先是辨识度，辨识度是品牌构成差异化、特色化和个性化的基本条件；其次才是知名度、美誉度和忠诚度。知名度，是表明知道它的人很多，例如多做广告，广而告之，最容易实现。美誉度，是指它能给消费者留下美好印象，并能得到赞誉：一是外部性使然，二是消费者对该品牌经过使用后获得的切身体验，由衷而发。忠诚度，是指消费者对这一品牌形成持续购买力，非该品牌不购买。因此，此四者是递进关系，以忠诚度为核心，在这层意义上，品牌经济与时下流行的“粉丝经济”有着同构之妙。

以上六个层级的品牌，同时分别对应国家品牌文化、区域品牌文化、城市品牌文化、产业品牌文化、企业品牌文化和产品品牌文化，它们的核心要点是将具体的国家品牌、区域品牌、城市品牌、产业品牌、企业品牌和产品品牌进行人格化、情感化、审美化，进而价值化、价值价格化、价格货币化，深刻体现其“四个维度”的价值取向。此“四个维度”显著地反映出品牌文化与其他文化相区别的主要标志。总的来说，品牌文化是指不同文化特质在品牌中的交融、沉淀。一般来说，品牌文化有广义的品牌文化与狭义的品牌文化之分。广义的品牌文化泛指品牌的使用价值与附着于该使用价值的精神性价值的总和，并被消费者所认知并认可的一种价值倾向。它既有物质文化的属性，同时又有精神文化的属性，系这两者之间的完美结晶。狭义的品牌文化是指能直接为品牌带来市场竞争力并赢得市场竞争力的行为总和，往往在精神层面得到提炼，被消费者所认可并接受，使品牌发展获得持续的精神动力。无论广义的品牌文化，还是狭义的品牌文化，都必须直接为品牌实现经济竞争力服务，并在品牌的市场拓展中展现其魅力，是品牌经济发展的深层次精神动力，由品牌的提供者与消费者共同建构。其中最重要的是品牌的制度文化、科技文化和商业文化等，它们都必须以创新发展为圭臬。

品牌文化的核心是制度文化创新，包括国家的、城市的和企业的制度文化创新，同时以此推动科技文化和商业文化等创新。只有通过制度文化、科技文化和商业文化的持续创新、协同创新，才能推动品牌创新，促进品牌经济发展。对此，促进品牌经济发展，应着重围绕品牌创新，建构有利于品牌创新的制度文化，包括政治的、经济的、社会的和文化的制度建设，并以此聚焦和推动企业制度创新，推动企业品牌创新。因此，品牌创新不是单一创新，而是典型的系统集成的综合性创新，既有以消费者为导向的高度聚焦的供给侧结构性创新的特点，同时又有着以需求为导向，满足消费者需求的需求侧创新的特点。只有当供需两侧协同创新，并且由创新的各要素得以一点一滴累积，才能使品牌创新成为可能。相对于某一产品品牌，即单一品类创新时，可能只要一个好点子就可以实现创新，赢得市场。但这一好点子不是简单的灵光乍现、偶然所得，而是往往有着庞大系统支撑的必然结果，只有系统支持的品牌创新，才能持久。在品牌经济发展中，所谓品牌创新至少包含以上六个层次的品牌文化创新，每一层次均有不同的要求和针对性，互为因果。

国家品牌文化，它既指国家品牌的文化，传导出一个国家品牌的文化倾向、价值倾向、审美倾向，用于与其他国家品牌，或与其他层次品牌相区别，是打造一个国家品牌的精神动力结构。它又指国家的品牌文化，强调一个国家的文化的差异性和个性化，这一差异性和个性化便是国家品牌文化的边界性。任何品牌文化之间都既有共性部分，又都有着自己清晰的边界、特点，作为国家软实力的重要组成部分。国家品牌文化是确保国家品牌建设拥有持续创新能力的最大奥秘。因此从深层次来说，品牌经济竞争事实上是品牌文化竞争。推动品牌经济发展，不仅仅限于器物层面，而是在重构一个国家的文化个性与文化共性。这样的国家品牌文化才富于真正的竞争性、渗透性和凝聚力。这种重构往往是最能奏效的，即通过器物层面的使用，改变生活方式。通过对生活方式的改变，促使人们重新认知人与世界的关系，进而使一个国家文化得以有效重构，这才是真正的品牌力量之所在。

区域品牌文化，是指一个地区内因自然资源条件以及历史文化差异所形成的品牌文化，受着这个地区的疆域、政区、民族、人口、地形、地貌和气候等深刻影响，具有鲜明的地理特征，往往反映了一个国家品牌文化的多样性。区域公用品牌地理标志商标、非物质文化遗产以及商帮是区域品牌文化的典型代表。恰如一方水土养一方人，一方水土亦出一方品牌。区域品牌同时是一个区域与另一个区域相区别的标志，是实现区域经济合作与区际经济关系调整、区域资源配置与开发、推动经济一体化发展的关键载体。区域品牌特色是区域品牌文化的典型体现，蕴含了一个区域基本的物质条件、价值取向。

城市品牌文化，是城市品牌构建过程中所显示的整体性审美倾向，即由城市的外在形态，如建筑、街道、社区布局和雕塑等；产业结构，如工业制造业和商贸服务业的生产方式，及其具体产品、商品，包括服务方式；文化发展，如各种节庆、民俗，创作的各类戏曲、电影、文学作品等文学艺术作品，等等，共同构成。它们相互融合，被这座城市居民所认同，同时被广泛传播，为外部所感知认同的这部分审美倾向，进而转化成对城市内外各种要素强大的集聚力和辐射力，是一个城市竞争力的核心文化要素，处于城市文化中的顶尖部分，是城市软实力的具体反映。

产业品牌文化，是一个产业从孕育、发展变化过程中所产生的物质性与精神性的总和，充分体现该产业的特点以及属性，具体为产业政策、产业规划，等等。还有该产业发展中所形成的价值取向，这种价值属性包括为促进产业健康发展而出台的各种行业自治条例、行业标准等。

企业品牌文化，是一个企业创建品牌过程中选择的文化倾向，并在具体实践中加以贯彻落实。是一个企业个性、特色、质量、契约、诚信、技术、标准、管理、发展规划、市场策略、价值主张等元素的总和，往往打上企业家鲜明的个性特色，是企业的核心竞争力。企业因此确保在市场竞争中获得差异化、个性化和特色化可持续发展。企业品牌文化的强弱直接反映为消费者口碑及忠诚度的强弱，对企业内部的动员能力和凝聚能力。企业Logo是企业品牌文化的标志。

产品品牌文化，是以市场竞争为导向，围绕产品的市场竞争力，具体赋予该产品深刻的价值内涵、情感寄托以及精神象征。既反映了生产者的工匠精神、专业精神、创新精神和合作精神，即生产者的态度与能力，同时凝聚了消费者与生产者高度一致的价值理念、生活态度、审美情趣、个性修养、时尚品位等要素，而直接带来产品的市场竞争力。它由生产者与消费者共同创造，具有重要的器物特征，审美功能和实用功能和谐一致，既被生产者严格遵奉，贯穿于研发、创意、生产、工艺、流通等全过程，并被消费者所感知，产生对该产品，乃至于生产该产品的企业有良好联想，进而为企业赢得良好声誉，带来知名度。它既有单一性的一面，同时又有丰富性的一面。单一性，指的是它仅仅代表该产品的使用与审美功能；丰富性，指的是它同时能折射出国家品牌文化、区域品牌文化、产业品牌文化和企业品牌文化的精髓。产品品牌文化是各种品牌文化皇冠上的明珠以及基础，商标是其标志。

这六个层级的品牌文化相互牵连，痛痒相关。因此推动品牌经济健康发展，确保品牌创新成功，必须由其六个层次构成的品牌文化给予系统性支持。如果缺少此系统性支持，所谓品牌创新，实现品牌经济发展，可能会取得局部改善，但不会获得根本性成功，或者说收效不会理想。由此可知，实现品牌创新的过程，也即各层次品牌文化既由表及里，又由里及表；既自上而下，又自下而上的良好互动过程。推动品牌经济的一切行为方式的内在命令，即品牌文化命令。这种命令是无条件的、根本性的，这是品牌文化最关键的地方。那么在品牌经济发展中，品牌文化如何命令，命令什么，就意味着我们应建构一个什么样的品牌经济，这是亟须探究的。在全球化背景下，以上六个层级的品牌文化的塑造，在技术条件已发生深刻变化、新媒体快速发展的背景下，一切貌似区域性的品牌文化活动，其实时时处处充满着跨文化的交流与融合。从信息传播来说，已没有什么空间与时间的阻隔。这就意味着，在这样一种技术条件下，品牌文化如何命令以及命令什么，需要我们建构与之相呼应的文化范式，即人类未来应有的文化范式，尽管它是传统文化的继续，但不再是传统文化的翻版，而是有着新的创造，甚至于焕然一新的改变，那么究其本质呢？这就需要我们进一步聚焦，究竟何为品牌文化。总的来说，品牌文化是以器物为基础，为功利，为目标，以鲜明的价值为导向的一种功利性文化形态。品牌的价值主张，即品牌主义。品牌价值的多元，即品牌主义的多元。

我们必须清醒地认识到，品牌作为市场经济竞争的产物，将使品牌经济同时不可避免地带有市场经济的陋习，这种陋习甚至沾染某种不光彩的血腥，染着浓得化不开的社会达尔文主义色彩，在一定时期内，其行为与人类自身的价值取向有着不可调和的矛盾。这其实是人类自身的局限所必然导致的一种结果。恰如18世纪中期，英国经济学家亚当·斯密写出《国富论》的同时，不得不写出《道德情操论》，告诫以追逐利润为首要目标的资本家们，或一切利己主义者，如何控制自私利己的感情和行为，只有这样人类才有可能确立起一般的行为规则。道德情操与经济活动好像是一对天敌。但即使是这样，也有着调和的地方，在这里既可以让人看到希望；也可以让人垂头丧气，充满悲观。因此，对于品牌文化，当人类不断地探究其奥秘时，必须时时对它充满警惕，警惕它可能带来的负面影响。人性的精神与情感张力，人类发展的张力的全部奥秘均在这里，人类因此生生不息，富于迷人的魅力。

第二章　我国品牌经济发展历程

当历史的所有指向聚焦于品牌时，品牌将不堪重负。当我们检视中国近代史时，除了它，又有谁能更好地承担起近代以来志士仁人的期待与前赴后继的奋斗？1839年，林则徐发动虎门销烟，也许他认识到这是一个小农经济以及手工业占主导的国家，与一个急欲寻找世界市场、拓展其发展空间的新兴的工业大国之间的斗争，但他会预知自己稳操胜券吗？答案不言自明。因此爆发的战争，即第一次鸦片战争，中国输了。他这把硝烟的熊熊大火，与若干年之后，毛泽东所著的《星星之火，可以燎原》之间有一个什么样的隐秘关系呢？第一次鸦片战争让中国在世界沦陷，却又令中国踏上了自强与救亡的漫长征程。现代品牌在这一征程中，从无到有，从少到多，从弱到强，进而燎原成今日品牌经济的发展方式，无疑是这一征程的见证者、参与者，并且是标志性的结晶。

第一节　历史的选择

品牌发展的落后对于中国来说有过切肤之痛，这种切肤之痛绵延百年，痛彻心扉，至今不绝。1840年，在第一次鸦片战争中，中国失败了，清政府被迫与英国签订《南京条约》(也称《江宁条约》)，被视为中国历史上第一个丧权辱国的不平等条约。该条约内容除规定向英国赔款之外，还包括割让香港给英国，向英国开辟广州、厦门、福州、宁波和上海为通商口岸，在这些城市的英国人在华经商享有领事裁判权，等等。一个写出《道德情操论》的国家在全球扩张中，遵循的却是自私利己的原则。1856年，在第二次鸦片战争中，清政府输得更惨，被英法联军攻占了北京。圆明园在被掠夺后，又被焚毁，中国被迫签订《天津条约》《北京条约》以及中俄之间的《瑷珲条约》等，清政府被迫向俄国割让150多万平方公里的土地，俄国以此弥补它在克里米亚战争中的损失。这两次鸦片战争后，中国沦为半殖民地半封建社会，任由英国、法国、美国、德国、俄国、日本、意大利和奥匈等列强宰割，中国市场成了列强任性纵横驰骋的游乐场，被它们的企业品牌以及产品品牌瓜分。对此，一批中国的仁人志士力倡“师夷长技以制夷”，救国图强。最早发出这一强音的是湖南人魏源，他在《海国图志》序中明确表述他为什么写作此书，即“为以夷攻夷而作，为以夷款夷而作，为师夷长技以制夷而作”。这里的师夷主要指向西方列强学习，实现军事自强，抵御外侮。《海国图志》因此成为中国传统思想向近代转换的重要标志，有着极其强烈的现实针对性。这一思想直接催生了洋务运动。洋务运动以追求自强、求富为目标，然而它只是局限于采用西方先进技术，创办近代军事工业，帮助清政府有力地压制了国内太平天国起义、小刀会起义以及义和团运动等，却并没有从政治制度层面推动清政府向着现代型政府做出根本性变革。1894年，在中日甲午战争中，中国再次一败涂地，在被迫与充满屈辱的开放中，也即在被一次又一次的“打进来”中，实实在在地开始了中国现代化的伟大实践。

1843年，英国传教士麦都思、美魏茶、慕维廉、艾约瑟等在上海开办墨海书馆。1845年，美国传教士将他们于1844年在澳门创办的花华圣经书房搬迁到宁波，1860年再从宁波搬迁到上海，更名为美华书馆。1859年，法国天主教传教士爱桑在上海创办土山湾印书馆。作为外来的文化品牌，它们不约而同地向中国传播西方宗教，同时传播西方科学技术文化，影响甚巨。它们自身之间也展开竞争，在竞争中，墨海书馆于1863年停办。洋务派们于1862年在北京创办了京师同文馆。1863年，几乎与墨海书馆停办的同时，洋务派们在上海创办广方言馆。中国自此有了对西方自觉的文化传播与教育的本土机构。紧接着洋务派们分别创办了安庆内军械所（1861年）、金陵制造局（1865年）、江南机器制造总局（1865年）、福州船政局（1866年）、天津机器局（1867年）、轮船招商局（1872年）、上海机器织布局（1878年）和兰州织呢局（1880年）等。中国民族工业由军事工业起步，进而转向民生工业，中国现代意义上的品牌建设自此上路。如果从1840年被打开国门算起，中国现代品牌建设至今整整180年；假若从京师同文馆创办算起，那么是158年；再假若从江南机器制造总局创办算起，至今有155年。这个时候，中国民族品牌局限于传统的手工业、中医药业和餐饮食品业等，近代工业品牌和现代服务业品牌付之阙如，中国只是一个典型的传统的农业国家，任由列强“被品牌化”。

为推动现代实业发展，清政府在经过激烈的思考以及内部争斗中，1882年实行“十年专利”；1903年成立商部，在体制上做出安排，并出台《钦定大清商律》等一系列法律法规等政策，这在我国经济发展中具有开拓性意义。《钦定大清商律》是我国有史以来第一部商业律法。随后在英法等诸国的再三要求下，出台了我国关于商标注册的第一部法律《商标注册暂拟章程》。到辛亥革命发生时，晚清政府为品牌建设做出了初步的制度安排以及相应的政策支持。在民国年间，这些制度安排以及政策支持又得到进一步强化。1912年12月，民国政府出台了中华民国第一部经济法规《暂行奖励工艺品章程》。在第一次世界大战中，趁西方列强无暇东顾，中国民族品牌一度迅速发展，但由于国内战争不断以及抗日战争爆发，我国的品牌建设历尽曲折，诸多品牌在艰难困苦中玉汝于成。

新中国成立后，在西方发达资本主义国家的围堵中，实行公私合营，国家开始进行社会主义计划经济的伟大实践，我国品牌建设坚持自力更生，在保护老品牌发展的同时，培育涌现了一批新品牌；同一社会主义阵营的“老大哥”苏联援建我国156个项目，为我国工业发展打下扎实基础，催生了一批新兴品牌，我国品牌建设由此呈现新面貌。1978年随着党的十一届三中全会的召开，中国经济开始由计划经济向市场经济转型，我国主动向西方发达资本主义国家学习，实行“请进来”，通过引进国外先进设备和先进技术，及其引进一批外资企业，促使我国品牌建设在向世界开放中，在稳步融入世界中，成为全球化背景下一股重要的新兴力量。

1992年党的十四大正式确立“我国经济体制改革的目标是建立社会主义市场经济体制”。1994年7月1日，《中华人民共和国公司法》颁布，第一次从法律的高度明确公司作为社会主义市场经济主体的法律地位，品牌建设步入法治轨道，从国家到地方形成了相应的体制机制安排，出台了一系列相关文件。这一阶段，政府在品牌建设中处于主导地位，形成了国家工商总局、经贸部等国家部门齐抓共推的局面。及至中国加入WTO后，中国品牌建设加速发展，与世界经济更紧密地交融，由国家工商总局主导的驰名商标、各省市主导的著名商标，国家质检总局主导的世界名牌、名牌，商务部主导的中华老字号，文化部主导的非物质文化遗产等各种类型的品牌快速涌现，成为我国经济可持续发展的重要保障与稀缺性资源。与此相应的是，我国经济总量快速增长，一跃为世界第二。

2013年9月、10月，习近平总书记分别向世界提出建设“新丝绸之路经济带”“21世纪海上丝绸之路”的合作倡议，即“一带一路”倡议，以此构建人类命运共同体。2015年3月28日，中国政府以国家发改委、外交部和商务部的名义，向全世界正式发布《推动共建丝绸之路经济带和21世纪海上丝绸之路的愿景与行动》，中国品牌“走出去”不仅成为国家意志，而且有了具体的行动纲领和路线图。中国不再是简单地“被品牌”，不再是简单的传统民族手工业品牌走出去，而是有了高铁、通信等一系列代表高科技品牌的走出去，有了自己的跨国公司品牌，有了全球范围内的中国品牌的品牌推广、品牌延伸、品牌并购等。在世界500强企业中，中国的跨国公司品牌处于快速上升期，并在世界已有的三大品牌排行榜中，即Interbrand、世界品牌实验室和BrandZ等全球著名品牌评估机构公布的榜单上，开始出现中国品牌的身影，例如华为、联想等。中国重回世界经济大国之列，从170多年前百般无奈“被治理”一跃为主动参与全球治理。2018年11月，随着首届中国国际进口博览会在上海成功举办，中国再次向世界发出“请进来”的邀请，这一次是对全世界不同国家的邀请，倡议共建创新包容的开放型世界经济，推动各国共同发展（见图2-1）。中国成为推动新一轮全球化的一股重要力量，中国历史终于实现了大跨越。它深刻地意味着中国从晚清封闭型的国家体系成功转变为开放型的国家体系，由充满农业思维方式的农业大国成功转变为充满现代思维的创新型的现代化大国，由传统的农业经济发展方式成功转变为现代品牌经济发展方式，掀开了世界历史的崭新一页，是世界的惊艳，品牌无疑是其重要标志。品牌成为我国推动未来经济增长以及全球化发展，乃至于社会和文化全面发展的重要抓手。

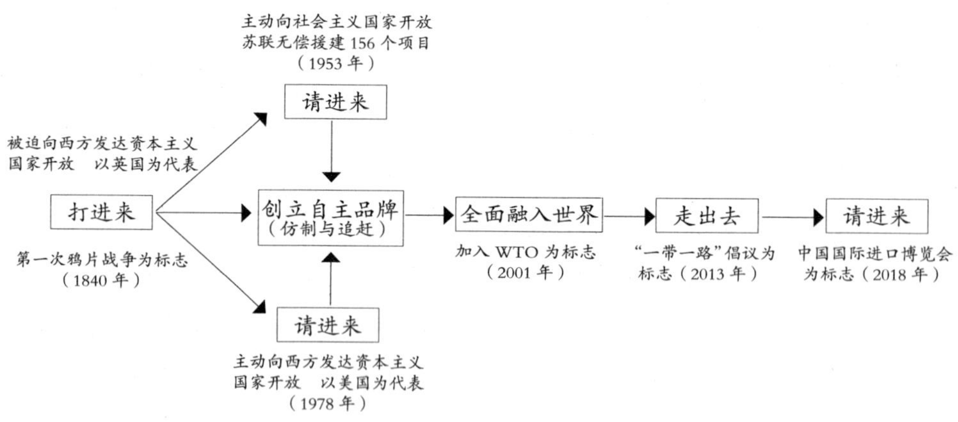

图 2—1 我国近代以来品牌建设路线图

这是令任何中国人都值得骄傲的，但这是对于中国人来说。国际社会对此是如何认知的呢？面对这一态势，国际社会的态度是矛盾的，但不外乎三类：有的国家表示欢迎，有的国家感到恐慌，更有的国家采取全面遏制。2016年5月12日，凤凰智库发表了《美国智库：中国崛起威胁世界秩序》，介绍了美国面对中国崛起的态度，渲染中国崛起对世界发展带来威胁。无独有偶，2016年5月14日，凤凰网转载《参考消息》网的文章《美媒：欧洲人认为中国已取代美国成全球超级大国》。类似于这样的文章，近年来越来越多，美国以此不停地渲染“中国威胁论”。2016年5月13日，新华社斯特拉斯堡电，欧洲议会12日通过一项非立法性决议，反对承认中国市场经济地位，尽管中国是欧盟第二大贸易伙伴，中国市场是欧盟众多企业和品牌获得利润的重要来源。美国重返亚太，联合亚太等相关国家，针对中国善于运用全球贸易规则的缝隙效应发展中国的智慧，制定新的全球贸易规则，以便进一步将中国在世界经济发展中锁定于价值低端。因此，在中国的和平崛起中，充满着各种形式的刀光剑影、短兵相接，以争取各自生存与发展的空间。对此，必须认识到每一个国家或地区都天然地有着自我局限，有着自己的小算盘，这是人类本性使然。因此，如何超越自身国家以及意识形态等各种局限，构建人类命运共同体，对人类的智力以及每一个国家都带来了挑战。它呼唤着人类应有新的文明范式：到底是依然运用弱肉强食的丛林法则，用传统的战争做最后的发言；还是通过坦诚平等、彼此尊重的对话、协商，包括以商业原则，和平构建世界新秩序。如是前者，各国人民将饱受其害，各种过去的灾难记忆犹新，但又无力杜绝，一再重演，使得历史惊人地相似。恰如中国唐代散文家杜牧在其名篇《阿房宫赋》中所剖析：“后人哀之而不鉴之，亦使后人而复哀后人也。”如是后者，那么这一世界新秩序究竟是什么呢？

爱德华· W.萨义德在其《文化与帝国主义》一书中援引学者威廉· H.克尼尔在其《追求权力：技术、武器力量与社会》一书中的一段话：“帝国贪欲是建立在制定法律的理论上面的。据喧嚣的全球主义者如（林登·伯恩施）约翰逊等与沉默的全球主义者如尼克松等人所说，美国外交政策的目标是创造一个越来越具有法治的世界。但是，用曾任美国国务卿的迪安·腊斯克的话说，必须由美国来组织和平。美国通过订立全世界的经济发展与军事部署程序来实现‘国际利益’。因此，美国为苏联在古巴的行为订立了规则，在巴西为巴西人订立了规则。美国的冷战政策被表述为一系列指导原则：关于英国是否可以与巴西进行贸易，或英属几内亚政府是否可以由一位马克思主义的牙医来管理之类的治外法权问题。西塞罗对于早期罗马帝国的定义与这一时期的美国惊人地相似，罗马占有了执行法律的合法权利。今天，美国自我制定的法令覆盖了包括苏联和中国的全世界。美国政府声称它的军用飞机有权在全球领土上空飞行。与众不同地享有异常巨大财富与特殊历史地位的美国超越国际体系之上，而不在其内。作为最强国的她愿意充当法律的载体。”[1] 试图成为“在感情与理智上以一个国家替换整个人类的极端例子”。[2]

一个新的无法回避的重大命题摆在了中国面前，中国如何承担起负责任的大国义务，深刻地昭示中国品牌如何走出去，即六个层次品牌如何整体走出去。中国是继续驯服于已有世界秩序之中，依然接受种种不平等，曲意迎合各种发达国家制定的世界规则，还是对于世界新秩序做出新贡献？显然，中国不会也不可能继续驯服于某些不平等的世界规则，任发达国家霸凌主宰。170多年以来的中国近代史证明，中国品牌走了一条仿制与追赶、抵抗与自强的发展道路——尽管走得磕磕绊绊，尽管与发达国家依然有着不小的差距。2015年11月，工信部部长苗圩在全国政协会议上对《中国制造2025》进行全面解读时指出，在全球制造业的四级梯队中，中国处于第三梯队，而且这种格局在短时间内难有根本性改变。要成为制造强国至少要再努力30年。[3] 然而此时与170多年前的彼时相比呢？中国的进步还是巨大的。仿制与追赶、抵抗与自强，这就是中国迄今为止的成功经验。它首先满足国内需求，尽最大能力改变国家在物质层面积贫积弱的状况，改变工业时代的短缺经济局面。经过新中国成立以来，特别是自改革开放以来经济的高速增长，中国目前迎来了过剩经济情况，有能力满足相当一部分国际需求，并推动中国国内经济转型升级。对此，中国主动寻求参与新一轮全球化，并成为全球治理中一股重要的新的推动力量：一方面倒逼提升国内经济质量，走品质型经济，即品牌经济发展之路；同时以这样一

1 ［美］爱德华·W.萨义德：《文化与帝国主义》，李琨译，北京生活·读书·新知三联书店，2003年10月第1版，第408—409页。

2 ［英］阿诺德·汤因比：《历史研究》，刘北成，郭小凌译，上海人民出版社，2000年9月第1版，第9页。

3 悦涛：《中国制造：在离目标30年的地方开始逃离》，凤凰国际智库，2016年10月5日。

种方式，与世界各国人民一起探索，如何构建人类共同体，如何构建世界新秩序。英国历史学家阿诺德·汤因比有过如此描述，这是“人类对生命整体感知的深刻冲动，在生命所历经的那些变化无穷的生存环境中，永无休止地寻求着自我满足，为此它把自己附着在某些特定的国家身上，而不是依附于规模更大的社会”。[1] 汤因比做出这番描述时显然没有意识到品牌的作用。超国家的力量不仅一直像火一样在酝酿，而且不时地显示它们的力量，它使人类不仅附着于国家，同时附着于超国家的载体上，即品牌的载体上。

第二节 国家认知

2014年5月10日，习近平总书记来到位于河南郑州的中铁工程装备公司生产基地考察时，提出“三个转变”的重要指示，即必须推动“中国制造向中国创造转变、中国速度向中国质量转变、中国产品向中国品牌转变”。在登上“中国造”的盾构机时，他指出：“装备制造业是一个国家制造业的脊梁，但我国装备制造业还有许多短板，这就需要我们掌握更多的核心技术，让更多的中国品牌叫响世界。”十九大后，习近平总书记来到江苏徐工集团，再次重申了这一论述：“落实党的十九大关于推动经济发展质量变革、效率变革、动力变革的重大决策，实现中国制造向中国创造转变、中国速度向中国质量转变、中国产品向中国品牌转变，必须有信心、有耐心、有定力地抓好自主创新。”不仅再次指明了新全球化背景下我国品牌经济建设的历史方位，而且点明了实现路径。

一直以来，毛泽东、邓小平、江泽民、胡锦涛等党和国家领导人在不同历史时期就品牌发展都做出过精辟阐述，明确要求。1956年3月，毛泽东在听取国务院有关部门汇报手工业工作情况时指出：“提醒你们，手工业中许多好东

1 [英]阿诺德·汤因比:《历史研究》，刘北成，郭小凌译，上海人民出版社，2000年9月第1版，第9页。

西，不要搞掉了。王麻子、张小泉的刀剪一万年也不要搞掉。我们民族好的东西，搞掉了的，一定都要来一个恢复，而且要搞得更好一些。”[1] 毛泽东还在这年的12月7日，亲笔写下“王麻子、东来顺、全聚德要永远保存下去”。[2] 王麻子、张小泉、东来顺、全聚德等，都是著名的中华老字号。正因为毛泽东主席的亲自关心，这些老字号在发展中碰到的质量问题，被上升到政治任务得到重视，而得到完美解决，应了日后中华老字号推荐工作的必要性与重要性。这一时期，新中国百废待兴，正开始建设社会主义，毛泽东对于民族品牌的重视有着自己的理性判断。

在这一时期，其他党和国家领导人也极其重视老字号工作，陈云便是其中之一。在对老字号的存废问题上，陈云态度坚决，力主保留老字号的牌子。他指出：“原有工厂和店铺的招牌是不是需要改掉？我看最好把它保存下来。如果统统改掉，编成号头，使人搞不清楚，还不如‘瑞蚨祥’‘全聚德’等各种各样的牌子挂着好一点。”在1956年第六次最高国务会议上，就老字号工作进行了专门讨论。陈云在他主持起草的相关文件，例如在《国务院关于目前私营工商业和手工业的社会主义改造中若干事项的决定》中提出主导意见：“半年内一般仍按照原有的生产经营制度或习惯进行生产经营。”

1992年，邓小平在南巡讲话时明确指出：“我们应该有自己的拳头产品，创造出自己的世界品牌，否则就要受人欺负。”不能不令人联想起近代中国在西方工业文明蹂躏下所饱受的屈辱，落后挨打的创巨痛深，较好地激发起国民对于品牌建设的民族情怀以及紧迫感，将品牌建设提到了前所未有的政治高度以及民族兴衰的高度。

1994年，江泽民在视察黑龙江省牡丹江市时，提出“立民族志气，创世界名牌”的要求。时隔4年后，1998年4月，他视察苏南企业时，再次强调了这10

---

1 毛泽东：《加快手工业的社会主义改造》，载《毛泽东选集》第5卷，人民出版社，1977年第1版，第265页。

2 张鹏：《人民日报调查惊动毛主席，东来顺当年为何获得领袖批示》，北晚新视觉网，2018年6月23日。

个字的必要性。这个时候，正是中国申请加入世贸组织，努力融入世界经济体系的重要时刻。20世纪50年代初，江泽民担任上海益民食品一厂副厂长时，一手创立了光明牌冷饮；1951年6月办理了商标注册，至今不衰，并演变为光明食品（集团）有限公司。他随后调任长春第一汽车制造厂动力处副处长，直接参与这一新兴民族品牌的创建。

2007年10月，胡锦涛在党的十七大报告中指出："创新对外投资和合作方式，支持企业在研发、生产、销售等方面开展国际化经营，加快培育我国的跨国公司和国际知名品牌。"在山东视察时，他强调"要提高我们民族的自主创新能力，要拥有我们自己的核心技术，要拥有我们民族的世界品牌"。

2001年，习近平任福建省省长时，对企业品牌提出要求：把好质量关，创出自己的品牌，要有自己的创新产品。2004年12月，习近平任浙江省委书记时，在浙江省经济工作会议上引用了邓小平一段话，他如此阐述："品牌是一个企业技术能力、管理水平和文化层次乃至整体素质的综合体现。从一定意义上说，品牌就是效益，就是竞争力，就是附加值。关于品牌战略的重要性，邓小平同志早在1992年就曾讲过：'我们应该有自己的拳头产品，创造出自己的世界品牌，否则就要受人欺负。'……这些年来，我们在创品牌方面也已取得了很大的成绩，目前全省有45个中国驰名商标，列全国第一，83个中国名牌产品，列全国第二。我们要坚定不移地走品牌发展之路，引导企业确立品牌意识，培育品牌、提升品牌、经营品牌、延伸品牌，做到无牌贴牌变有牌，有牌变名牌，培育更多的中国驰名商标和名牌产品，努力创造若干世界名牌，努力打造'品牌大省'。"

每一位领导人关于品牌的讲话，包括他们在地方任职期间的讲话以及实践，都充分体现了中国不同时期对于品牌建设的认知与要求，但又较为一致地要求振兴拥有核心技术的民族品牌，叫响世界，深刻地阐述了民族品牌建设与国家强盛、地区发展之间的关系，对推进我国品牌经济发展具有举足轻重的影响。

2017年4月，国务院批复了国家发展与改革委员会将每年5月10日定为“中国品牌日”。这一天正是习近平总书记三年前在河南郑州考察时提出“三个转变”重要指示的日子。2018年5月10日，在第二个中国品牌日到来之际，国家发展和改革委员会等六部门在上海联合举办首届中国自主品牌博览会暨中国品牌发展国际论坛，主题为“中国品牌，世界共享”。

第三节 忧思中的崛起

近代以来，中华民族饱经忧患，也因此催生了一批民族企业家和民族品牌。不仅在国内市场上，它们与进入国内市场上的各类外资品牌一决高下，而且积极进行国际市场拓展，塑造国际化品牌形象。1851年，中国商人在英国驻广州领事馆的组织下，踊跃参与在伦敦举办的万国博览会，即首届世博会，“来自中国的丝绸、茶、瓷器、植物蜡、棉花、木材、漆器、丝织品、蜜饯、雕刻、雨伞、扇子、烟斗等商品，可谓是品类繁多，应有尽有”。[1] 例如民国年间，相当一批企业家带着他们创立的品牌参加在美国、比利时等国家举办的世博会，荣获由世博会颁发的奖项。这些品牌包括美华利时钟、双喜牌饼干、华生牌电扇等，这一批企业家和品牌坚持与世界共舞。他们在引进国外先进技术、先进设备以及先进管理人员的同时，引进国外有利于品牌建设的制度，当然这些来自西方的制度到了中国土地上，有的不能不出现变异。例如最初对于专利制度的借鉴，即“专利十年”。所谓“专利十年”，是李鸿章为保护由他主持引进的中国第一家西式机器企业——上海机器织布局的利益，采纳郑观应的“十年专利”的建议，争取获得“十年专利”，是我国第一例专利授权，目的却是垄断经营，与西方通行的旨在保护发明创造、工艺改良的专利权大相径庭。这一制度在晚清，乃至于民国年间在效法欧美、“实业救国”的倡议中风

1 陈占彪编:《清末民初：万国博览会亲历记》，商务印书馆，2010年4月第1版，第20页。

行三十年，催生了中国最早的巨型企业品牌，例如张謇的大生纱厂，杨宗濂、杨宗瀚兄弟的业勤纱厂，宋炜臣的燮昌火柴厂，张莲芬的中兴煤炭公司，荣宗敬、荣德生兄弟的保兴面粉厂，张弼士的张裕酿酒公司，等等。然而它却对于一批也急欲创新、创业的仁人志士以巨大不公，同时应看到在三十余年的时间里，享有“十年专利”权的三百余家垄断企业，成功者寥寥无几。郑观应、张謇等作为获益者对此深入反思，对这一制度能否真正保护民族利权进行质疑。郑观应认为，面对国际竞争，需要更多的中国企业，而十年专利政策“是何异临大敌，而反自缚其众将士手足，仅以一身当关拒守，不亦俱乎”？张謇以其更宽阔深邃的目光看到其不足，在他出任农商总长后发表的《实业政见宣言书》中明确认为：越充分的自由竞争，越能降低成本、促进实业；主张引进外资，“以开放门户、利用外资为振兴实业之生计……”

在大的时代变迁中，无论洋务运动、戊戌变法、辛亥革命、军阀混战、五四运动，还是抵抗八国联军、抗日战争，包括国内解放战争，由清至民国，再到新中国成立，无论是哪一位有识之士，对于我国品牌建设都秉持这样一条主线，即开放——在被迫中开放，在屈辱中开放。他们深知中国与发达国家的差距，以夸父追日、精卫填海的精神追赶、上下求索，难免泥沙俱下，一批批品牌因时而生，也因时而陨落，生动地折射出时代的跌宕起伏，一代代中华儿女对于品牌建设无悔的追求。他们筚路蓝缕，孜孜以求，从政者努力地从国家制度层面给予探索；科学家们专注技术发明创造；企业家们躬身实践；工人们坚持提高技艺，坚守产品质量；消费者们从消费层面购买国货，支持民族品牌。从晚清时的倡导购买国货，到今日，2019年中国品牌日的主题词之一，“聚焦国货精品，感受品牌魅力”，可谓一脉相承。

自改革开放以来，我国不断加快主动开放步伐，从努力加入WTO到提出“一带一路”倡议，我国经济总量在世界经济总量中快速攀升，与世界经济发展深度融合，品牌建设不断受到重视。从市场环境营造、制度保障等方面全面发力，促使老品牌创新发展，新品牌不断崛起。我国跨国公司品牌数量与质量齐飞，国际竞争力不断增强，在国际市场竞争中大展拳脚。以世界500强榜单为例，在改革开放之初中国名列世界500强的大企业乏善可陈，2001年名列世界500强的企业仅为11家，但到2015年中国上榜企业猛增到106家，稳居世界第二。美国第一，上榜企业数为128家。在国际品牌排行榜中，也开始出现中国企业的身影。世界品牌实验室于2004年公布的世界品牌500强中，中国无一企业品牌上榜，直至2007年才出现中国企业品牌。之前，也许因为那个时候世界还没有关注到中国品牌。至2015年，这份榜单上的中国内地企业品牌达31个，中国企业品牌中位列前三的分别为中国工商银行、国家电网和中央电视台，其中中国工商银行列第54位，国家电网列第56位，中央电视台列第61位，同时入围百强的中国品牌还包括联想、海尔、中国移动和腾讯。这些品牌既有垄断性领域的，也有在市场竞争中胜出的，表明中国市场经济的发育程度正越来越高，成为中国经济发展的最佳说明书。

2015年，Interbrand、世界品牌实验室和BrandZ等全球著名品牌评估机构相继公布的2015年全球最具价值品牌排行榜，悉由美国、日本、德国等发达国家包揽。在行业领域内的品牌，发展中国家与发达国家之间依然存在巨大差距，但开始实现从无到有的突破。中国表现突出，在全球增值最快的品牌这一项中，中国的华为、中国铁建、腾讯、海尔在世界实验室发布的排行榜上位居前十名；中国的中国人寿、腾讯、中国太平洋保险和百度进入BrandZ的前十榜单。其中华为、腾讯和百度乃民营企业。2015年《世界品牌500强》中品牌入选数最多的10个国家，分别为美国、英国、法国、日本、中国、德国、瑞士、意大利、瑞典和荷兰，中国是唯一的发展中国家。

据凤凰网财经报道，Brand Finance发布的《2018年度中国最有价值品牌300强报告》显示，中国已有能力在世界舞台上做品牌的领军者——中国品牌在包括银行、公用事业、保险、烈酒在内的多个领域都有着世界级领先品牌，华为、平安、国家电网、恒大地产、工商银行、伊利、哈弗汽车、五粮液等在中国取得巨大成功的品牌也开始在国际上赢得声誉。其实这份名单还不止于此。

与此相同步，中国在不同的国际排行榜上的排名也持续上升，在由世界知识产权组织（WIPO）、美国康奈尔大学、欧洲工商管理学院和2018年全球创新指数知识伙伴联合发布的全球创新指数（GII）排行榜显示，中国晋升世界上最具创新性的前20个经济体，排名第17位。这些表现，都说明中国品牌在快速崛起。

但必须看到，在瑞士洛桑国际管理发展学院（IMD）公布的2014年全球竞争力年鉴中，中国大陆的竞争力水平排第23位，与中国经济总量在世界上的排名还极不相称，最重要原因是缺乏众多强势品牌，尤其是缺少具有中国自主知识产权和国际竞争力的世界级大品牌。这表明我国品牌建设滞后于经济增长速度，经济增长效率严重低于发达国家的经济增长效率，也说明我国品牌经济发展水平还不高。但从中国品牌近年来快速崛起的趋势看，中国品牌建设滞后的局面正在得到有力改变。在这一改变里中国民营企业表现突出，又从一个侧面说明民营企业的效率优于国有企业的效率。民营企业品牌将在未来中国品牌建设中的地位越来越抢眼，即民间活力将得到进一步发挥。品牌经济若行稳致远，还有赖于市场经济条件下民间活力的迸发。

第四节　理论准备

近代以来，我国品牌建设的制度演变以及企业品牌在国际上的上升地位，为品牌经济发展范式进行了奠基性准备。在这奠基性准备中，学术界对品牌经济范式的理论探索也必须予以关注，它既是对已有实践的理论梳理，同时也对即将要在更大程度、更大范围的实践给予必要的指导。

从世界范围看，品牌理论研究长期滞后于实践，并且长期囿于营销学、广告学，主要针对产品品牌如何获取商业马太效应而展开研究以及实践，经典的教材有科特勒的《营销管理》、凯勒的《战略品牌管理》、里斯和特劳特的《定位》、阿克的“品牌三部曲”等，主要针对企业品牌以及产品品牌如何塑造，由企业品牌、产品品牌而到产业品牌、区域品牌、城市品牌以及国家品牌的研究，主要在进入20世纪后渐渐兴起，并向社会品牌延伸。我国品牌研究范式则更为滞后，并且基本为引进来为主。但随着中国加入世贸组织后，品牌建设实践的快速推进，一批学者致力于引进国外品牌理论的同时，针对中国特色社会主义品牌塑造的路径以及方法进行深入研究，理论成果越来越丰厚。在品牌经济理论以及信息传播方面，截至2018年6月12日，通过百度，搜索出5 330万条，通过超星软件搜索出这方面的学术图书、论文等，中文为303 213篇（部），外文为28篇（部）。超星同时提供了多个角度的数据分析，相关图书达1 338部，期刊论文达144 952篇，报纸文章达38 969篇，学位论文达38 244篇，会议论文达4 351篇。其余的包含专利、音视频、科技成果、年鉴、法律法规、案例、信息资讯、特色库等方方面面。以地域分布看，名列前六的分别为北京、上海、湖北、广东、江苏、山东。北京绝对领先，达12 283篇（部），这与北京相关出版社、报刊相对集中有关。其次为上海，达5 443篇（部），湖北5 424篇（部），广东4 524篇（部），江苏4 388篇（部），山东3 912篇（部）。意味深长的是，这些研究成果大致与该省市在全国经济总量排名以及品牌建设成就成正比关系，理论研究的前沿性反映了这一地区的经济发展水平。从年份来分析，在1949年前屈指可数，寥寥几篇，不成气候；从1949年至改革开放前，也较为少见；及至中国入世后，明显增多：在2005年达到一个峰值，为25 302篇（部），余下年份均在2万上下浮动，趋于平稳。

由品牌而至于品牌经济理论研究，百度对品牌经济以及品牌经济学分别列出词条给予阐述，尽管是初步的，但传递了品牌经济的概念。它如是解释：品牌经济是生产力与市场经济发展到一定阶段的产物，是以品牌为核心整合各种经济要素，带动经济整体运营的一种市场经济高级阶段形态。包括单个企业的品牌化运营、总体市场层面的品牌化运营与区域经济体系三个组成部分。它所强调的是企业品牌建设，是企业在市场经济条件下发展进入高级阶段的必然体现。王永龙在其于2003年1月出版的《21世纪品牌运营策略》一书中认为，品牌经济是以市场为向导，以品牌为基础，以企业为主体，以品牌经营为核心的一种经济形态，未免流于经验。冯蕾音、钱天放对此并不认可，他们在其论文《品牌经济的产生、构成、性质——内涵式释义》中认为，品牌经济是以品牌为核心，整合各种经济要素，带动经济整体运营的一种经济形态。它是企业经营的高级形态，也是市场经济高级阶段形态，是一种新高度的经济文明。[1]成荣在其所著《品牌价值论——科学评价与有效管理品牌的方法》一书中认为品牌经济是指产生于市场经济的高级发展阶段，品牌成为市场的核心资源，以不可替代的整合与引导力量，带动社会经济整体运营的一种经济现象或经济形态。[2]又以品牌经济视角，系统论述品牌价值，给出了三种不同评价尺度，即品牌价值资产化评价、品牌价值社会化评价、品牌价值内部评价，试图形成适合中国市场环境的品牌价值管理体系。

以及品牌经济广泛而深入的理论探讨中，品牌经济学应运而生，有学者用已有的经济学工具对品牌现象给出经济学解释。在这方面，山东大学教授孙曰瑶早在2005年由经济科学出版社出版了其所著《品牌经济学》，之后又出版了《品牌经济原理》，通过经济中的选择成本将品牌引入经济学分析框架，以此认为品牌经济学和品牌经济理论必须从选择成本出发看待一切局限条件，帮助企业在实施品牌发展中，避免价格战。因此，他的研究属于微观经济学范畴，而不是从宏观经济学的角度的分析。随着我国品牌建设的日新月异，这些研究无法解释品牌在国家经济增长中的地位、作用、意义以及路径，当然更无法满足政府在品牌建设中如何作为的理论支撑需求。对此，有学者将品牌经济放在区域经济范畴、城市经济范畴以及国家经济发展范畴中加以研究，并延伸到国家制度安排层面，提出相应建议，对品牌经济的机理做出各自的探析。

以区域品牌经济研究为例，肖艳、张利群认为“发展品牌经济是推动供给侧结构性改革、促进区域经济发展的重要途径。区域品牌经济发展有赖于区域

1　冯蕾音，钱天放:《品牌经济的产生、构成、性质——内涵式释义》，载《山东经济》，2004年第6期。

2　王成荣:《品牌价值论——科学评价与有效管理品牌的方法》，中国人民大学出版社，2008年4月第1版，第2页。

品牌形成机制、市场引导机制、动力机制以及治理机制的耦合作用。其中，形成机制是由产品品牌、企业品牌、产业集群和区域品牌构成的综合性、多层次的要素集合；引导机制受市场完整性、竞争性和开放性的影响；动力机制源于品牌溢价效应、集聚效应和创新效应；治理机制主要依靠企业、政府和行业协会履行相应职能。四大机制相互结合、相互促进，最终实现区域品牌经济的持续发展”。[1] 周建波、陈亮认为，“中国区域经济中最具有区域品牌经济效应的是珠三角、长三角和京津环渤海圈为代表的品牌经济带。以广东省为例，通过相关的品牌数据比较分析，我们发现区域品牌战略竞争机制主要包括：环境优化与宏观调节的品牌培育机制；区域文化与信用文化的品牌定位机制；自主知识产权创新的品牌竞争机制；新经济文化激活的品牌竞争机制；企业品牌与产业品牌的导向机制；集群品牌战略和品牌生态系统效应机制。”[2] 这些研究尽量贴近现实中正火热进行的实践，充分证明品牌经济具有综合性、系统性和即时性等特征。

因此，当我们从整体上考量我国品牌经济发展体系以及推进机制时，必须从宏观经济学、微观经济学双重视角加以交叉探究，充分考虑各种要素如何通过创新驱动、价值驱动实现优化配置，进而实现经济效益与社会效益的最大化，推动国家治理体系和治理能力现代化建设。唯如此，才能深刻把握品牌经济的精髓，为我国品牌经济在忧思中又快又稳崛起，提供必要的理论支撑。至于从经济伦理角度省察品牌伦理，乃是从哲学的高度对品牌的诠释，是关于品牌理论范畴的延宕。与此同时，还可以运用社会学、文化人类学等视角，省察其品牌社群。由此可知，品牌的学理研究还可以在法学等方面展开，对品牌的探究有着天然的多视角与多重性，这就是品牌吸引人类的魅力。

1 肖艳，张利群：《区域品牌经济发展机制探究》，载《社会科学战线》，2007年第9期，第251页。
2 周建波，陈亮：《区域品牌经济的战略竞争机制》，载《科技进步与对策》，2009年第7期，第27页。

第三章　我国品牌经济建设的保障体系

品牌经济中六个层级的品牌，构成了品牌经济发展的核心轴，围绕这一核心轴，或者说推动这一核心轴互为支撑，形成良好的相互促进发展的局面，必须构建相应的保障体系，具体由四个部分组成：一是法制体系，二是行政体系，三是科技创新体系，四是专业服务体系（见图3-1）。它们各有使命，各

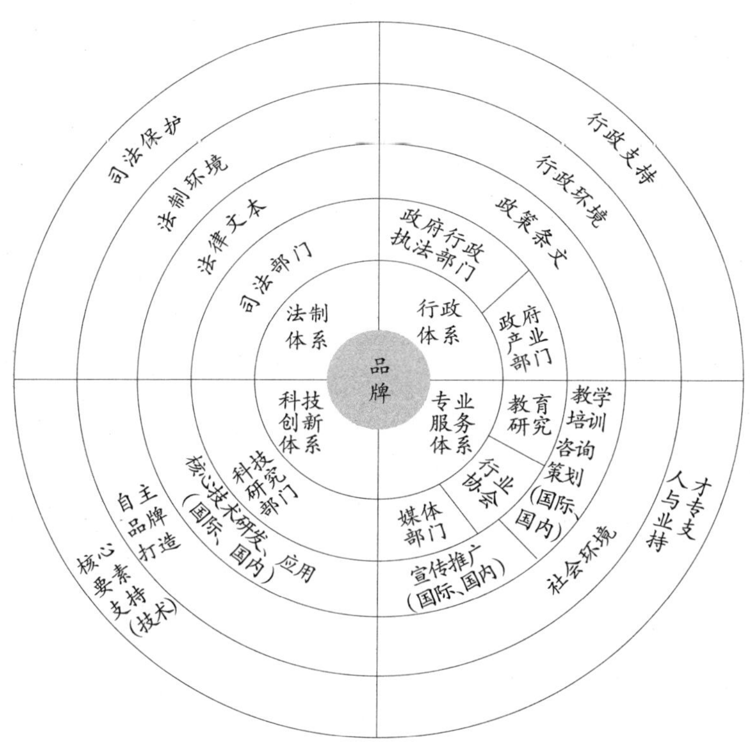

图 3-1　我国品牌经济建设体系结构图

有担当。由于品牌是舶来的概念，在保障体系的构建中，例如法律条文的制定、司法机构以及行政部门的设立、高校的相关教材编写、衡量人才的标准、品牌价值评价、咨询内容到相关专业服务公司的营运方式莫不借鉴欧美日等发达国家。对此，在对国外经验的消化吸收中，自改革开放以来，我国在这方面做出了一系列开创性贡献，有力地推动了我国品牌经济的发展。

第一节　法治体系

以充分实现品牌的经济价值、社会价值和文化价值为目标，综合运用多种保护手段，切实维护权利人的合法利益，其核心是对品牌所有者的产权保护，即从立法、执法、司法、普法、守法、督法各环节全面发力，贯穿于品牌建设的全过程，解决品牌建设中的深层次问题。

一、充分体现现代法治精神以及品牌司法保护特点

党的十八届四中全会明确提出“全面推进依法治国”“建设中国特色社会主义法治体系，建设社会主义法治国家”[1]，让经济社会的方方面面有法可依、有法必依，以品牌经济为特征的中国现代经济体系同样离不开现代法治体系保驾护航。对此，应充分体现平等、公平与正义的现代法治精神，以现代化法律体系为重要支撑，营造良好的品牌建设法治环境，让品牌法治观念和品牌法治精神深入人心，永葆品牌生机。

品牌司法保护与品牌建设是品牌运营发展的一体两面。品牌产权的重要表现——商号、商标、专利、版权和商业秘密等元素属于知识产权范畴，因此对品牌产权的保护在实质上就是对知识产权的保护，具有强制性、严谨性和持续性等特点，需要在品牌开发之初就要筑起司法保护墙。目前，我国对知识产权

1　中国共产党第十八届中央委员会第四次全体会议公报，新华网：http://news.xinhuanet.com/zgjx/2014-10/24/c_133739200.htm。

实行行政保护与司法保护并重的“双轨制”模式。品牌的司法保护指通过司法途径对品牌进行专门性保护，即由享有品牌权利的当事人或国家公诉人向法院对侵权人提起民事、刑事诉讼，以追究侵权人的民事、刑事法律责任，包括通过不服知识产权行政机关处罚的当事人向法院提起行政诉讼，对行政执法行为进行司法审查，以支持正确的行政处罚或纠正错误的处罚，使各方当事人的合法权益都得到切实的保护。

品牌司法保护是全面依法治国的要求，是经济社会实现高质量发展的客观需要，是品牌建设发展的内在要求，更是在世界经济一体化中打响中国品牌、维护中国品牌的必要手段。全社会要主动弥补和加强品牌立法、品牌司法、品牌守法等各环节内容，毫不松懈地筑牢品牌保护的法律防线。

二、法律条文不断完善

司法机构的知识产权保护能够在品牌受到侵权损害时，提供及时有效的保护措施，有效维护品牌发展良好的市场秩序，对此要有清晰的法律依据，做到有法可依。人大在立法层面发挥了应有作用，例如2017年11月，全国人大常委会法制工作委员会向部分省市人大发函，要求适时清理和废止涉及著名商标制度的地方性法规，上海、山东、江苏等地立即贯彻执行。目前国内，直接与品牌建设相关的法律有经济法、商法等，具体法律法规文本有公司法、商标法、标准化法、产品质量法、广告法、专利法、著作权法和反不正当竞争法等。正在修订中的产品质量法明确纳入相关品牌建设内容，主要在质量促进这一部分，其中第五十六条即为“品牌建设”，具体内容：国家推动全社会提高品牌意识，建立品牌保护制度，推进品牌培育、示范、评价建设，鼓励企业通过市场竞争打造知名品牌。四川、山西、杭州、徐州和南通等多地通过人大立法制定的质量促进条例以及知识产权保护条例中纷纷纳入推进品牌建设与经济发展的相关条款，明确品牌建设发展方向以及具体举措。例如，四川省人大常委会于2021年3月26日表决通过的《四川省质量促进条例》，从行为主体的角度对品牌建设提出相关规定，从相关政府部门在品牌建设中的职责、实施品牌发展战略，建立健全品牌培育、创建、推广、激励等机制，鼓励争创各类品牌荣誉，推进品牌认定市场化和社会化，加强品牌文化建设，推进品牌信用体系建设，等等，做出了系统性要求。

在法律条文具体实施中，根据实际情况，适时出台相应案例，指导司法实践。例如最高人民法院每年发布的中国法院十大知识产权案件和50件典型知识产权案例，还有地方人民法院发布的知识产权典型案例。例如，2016年6月5日，新华社一则题为《最高法明确老字号商标不正当竞争认定等问题》的新闻表明，最高人民法院又通过指导案例为老字号品牌的司法保护提供司法指导。

三、强化品牌司法保护

品牌司法保护需要公检法三大系统通力合作，其司法审判包括民事审判、行政审判和刑事审判，有效地降低了品牌维权成本，提高了品牌侵权成本。2014年8月31日，十二届全国人大常委会第十次会议表决通过全国人大常委会关于在北京、上海、广州设立知识产权法院的决定，随后，此三地的知识产权法院相继成立，对品牌司法保护起到了极好的促进作用。

品牌司法保护还包括司法认定，这主要指驰名商标的认定与司法保护。我国驰名商标司法认定起始于2001年7月，由此开启我国驰名商标司法认定与行政认定的双轨制模式。国际上驰名商标保护最早可追溯至1925年海牙大会，这次大会通过的《保护工业产权巴黎公约》增补了这一内容。驰名商标在法律上获得比非驰名商标更多更广泛的特殊保护。对于品牌司法保护还有较为特殊的保护，即地理标志的司法保护。我国地理标志产品丰富，但由于地缘因素的影响，一些地理标志产品只在区域内有名，因此地理标志宜由地方政府指定的机构注册，以商标法律体制保护。国际上地理标志的保护有商标保护、混合保护、单独立法保护三种模式，各国依据本国国情选择适合本国国情的法律保护模式。多年实践证明，我国用商标法律体系保护地理标志，是遵循国际协定要求、符合我国国情、行之有效的保护模式。

老字号品牌在市场竞争中具有较高的优势地位和巨大的无形价值，但在国内外范围，老字号在国内外屡屡被抢注、假冒的现象愈演愈烈，其合法权益受到了极大侵害，损害了老字号的品牌信誉，但我国现行法律制度还没有完备的老字号保护机制，无法给予特殊保护。

四、品牌保护的国际化趋势

我国自1980年加入世界知识产权组织后，相继加入了《保护工业产权巴黎公约》《专利合作条约》《国际承认用于专利程序的微生物菌种保存布达佩斯条约》《工业品外观设计国际分类洛迦诺协定》《商标国际注册马德里协定》《商标注册用商品和服务国际分类尼斯协定》《国际植物新品种保护公约》《保护文学和艺术作品尼泊尔公约》《世界版权公约》《保护录音制品制作者防止未经许可复制其录音制品公约》《世界知识产权组织版权条约》《世界知识产权组织表演和录音制品条约》等10多个国际公约、条约、协定或议定书，使我国品牌建设的司法保护与国际规则做了有效对接。

与此同时，我国品牌保护的国际化，还深刻地反映为跨国保护。一方面反映为我国对跨国公司品牌在中国发展的保护。例如，“苏格兰威士忌”进入我国市场后，不断受到假冒产品的侵害，市场份额及声誉下降。因为“苏格兰威士忌”在2007年前未向商标局申请注册，该地理标志所有人只能依据反不正当竞争法，聘请律师向法院起诉，维权成本高。最后，“苏格兰威士忌”权利人向商标局申请注册地理标志商标并于2008年核准注册。“苏格兰威士忌”注册后，权利人持商标注册证向广东、福建等地工商部门投诉，用较低的维权成本得到了高效的保护。另一方面是我国企业品牌在进行跨国发展时，利用国际公约、条约、协定和议定书对自己品牌权益的保护，有主动出击保护，也有被动应对保护，例如华为对三星、苹果以及高通的知识产权诉讼，其法律纠纷的商业性远远高于技术性，以谋取各自的利益最大化。

还有一个值得关注的现象是品牌的跨国性恶意诉讼。面对品牌的国际竞争，我国对于品牌的司法保护不能故步自封，而应立足自身实际与国际接轨，有针对性地出台相关品牌司法保护的措施，从而在国际谈判上掌握足够的话语权，并有效避免品牌竞争政治化。

第二节 行政体系

行政体系包含两个部分。

一是行政保护体系。行政保护是指行政机关和执法机关依据法律所赋予的职责，维护品牌拥有人的合法权益。行政保护是指国家行政机关对当事人某些比较严重违反品牌管制法律的行为予以打击，保证品牌健康发展的行为，也包括对某些品牌等级及性质的授权确认等行政确认行为。它与司法保护一样，具有强制性特点。行政保护的主体为国家有关行政部门，主要有国家质检总局、国家工商总局、国家食品药品监督管理局和国家知识产权局等，它们各司其职，依法行政。随着我国品牌建设力度的加强，这些部门在职能方面，往往通过地方试点，积极探索、科学合理地理顺各方关系，推进品牌保护。2013年12月31日，上海市浦东新区市场监督管理局宣布成立，原区内的工商、质监、食药监三大市场监管力量完成“三合一”整合，从而构建起一个覆盖生产、流通、消费全过程的监管体系。整合将推进从生产到流通、消费的一体化、全过程、高效能监管，从而破解市场监管缺位、错位、越位等问题，以此试图实现市场管理到位。2015年1月1日，该新区在全国首家单独设立知识产权局，集专利、商标、版权行政管理和综合执法职能于一身。此项改革，是上海加快转变政府职能、深化行政体制改革的又一先行先试之举。

实施行政保护，主要工作有制定质量标准、打击假冒伪劣、维护市场秩序等。自我国加入WTO以来，行政保护同国际社会的交流日趋增多。在知识产权方面，中国加入了《与贸易有关的知识产权协定》（TRIPS），致力于与国际品牌市场接轨。同时，目前随着新科技革命的到来，互联网的广泛应用，需要国际社会的通力协作，才能有效地实施知识产权保护。当行政保护不足时，权利人可寻求司法保护。在行政保护方面国家质检总局、国家工商行政管理总局相继开展世界名牌、名牌、驰名商标的认定工作。驰名商标除由国家工商行政管理总局认定外，还有省级层面的著名商标认定。它们根据各自职责，对世界名牌、名牌、驰名商标和著名商标给予相关保护，使企业在创建品牌中得到强有力的政府背书，各省市对于所在辖区获得相应称号的企业品牌给予一定奖励，使企业以争创这些品牌称号为荣。

二是产业推进体系。主体为国资委、工业和信息化部、商务部、文化部和农业部等，它们通过政策条文以及财政专项资金等措施，引导和推动产业品牌、企业品牌和产品品牌建设。它们经常联手推进品牌建设，以期形成合力，有些文件往往多部门联署。与此相对应的地方政府部门承担相应职能，以与之相仿的工作方法推进各自辖区品牌建设，落实国家政策，并不断地创造地方经验，与国家政策构成良性互动。这些政府部门的大致分工：在一定时期内，国家质检总局系国家品牌建设部际协调牵头单位，具体负责质量品牌推进。各地方政府部门的牵头单位并不因此统一，有的设在经济和信息化委员会内，有的设在质检局内，或设在工商局内。在2006年三聚氰胺毒奶粉事件发生之前，国家质检总局力推名牌建设。之后，名牌建设工作基本上由各省市自行推进，在国家层面虽然提出由第三方认定，但终究只听楼梯响，不见佳人来。作为政府部门以政府公信力为民族品牌背书，承担巨大风险，不堪其累。于是这一部门转向质量强市、品牌示范区建设，从为单个企业品牌背书，转而通过公共性品牌建设推动企业品牌建设，同时力推与国际品牌价值评估相衔接，通过设立第三方机构具体承担这一工作，制定品牌价值的国家标准，并分别对产品品牌、企业品牌和区域品牌等各类品牌进行价值测评。

商务部的品牌建设工作侧重于培育国际知名消费品牌，并以振兴中华老字号为己任。工信部侧重于工业品牌建设。国家工商总局侧重于商标品牌建设，既推商标应用，又着力于商标保护，将驰名商标列入商标法条文，推出一批商标示范城市。国家工商总局还支持中华商标协会在各省市轮流举办中国国际商标品牌节，自2005年至2016年共举办7届，不断突出商标力量，彰显品牌价值，传递商标品牌最强音。文化部侧重于文化品牌建设。农业部主抓农业品牌建设。国资委侧重央企的企业品牌建设。国家知识产权局抓品牌的知识产权保护。

上述政府部门工作主要通过完善政策、依法行政、试点示范、财政引导、规范标准等方式，以及健全品牌传播、品牌评估、展示展览等服务体系，多方位地推进品牌经济发展。由图3-1可知，自“十一五”以来这些国务院相关组成部门对于品牌建设越来越重视，是他们工作中的重要内容，品牌建设不断升温。中共中央在《关于制定国民经济和社会发展第十三个五年规划的建议》中明确要求推进品牌建设，着重指出：“培育以技术、标准、品牌、质量、服务为核心的对外经济新优势。”“实施工业强基工程，开展质量品牌提升行动，支持企业瞄准国际同行业标杆推进技术改造，全面提高产品技术、工艺装备、能效环保等水平。”表明我国品牌建设进一步以国际化为导向，即以努力提高我国产业在全球价值链中的地位为目标，在新一轮全球化中争取拥有举足轻重的话语权。2015年5月，国务院印发的《中国制造2025》更是提出了未来一段时期内我国品牌建设的战略目标与具体要求，深刻地揭示了我国加快品牌建设、发展品牌经济的重要性以及路径选择。2016年4月至9月，短短的六个月时间里，国务院办公厅对推进品牌建设连发四份重要文件，分别是《关于印发贯彻实施质量发展纲要2016年行动计划的通知（国办发〔2016〕18号）》，明确2016年工作重点，以提高发展质量和效益为中心，开展质量品牌提升行动，以此掀起我国产品品质革命的热潮；《国务院办公厅关于开展消费品工业“三品”专项行动营造良好市场环境的若干意见（国办发〔2016〕40号）》，“三品”，即增品种、提品质和创品牌；《关于发挥品牌引领作用推动供需结构升级的意见（国办发〔2016〕44号）》，把品牌建设提到了前所未有的高度，明确指出品牌是企业乃至国家竞争力的综合体现，代表着供给结构和需求结构的升级方向；《关于印发消费品标准和质量提升规划（2016—2020年）的通知（国办发〔2016〕68号）》，以先进标准倒逼消费品工业提质增效升级，是对于品牌建设的具体践行。这些文件显示了我国品牌建设路径的选择、任务目标以及价值追求，同时极大地促进了与之相吻合的科技创新体系和专业服务体系的建设。

第三节 科技创新体系

科技创新体系是我国建设创新型国家的关键，更是我国品牌经济发展的引擎和重要基础，由政府、企业、科研院所（高校）和支撑服务等四个要素构成（其支撑服务的中介服务机构同时也是品牌建设的专业服务体系的重要组成部分）。没有这一科技创新体系支撑，我国品牌经济发展将变得苍白无力。

从世界范围考察，科技强国、创新型国家与品牌强国成正相比关系。目前世界公认的创新型国家有20个左右，包括美国、瑞士、丹麦、瑞典、新加坡、芬兰、德国、荷兰、日本、加拿大、英国、韩国、奥地利、挪威、法国和比利时等。尽管它们在各种不同的排行榜上，由于权重关系，位居不同名次，但发现这些主要的排行榜均是这些国家的游戏。确实，这些国家的品牌力远非其他国家可以相比。由欧洲英士国际商学院、美国康奈尔大学和世界知识产权组织共同研制的《2017年全球创新指数报告》显示，在127个国家和地区的创新排名中，中国居第22位，比2016年名次提升3位。

我国科技创新体系的核心是原始创新、集成创新和在引进先进技术基础上的消化吸收再创新，这些创新是我国自主品牌获取核心技术的支撑，是科技创新成果转化，即我国自主创新能力的具体体现，因此，在一定程度上自主品牌最能体现科技是第一生产力的作用以及意义。我国于2006年1月正式提出到2020年建成创新型国家。党的十七大报告明确提出："建设创新型国家，最关键的是要大幅度提高自主创新能力。"科技创新是体现自主创新能力的关键性内容，是我国未来参与国际竞争新优势的重要反映。2006年2月9日，国务院出台了《国家中长期科学和技术发展规划纲要（2006—2020年）》。党的十八大报告进一步提出："实施创新驱动发展战略，并做出战略部署。"2015年3月13日，中共中央、国务院出台了《关于深化体制机制改革加快实施创新驱动发展战略的若干意见》，该《意见》指出："到2020年，基本形成适应创新驱动发展要求的制度环境和政策法律体系，为进入创新型国家行列提供有力保障。"2016年7月28日，国务院出台了《"十三五"国家科技创新规划》，该规划依据《中华人民共和国国民经济和社会发展第十三个五年规划纲要》《国家创新驱动发展战略纲要》和《国家中长期科学和技术发展规划纲要（2006—2020年）》编制，明确"十三五"时期科技创新的总体思路、发展目标、主要任务和重大举措，是国家在科技创新领域的重点专项规划，是我国迈进创新型国家行列的行动指南。

为加快科技创新体系建设，我国又陆续出台了一系列更为具体的科技创新政策，包括法制保障、体制机制、加大研发投入以及促进科技成果转化等方方面面。具体相关法律有《中华人民共和国科学技术进步法》《中华人民共和国促进科技成果转化法》；具体加强体制机制建设的指导文件有《关于深化科技体制改革加快国家创新体系建设的意见》《国务院关于大力推进大众创业万众创新若干政策措施的意见》等；在加大研发投入以及科技成果转化方面有《关于深化中央财政科技计划（专项、基金等）管理改革的方案》《促进科技成果转移转化行动方案》等文件。上述一系列文件，有效地健全了我国科技政策体系，为推进我国自主科技创新发展提供了良好的政策环境。

在科技研发投入方面，我国经济发展水平稳步提高。2017年，国家统计局、科学技术部和财政部联合发布的《2016全国科技经费投入统计公报》显示，2016年我国研发经费投入强度接近发达国家水平，研究与试验发展（R&D）经费投入、国家财政科技支出均实现较快增长，研究与试验发展（R&D）经费投入强度稳步提高，总量保持在世界第二位，与位列首位的美国的差距正逐步缩小。我国科技研发经费投入历经自2012年以来持续四年下滑后出现首次回升，主要原因得益于我国政府的引导和科技政策环境的不断健全。2016年，国家财政科技支出达7 760.7亿元，比上年增长10.8%，增速为近四年来的最高水平。科技成果也呈现出快速增长势头。自2000年《科技成果登记办法》颁布以来，全国科技成果登记工作进入一个稳定发展期，科技成果登记工作体系不断完善。自2011年以来，全国年度科技成果登记数量从2011年的44 208项增长到2016年的58 779项，增长32.96%。2016年，我国科技成果登记数达58 779项，较上年上涨6.32%。其中，地方登记48 664项，增长6.17%；国务院有关部门登记10 115项，增长7.07%。地方登记成果和部门登记成果分别占成果总数的82.79%和17.21%。[1]

科技成果数量的不断增长推动我国专利质量稳步提升，并促进我国国际专利申请量稳定增长。国际专利申请是本国科技成果在他国获得专利保护的重要手段，是国家自主知识产权走出国门、走向世界的重要方式。国际专利申请量彰显着本国自主创新能力的国际竞争力，也充分彰显出我国自主品牌国际化的能力，是国家创新体系建设的重要内容。2017年，世界知识产权组织发布的报告显示，中国已成为《专利合作条约》框架下国际专利申请的第二大来源国，仅次于美国。报告预测，以当前中国专利申请的发展趋势，中国有望在三年内赶超美国，成为国际专利申请的最大来源国。

我国企业科研机构、大学科研机构，还有直接隶属于国家的科研机构，既要承担科技研发重任，还要承担科技成果转化的重任，即科技成果专利化、专利成果产品化，是科技创新的主力军。在这一系列转化中，国家不仅设立专门的基金给予支持，例如国家自然科学基金，它由国务院在1986年2月批准设立，是我国支持基础研究的主渠道之一。国家科学技术奖，也由国务院设立，分为五大奖项：国家最高科学技术奖、国家自然科学奖、国家技术发明奖、国家科学技术进步奖、国际科学技术合作奖。同时不断加强知识产权保护，将知识产

1 国家统计局:《2016全国科技经费投入统计公报》。

权保护贯穿于科技成果专利化、专利产品化、产品商标化等各个环节，充分体现出在品牌经济发展架构中，科技创新体系的硕果主要表现为品牌的核心竞争力，而品牌的核心竞争力又必须以获得知识产权保护为基础。2016年2月，国务院印发的《实施〈中华人民共和国促进科技成果转化法〉若干规定》对科技与经济发展的结合，提出了更为明确的操作措施，强调要打通科技与经济结合的通道，促进大众创业、万众创新，鼓励研究开发机构、高等院校、企业等创新主体及科技人员转移转化科技成果，推进经济提质增效升级，为自主品牌发展打下了扎实基础。

在品牌经济发展中，企业是承担科技创新成果转化的主体，可以自行发布需求信息，购买、自行投入研发经费开展研究，委托技术交易中介机构等第三方获取所需科技成果，并且可以征寻科技成果的合作者，独立或者与境内外企业、各类机构等多方合作，共同实施科技成果转化，承担政府组织实施的科技研究开发和科技成果转化项目，着力通过科技创新，获取竞争力以及可持续发展能力。在产品经济发展中，企业主要通过资金、低廉的劳动力、低成本资源的投入实现量的扩张，以规模，即铺摊子方式获取企业效益，所谓大即强。尽管也有企业坚持走以科技创新、追求质量为主的内涵式之路，但难以成为主流。即使像格力、美的、海尔等以高科技为标榜的企业，也难免流俗，进军房地产赚取快钱。对此，应鼓励更多企业认识到未来企业发展主要取决于科技创新能力以及富有活力的商业模式创新，而不是仅靠资金、低廉劳动力的投入，实现规模扩张获取效益。

我国科技创新成果具体转化为自主品牌的主战场主要分布于全国各地的国家高新区，受到全球关注。建立国家高新区是党中央、国务院为发展我国高新技术产业、调整产业结构、推动传统产业改造、增强国际竞争力做出的重大部署，在推进我国科技创新体系建设中具有良好的示范、引领和带动作用。截至2016年，全国共有国家级高新区146家和苏州工业园区（简称146+1家国家高新区），被誉为中国创新发展，不断照亮中国创新梦的熊熊火炬。科技部火炬高技术产业开发中心、中国高新区研究中心联合编写的《国家高新区创新能力评价报告2017》显示：146+1家国家高新区GDP总和达8.98万亿元，约占全国国内生产总值的12.1%；研发经费支出5 544.7亿元，占我国全年R&D经费支出的35.4%；新增授权专利26.2万件，当年新增注册企业29.8万家。报告显示，国家高新区整体创新能力持续提升。自2010年为基期开展评价的六年来，国家高新区创新能力总指数共增长99.1点，2016年的增速高过10%，反映出在新常态的发展背景下，国家高新区的创新能力在高位持续提升。在国家“一带一路”倡议和全面开放的战略背景下，高新区开放创新和融入全球的创新步伐愈发加快。

中介服务机构是科技成果进入市场的重要渠道，存在于科技成果专利化、专利产品化的各个阶段，在沟通技术供给方与需求方的联系中具有良好的桥梁作用，对科技成果品牌化以及对提高科技研发能力有着不可替代的推动作用。

第四节　专业服务体系

专业服务体系反映为推进品牌经济而提供的专业服务，公共性服务、公益性服务和市场化服务相互交织，它们的专业服务能力直接显示出我国品牌经济发展中专业服务的市场化水平以及国内外竞争水平，具体包括三大方面：

首先是行业协会、民办非营利企业、联盟等社会组织，这主要强调公共性和公益性服务。近年来，全国各省市纷纷成立品牌促进会或品牌学会，在此基础上，经重庆市品牌学会、江苏省品牌学会、北京市品牌协会、浙江省品牌建设促进会、山东省品牌建设工作委员会、宁夏品牌研究会等几十家品牌社团组织联合倡议，2012年12月7日正式成立全国品牌社团组织联席会，简称“全品联”。其总部设在北京，秘书处设在重庆，成员单位由来自全国25个省区市的几十家品牌社团组织及上万家企事业会员单位所组成。其“全国品牌社团组织联席会议年会暨中国全面品牌管理论坛”是目前国内品牌社团组织在社团界最具影响力的大型会展活动之一，每年举行两次年会，即夏季、冬季年会，由各省市社团轮流做东，对规范我国品牌社团行为、提高专业服务能力起到了良好的促进作用。例如当2018年5月发现有不法分子借用其名义，以“中国优秀品牌企业评选活动组委会”行骗时，它迅速发出《全品联关于“中国优秀品牌企业评选活动组委会”借用我会名义开展活动的严正声明》，在全国范围内给予揭露，使不法分子无所遁形。

国家层面相继成立了中国品牌建设促进会、品牌中国战略规划院以及中国产学研促进合作会、中国反侵权假冒创新战略联盟等。还有非法人单位的品牌中国产业联盟，国家工商行政管理总局与中国人民大学签订战略合作协议，具体由中华商标协会与中国人民大学合作成立的中国商标品牌研究院，等等。中国外商投资协会、中国质量协会、中国纺织服装协会、中国轻工行业协会、中国市场学会等国家级协会往往内设品牌建设部门，来推动本行业品牌建设。有的以此为基点，为其他行业开展横向服务。例如，中国外商投资协会下设优质品牌保护委员会，成员为驰骋中国市场的世界500强企业，在这些企业里负责知识产权的高管们是这一组织的主体，每年独立开展活动。2017年6月17日，中国外商投资企业协会优质品牌保护委员会在北京举行2015—2016年度知识产权保护十佳案例及“两法衔接”典型案例发布会，发布了知识产权保护案例（刑事案件和非刑事案件）和知识产权行政执法和刑事司法衔接（“两法衔接”）典型案例，共有28个案例当选。获选刑事类十佳案例的案件多集中在药品、食品、日化产品、母婴用品、电气产品等关乎国计民生的行业，且多为行业内或者公安部等部委督办的大案、要案，涉案制售假冒伪劣产品活动组织严密，生产销售网络巨大，社会影响十分恶劣。部分制假售假分子被判处无期徒刑、15年有期徒刑等并处高达800万元的巨额罚金。这些严厉处罚彰显了中国打击假冒伪劣行为的坚定决心，也极大地震慑了制售假冒伪劣产品的不法分子。获选非刑事类十佳案例则多集中在商标侵权、不正当竞争及进出口环节行政执法等方面。

中华商标协会、中国知识产权协会等品牌建设中的专业性协会，充分发挥自身专业特长，起到了引领性作用。中华商标协会成立于1994年，其宗旨是：依法维护会员的商标权益，协助会员创立驰名商标，增强全社会的商标意识，提高商品和服务质量，促进经济发展与繁荣。出版刊物为《中华商标》，并与地方政府合作，举办中国国际商标品牌节。由中国商标品牌研究院编撰《中国商标品牌年度发展报告》。中国知识产权协会成立于2009年，主要职能包括：积极宣传、贯彻国家有关知识产权的法律法规和政策，组织知识产权业务培训、学术交流等各类活动，开展知识产权信息检索、中介代理、法律咨询、技术推广、技术转化等服务，协助知识产权执法部门和司法部门处理知识产权纠纷，组织与国内外相关机构的交流学习和互惠合作，组织知识产权法律专家、技术专家和行业组织参与涉外知识产权问题的研讨、调解并提供支持。

中国品牌建设促进会系由品牌建设相关的企事业单位、社会团体和个人自愿结成的全国性、非营利性的社会组织，旨在促进中国品牌建设。其职能主要包括五个方面：一是组织开展品牌建设和品牌评价理论研究。二是组织开展品牌评价和品牌授权工作，开展品牌备案，建立全国品牌信息平台，发布品牌评价结果。三是为企业提供品牌业务咨询和增值服务，指导企业提升品牌价值和效应。四是组织品牌重大活动、品牌企业展览、品牌主题论坛、国际交流合作。五是开展品牌自律管理，推动品牌保护工作。在国际合作方面，承担了国际标准化组织品牌评价技术委员会的秘书处工作。该委员会（ISO/TC289）致力于在全球范围内推广品牌价值研究成果和实践经验，帮助全球企业更有效地开展品牌管理，促进企业可持续发展，为消费者等相关方提供更多附加值；规范品牌价值评价行为，推动建立全球统一的品牌价值评价体系，推动国际贸易发展；形成了较为完整的品牌价值评价理论体系，其“有形资产、无形资产、质量、服务、技术创新”五要素和评价维度模型，是全球品牌价值评价标准化的理论支撑，极大地推动了国际品牌标准的制定。此外，承担全国品牌评价标准化技术委员会（SAC/TC532）秘书处工作，已研制、发布22项系列性行业品牌评价国家标准，并自2012年开始对企业品牌价值进行测评、发布。

品牌中国战略规划院的成立稍晚于中国品牌建设促进会，它以维护国家战略安全为出发点，以建设中国品牌高端智库为使命，以党和国家领导人有关品牌建设的系列论述为指导，以研究品牌发展战略问题、维护国家经济安全、提升品牌核心竞争力为己任，发挥多学科交叉、跨专业融合、系统化研究的智库优势，积极推动品牌相关领域的学术研究，包括：致力于对品牌培育、发展、壮大的全过程研究，创建品牌系统工程学；致力于对不同组织形态的品牌生命周期和生态系统的研究，创立品牌生态系统指数；致力于对不同类型品牌的案例进行差异化比较研究，创建标准、学术化的品牌案例库；致力于产业、品牌和金融领域的融合研究，建立品牌资产交易体系；致力于通过课题、培训、咨询、交流和会展等多种形式支持区域和企业品牌建设，增强品牌意识、推动品牌增长、维护品牌安全；创编出版年度性《中国品牌发展报告》蓝皮书。

其次是高校、社科研究机构和媒体，主要侧重于品牌以及品牌经济的理论研究与教育培训，及其品牌知识普及和品牌宣传推广。不少高校在管理学学科旗下开展品牌专业教育，并成立相应的研究机构。例如，交通大学成立有品牌战略研究所，华东师范大学成立有国家品牌战略研究中心，国家高端智库上海社会科学院成立有上海品牌发展研究中心，重庆大学设有重庆自主品牌汽车协同创新中心。其中，上海华东师范大学国家品牌战略研究中心，是华东师范大学批准成立的重点培育智库研究机构，确定两大主攻研究方向：站在国家层面对中国品牌及其全球化的战略研究、中国作为国家品牌的战略进行研究。上海品牌发展研究中心成立于2012年4月，秉承上海社会科学院建设“国内一流、国际知名的社会主义新智库”的要求，充分发挥专业人才优势，致力于品牌建设理论与实务研究，为政府、协会和企业等提供品牌建设决策咨询、战略规划、教育培训等服务。它既是一个研究平台，同时也是一个实践平台，两相映照，试图走出一条品牌研究的政、产、学、研相融合的实践之路。重庆自主品牌汽车协同创新中心，其服务产业品牌的指向十分鲜明，它以支撑重庆成为具有国际竞争力的自主品牌汽车开发与产业基地为使命，努力建设成为汽车领域国际知名的技术创新和人才培养基地。一般而言，高校的品牌研究机构往往内设于经济管理学院，将品牌视为管理学或营销学下的一个分支，因此他们的研究与教学侧重于产品品牌营销，担纲的教师凭借他们的专业水准，业余时间为企业的品牌建设出谋划策，是品牌咨询市场上的学院派。

媒体的力量自然不可缺少，它是品牌传播的重要阵地，但由于自身缺乏对品牌的专业研究能力，它往往与研究机构联袂开展活动，实现优势互补。例如，《经济日报》与中国品牌建设促进会在2018年5月9日，在上海联合发布中国品牌价值评价信息，参评企业达1 346家，发布的品牌数量达718个，品牌类型有企业品牌、产品品牌、区域品牌和自主创新品牌。从2013年第一次进行制造业品牌评价发布，到2018年的覆盖一、二、三产业的全面发布，中国品牌价值评价发布已连续举办五届。当然相当一部分媒体借助自身力量，便将品牌传播服务做得风生水起，例如新华社、中央电视台等。中央电视台于2016年10月先行推出“国家品牌计划”，之后，新华社推出“新华社民族品牌工程”。作为相同的国家级主流传媒，它们推介的品牌各有千秋。有趣的是，有的品牌两者兼而有之，例如格力、茅台酒、泸州老窖、鲁花集团等。“国家品牌计划”主要操作者为中央电视台广告部，是央视对过去的广告招标模式实现的一次创新，由公益部分和商业部分组成，其内部动员能力弱于新华社民族品牌工程。新华社对品牌工作极为重视，由副社长兼秘书长刘正荣挂帅，专门成立了新华社民族品牌工程办公室。刚开始时名为新华社民族品牌传播工程，之后将传播两字去掉，他们意识到品牌建设中传播虽然极其重要，但其需要的专业服务不仅仅是传播。该工程以“服务民族企业，助力中国品牌”为己任，旨在整合丰富的媒体资源、强大的传播实力和专业的智库力量，为我国优秀民族企业进一步扩大品牌影响力提供有效渠道，为唱响中国品牌加油助力，为我国民族企业进一步走向世界铺路架桥。入选该工程的品牌标准极为严格，共有十个方面，分别为：一、始终坚持“围绕中心、服务大局”，自觉参与和服务国家发展战略；二、重视企业党建工作，重视发挥党组织在企业发展中的政治引领作用；三、弘扬社会主义核心价值观，弘扬社会主流文化；四、具有强烈的社会责任感，热心公益事业；五、积极落实国家精准扶贫计划；六、具有行业领先的自主创新能力；七、具有代表中国制造和中国质量的优秀品质；八、综合实力排名行业前列；九、具有较高的社会知名度和品牌美誉度；十、具有良好的企业文化，弘扬工匠精神，诚信守法。其有两大支撑体系：一是遍及全球的传播体系，二是智库咨询、市场信息、品牌拓展和"一带一路"项目对接等全方位、个性化服务。

直接以品牌冠名且较为活跃的专业媒体主要有《品牌研究》《中国品牌》《中国名牌》《中国品牌与防伪》《科技创新与品牌》《国际品牌观察》《品牌观察》《当代品牌》等。《品牌研究》为学术类期刊，于1988年创办，由山西省人民政府发展研究中心主管、主办。《中国品牌》由国家市场监督管理总局主管、中国品牌建设促进会主办，负责传播中国品牌战略推进、政策法规、理论研究、国家标准，探讨品牌热点问题，评价、发布品牌价值榜单，提供品牌传播策划/咨询，承办品牌促进会有关项目运营。《中国品牌与防伪》同样由国家市场监督管理总局主管，由中国防伪行业协会主办，秉承传播中国品牌理念，弘扬中国品牌精神，培育中国民族品牌，全心一意为中国品牌企业服务的宗旨，积极发挥防伪的品牌保护作用，发掘、培育、传播中国民族品牌价值及美誉度。《中国名牌》由新华社主管、中国广告联合有限责任公司主办，以"聚焦名企名品名流、致力中国名牌建设"为宗旨，系新华社民族品牌工程官方刊物。《科技创新与品牌》由中国科学技术协会主管、中国科技新闻学会主办，旨在介绍科技人才成就、科技创新成果、品牌战略在经济建设中的作用与范例。《国际品牌观察》由原来《国际广告》变更而来，由商务部主管，中国商务广告协会主办。《品牌观察》由中共福建省委对外宣传办公室主管，福建省品牌文化发展研究会主办，以商界精英必读品牌易经自许，市场化程度极高。相比起来，《当代品牌》最为年轻，于2018年3月创刊，由福建省品牌促进会主办，是提高福建品牌知名度的重要平台，对福建质量与品牌发展具有促进作用。

第三是专业咨询、广告策划创意等公司，主要提供市场化的专业服务。从专业服务生态链角度，主要包括品牌理论研究、品牌战略咨询、品牌创意策划、品牌推广、品牌教育培训、品牌知识产权服务、品牌评估与并购、品牌投融资和品牌交易。这些机构的领军人物往往自身具有很强的应用性理论研究能力，同时具有极强的实战经验，应用理论与实践在这里相得益彰。

国际性品牌专业机构已纷纷抢滩中国，例如世界品牌实验室（World Brand Lab）、Brand Finance和Interbrand等，它们每年发布的各类品牌榜单已成为全球企业品牌发展的重要参考，并都已有专门针对中国企业的品牌榜单，对中国的企业品牌现状做出它们各自的评价。它们的业务包括品牌策略、品牌分析、品牌价值、企业形象设计、数字化品牌管理等。世界品牌实验室的总部设在美国纽约，由1999年诺贝尔经济学奖得主、“欧元之父”、美国哥伦比亚大学教授罗伯特·蒙代尔担任主席，全资附属于全球领先的战略咨询公司世界企业家集团。Interbrand是全球知名的品牌影响力报告发布机构之一，是全球广告、营销和公司传播领域的先驱——宏盟集团（Omnicom Group）的成员企业，其总部也设在纽约，拥有覆盖全球的资源网络，其领军人物为英国人约翰·墨菲，在上海设有分公司，开展在中国的品牌咨询活动。Brand Finance是一家英国的品牌价值以及战略咨询公司，每年评估全球数千个知名品牌，并在年度“Brand Finance全球500强”报告中列出最具价值的品牌。

本土的品牌专业机构有北京五洲天宇认证中心、品牌联盟（北京）咨询股份公司、和君集团等。北京五洲天宇认证中心是按照《中华人民共和国认证认可条例》，经商务部推荐（商办建函〔2007〕28号），中国国家认证认可监督管理委员会批准（CNCA-R-2007-152）成立，是迄今为止，国际国内专业从事品牌认证、商品售后服务评价体系认证的唯一机构。它先后牵头组织、起草了《商业企业品牌评价和企业文化建设指南》《商品售后服务评价体系》，已由国家质检总局、国家标准委颁布，认证结果将品牌等级分为：二星级、三星级、四星级和五星级。品牌联盟（北京）咨询股份公司简称“品牌联盟”，自称是国内最具品牌影响力的专业品牌咨询机构之一，成立于1996年，专注于为中国品牌提供行之有效、富于创新的系统品牌咨询服务。品牌联盟的使命是推动中国品牌群体崛起，推进“产业品牌化，品牌产业化”。品牌联盟竭诚为中国品牌提供行之有效、富于创新的系统品牌咨询服务，旗下商标“中国脸”（图形）是北京市著名商标。凭借长期积累和苦练内功，品牌联盟于2016年8月29日正式登陆新三板，股票代码：837940。和君集团主要开展三大业务，具体包括咨询、资本和商学，以咨询业务为主体，以资本业务和商学业务为两翼，所谓“一主两翼”，即为客户提供“咨询+资本+人才”的综合服务。

显然，中国品牌建设的专业服务体系，是伴随着改革开放的步伐、品牌建设的不断推进而渐次花开，一般来说成立年限均较短，国际化程度不高，并且鱼龙混杂，但也因此显示出粗放化发展中强大的活力。有的专业咨询公司以品牌专业咨询的无形资产参股被服务的企业品牌，从企业品牌建设的一个外部服务者到内部建设的深度介入者，既患难与共，又共享共荣，在品牌经济发展中大显身手，有力地促进文化创意产业、知识产权服务业等一系列产业的快速发展，进而有效地促进我国品牌经济的软实力建设，为进一步推动品牌经济发展、构建现代化经济体系奠定良好基础。这些新兴产业，相互之间将构成全产业型品牌专业服务业，具有知识密集型、资本密集型等特点，是典型的生产性服务业，具体包括五大产业：文化创意产业、知识产权服务业、教育培训产业、认证检验检测产业和金融信息服务业，均是国家近年来大力倡导发展的产业。例如：国务院于2014年2月26日印发《关于推进文化创意和设计服务与相关产业融合发展的若干意见》。2016年5月11日，国务院办公厅转发由文化部、国家发改委、财政部、国家文物局联合印发的《关于推动文化文物单位文化创意产品开发的若干意见》。2012年11月13日，国家知识产权局、国家发改委、科技部、农业部、商务部、国家工商总局、国家质检总局、版权局、林业局9部门联合印发《关于加快培育和发展知识产权服务业的指导意见》，认为知识产权服务业是高技术服务业发展的重点领域，国家知识产权局还专门开展知识产权服务业集聚发展试验区建设，北京中关村、深圳福田区、青岛崂山等先后获此殊荣。2018年1月17日，国务院印发了《关于加强质量认证体系建设促进全面质量管理的意见》，明确要求培育发展检验检测服务业，推动检验检测认证与产业经济深度融合，并提高国内检验检测认证市场开放度，鼓励外资机构进入国内检验检测认证市场，扩大国内短缺急需的检验检测认证服务进口，加快推动国际互认，服务中国企业“走出去”，提升我国认证认可国际影响力。2008年3月13日，国务院办公厅印发的《关于加快发展服务业若干政策措施的实施意见》中要求，大力培育服务领域领军企业和知名品牌，品牌建设专业服务业自身亟须实施自主品牌战略以及国际化战略。

第五节 任务、目标与评价

我国渐进式不遗余力地推进品牌建设，反映了我国经济发展面向未来的价值取向，即倾尽全力在全球范围内全面提升经济地位、话语地位，进而实现中华民族对于世界文明的价值影响。这是自第一次鸦片战争后的170多年以来中国无数仁人志士的强国梦，如今正一步步成为现实。它同时深刻地反映了我国推进品牌经济发展的中国特色，既蕴含了与发达资本主义国家发展的相似性，这是经济发展规律所决定的，也蕴含了中国自身不屈不挠的探索。从改革开放之初的短缺经济，到采取以满足需求为导向的市场经济发展方式，带来经济高速增长的良好局面，却也难以避免地带来经济过剩，使经济发展走到十字路口：到底是采用难以持续的发展方式继续粗放型的粗制滥造，还是采用可持续的集约型经济发展方式走以创新为动力的品质型发展之路？答案当然是后者。品牌经济恰恰是后者经济发展方式的客观反映，并且是对前者最为有力的矫正，既挤泡沫，又去粗放型产能，进而实现经济体系的整体升级。因此，推进品牌经济发展将对我国新一轮经济发展的动力结构，在显性层面和深层次层面都会带来积极变化，以致对我国改革开放、社会文化发展，重塑国家品牌均带来难以估量的正面促进作用。

一、任务与目标

上述四大保障体系（法治体系、行政体系、科技创新体系、专业服务体系）推动品牌经济发展是长期的历史任务，不可能一蹴而就。我们还要看到在这四大保障体系之外，由于我国独特的政体，各级人大、政协也是推动品牌经济发展的重要保障力量。人大、政协参与品牌经济建设是党的基本路线要求，党的基本路线是坚持以经济建设为中心，品牌经济正与之相吻合，能较好地发挥人大、政协代表在政治、科技、经济等各领域的优势，建言献策，并推动相关立法、监督等，使品牌经济建设置于宪法法律的框架下进行。近年，从全国人大、政协两会，再到地方人大、政协两会上，品牌已成为热议的话题，不少民主党派也借此平台提出相应议案，当然还有一些人大代表联名提出推进品牌建设的建议。例如2016年10月，在沪全国人大代表联合编撰了“提升产品质量品牌，加快我国制造业转型升级”的调研报告，促进质量品牌立法。在品牌建设立法方面，各级人大积极而为。例如，上海市等不少地方政府均先后出台了关于著名商标的促进办法等。

从现阶段来说，我国推进品牌经济发展的保障体系的主要任务：其一，着力深化品牌经济发展体系，打造具有中国特色的品牌经济制度架构，构建全球布局的中国产业价值链。其二，着力培育我们自己的世界级跨国公司品牌，既包括传统产业方面的，还包括新兴产业方面的；既调动国有企业的积极性，还要充分调动民营经济的积极性，以此全面参与新一轮全球化。其三，坚持以品牌为载体，有效突破发达国家对中国的低端锁定，全面提高我国经济发展水平，推动经济体制机制转型，提高产业发展水平。其四，提质增效，推动需求侧与供给侧并举，通过提高产品质量以及技术含量，挖掘文化内涵，增加产品附加值，实现需求侧与供给侧有效对接，以此破解当前以及长期存在的经济发展中的粗放顽疾。

就具体目标而言，主要包括以下几个方面：其一，最大程度地拓展产品利润空间，有效化解土地成本、人力成本、资源环境约束越来越大等一系列问题；坚决淘汰一批落后产能与生产方式，结束粗放型经济发展方式，促使中国经济脱胎换骨式发展。其二，由于品牌附着独特的文化内涵，以此引导消费，培育健康可持续的消费文化，提高消费者的生活品质，建立绿色、环保、文化充实、精神富足的良好的生活方式。其三，切实培育更加良好的市场环境，品牌必须在良好的法治条件下和充分的市场竞争中才能打造。因此持续不断地推进品牌经济发展，可以极大地推动我国法治建设和市场化水平。其四，坚持创新，即推进良好的品牌文化创新、科技创新以及相应的体制机制创新，生成新的优质资源，促进科技成果产品化以及文化创意产品化、产品商标化、质量标准化、商标品牌化、品牌资本化、资本证券化（也可以表述为品牌证券化）的品牌生态价值链（图3–2）。其中，品牌资本化包括品牌并购、品牌交易等环节。品牌资本化显然以获取高附加值、消化日益高涨的各类成本为旨归，使国家、投资方以及生产者获得相应均衡的报酬，即国家获得必要的税收，投入公共研发；投资方获得投入再生产的必要利润；生产者即劳动者获得购买优质品

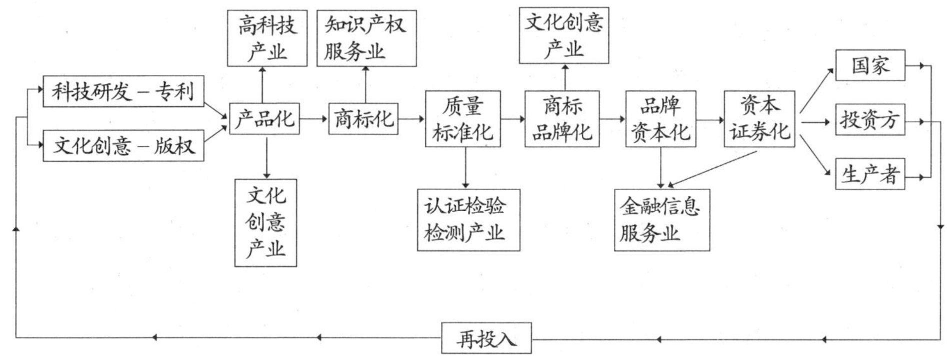

图 3–2　品牌经济生态价值链示意图

类品牌的能力，实现品质生活的收入，进而在更高质量水平上实现经济以及社会可持续发展。与此同时，在全球化竞争中，充分实现品牌统筹价值、标准、技术、规则和产品五位一体同步“走出去”，此乃中国实现全球治理的不二选择。

从图3–2可知，其每一环节与产业相对应，即分别为高科技产业、文化创意产业、知识产权服务业、认证检验检测产业和金融信息服务业等，是推动品牌经济发展的典型的生产性服务产业。

二、评价方法

构建中国品牌经济指数体系，全面、真实地反映中国品牌经济发展水平，确定中国品牌经济发展的“风向标”，有利于我国认识品牌经济的发展规律，在品牌经济时代实施品牌战略，加快品牌创新，优化品牌管理，全面推动国家品牌、区域品牌、城市品牌、产业品牌、企业品牌和产品品牌发展，特别是使广大消费者了解企业品牌的健康状态和发展趋势，从而让我国充分利用好国内国外两个市场，优化国内国外两种资源，为企业品牌“走出去”提供智力支持，为促进我国品牌价值指数的建设起到引领和示范作用。

1.指标体系构建的基本思路

构建中国品牌经济指标体系，其目的是能够科学、全面地反映中国品牌经济发展的现实状况与未来趋势，可以利用该指标体系树立不同层级品牌标杆：一方面起到发展引导作用；另一方面则促进优秀品牌相互对标，找出差距和薄弱环节，提升我国整体品牌竞争力和品牌建设水平，充分体现品牌经济发展方式。

因此，本评价将一般性品牌价值来源的因素作为确定本品牌评价体系中各项指标选取的核心内容，将品牌指数分解为可直接测量的一系列指标。指标体系构建突出四个基础与两个依据。四个基础分别包括品牌经济的内涵和发展规律，我国品牌建设总体战略，中国品牌经济的基本特点、特色，我国经济发展质量。两个依据，即品牌价值理论、新制度经济学理论。品牌价值理论以经济制度、技术创新、知识创新、现代企业管理制度创新、企业文化、品牌文化、市场体系建设、质量管理、品牌管理、品牌传播和消费者等要素对价值创造的影响为基础。新制度经济学以新增长理论为基础，在强调知识、技术、人力资本等内生变量的同时，考虑市场、制度等外生因素。因此，本评价综合考虑品牌所具有的内在价值和品牌与发展空间之间的相互作用，从内生和外生动力两个方面进行考量，深刻体现人、制度与经济活动的高度的均衡发展，对现代化经济体系建构下的以品牌为标志的经济活动，即品牌经济发展水平做出切合实际的分析，由此可以真切地测算出在产权清晰前提下的交易成本、社会成本等各类成本，以前所未有的真实性体现以经济绩效为核心的多种绩效（从大的方面来说，包括社会效益、文化绩效等，即促进品牌经济发展所能带给我们的价值）。

2.指标体系构建的模型和方法

评价维度：在对国内外现有衡量国家、城市乃至企业发展水平的指数评价方法和评价模型进行综合比较的基础上，围绕本评价目的，确定并分解中国品牌经济的各维度。

指标释义：根据已分解维度按照代表性、系统性、有效性、实用性、普适性、可获取性和可测性的原则选取评价指标，并对指标进行释义。

确定模型：在此基础上，通过评价指标体系的转换和权重的确定，最终确定模型和计算方法。

3.指标体系

在上述模型与方法的基础上，构建完成指标体系基本架构，初步完成理论指标的选取工作，充分体现实用性、中国特色、中国品牌经济特点等，以此拟定本理论评价指标体系，并筛选出操作指标体系。

理论评价指标体系反映中国品牌经济指标的总体情况，共分三级，包含一级指标、二级指标和三级指标。由于部分指标在实际操作中不易获取或者获取的真实性存在问题，可根据实际情况进行调整，形成可操作指标体系，进行实际评价。

4.评价说明

（1）总体说明

为贯彻《国务院办公厅关于发挥品牌引领作用推动供需结构升级的意见》（国发办〔2016〕44号），参照上海市在《关于贯彻国务院办公厅印发的〈关于发挥品牌引领作用推动供需结构升级的意见〉的实施意见（市府办发〔2016〕38号）》中提出的品牌经济五个维度（图3–3），本着“公开、公正、科学、严格、透明”的原则，借鉴国内外相关品牌评价成果，从定性和定量角度，谨慎、严肃地构建中国品牌经济指数体系。

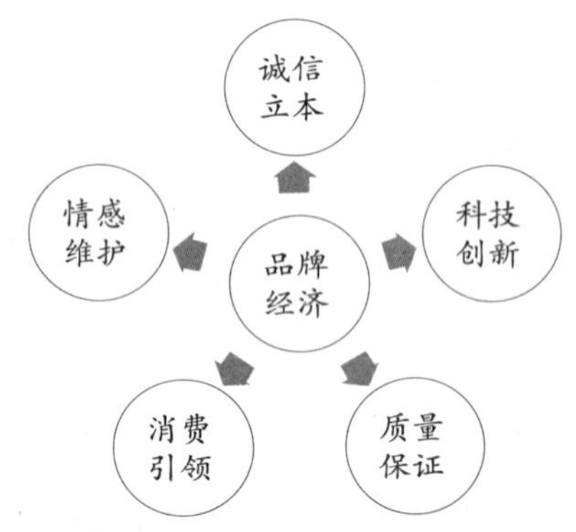

图 3–3 中国品牌经济指数五维度示意图

（2）指标体系说明

五个一级指标包括：基础指数、诚信指数、创新指数、质量指数和影响力指数。五个指标是相互影响、相互作用的。基础指数指品牌的基本经济实力、未来增长性趋势以及当下的发展基础，包括国家（城市）历史、是否有品牌建设顶层设计、编制有品牌发展战略规划、品牌政策、经济总量、经济增长率、人均GDP、消费能力、世界遗产、世界非物质文化遗产数等。诚信指数是一个国家在推进品牌发展中蕴含的对国家政治、经济、社会和文化等发展所负有的责任，也是影响品牌发展的关键性因素，包括法治水平、信用情况、公民以及企业的社会责任等。创新指数是不同类型品牌向高品质发展所必备的条件，通过在国际排名、知识产权应用与保护、基础研发投入、科技创新中心、高科技产业园等来体现。质量指数是品牌建设应达到的质量水平，包括产业发展水平，乃至于产品以及商品的使用质量的合格率、先进性、消费者投诉率等。影响力指数主要指品牌的社会影响力、营商环境、拥有国际媒体量、国际性著名人物多少、世界级媒体、文艺作品畅销量等，是否具有美誉度，包括国际影响力，通过人才流、信息流等来体现。

相对于企业品牌发展水平而言，基础指数是企业品牌赖以生存的指标，是品牌发展的基本保证。

诚信指数包括品牌自身的责任和对消费者所负的责任。品牌自身的责任是发展的内在动力因素，是在遵守国家法律的基础上，在国家和地方信用体系中所处的地位和所担负的责任；对消费者的责任是企业诚信发展的外在动力，是企业以市场为主导，对消费者负责，引导消费者向高质量、高水平、高层次发展的动力。

创新指数包括品牌研发、创新、运作、管理四大能力，体现了品牌发展的内在因素及其相互作用的重要模式和手段。其中，品牌研发包括产品研发和品牌研发，以及两者相互作用的关系；品牌创新是在品牌发展方面所具有的基础条件和能力，体现品牌的地位、品牌战略规划和实施的能力等。

质量指数是品牌发展的根本，包括质量安全、品牌话语权和品牌地位。其中，质量安全是品牌发展最基本的保证；品牌话语权代表品牌对趋势的引领能力。

影响力指数是品牌在社会中的传播力、影响力和认可度等。

在指标体系框架确定的情况下，具体指标的选取是动态的，需要在收集、调查数据时根据实际情况进行调整。在总的中国品牌经济指数体系架构下，可分设国家版、区域版、城市版、产业版、企业版和产品版，以使衡量水平更为精准。

以表3-1中国品牌经济指数表（企业版）的指标体系以及表3-2中国品牌经济指数表（企业版操作指标体系）为例，其创新性显而易见：

一是经济理论与品牌经济实践规律相结合，揭示企业品牌发展的内在规律。二是通过企业内生动力与外生动力相结合，形成企业品牌与国家品牌发展战略的高度统一。长期以来我国社会发展滞后于经济发展。近年来，国家出台一系列政策推动社会发展。品牌所具有的无形资产包含了经济、社会的诸多要素。在构建本指标体系的过程中，综合考虑企业发展的经济指标，也包含企业与社会发展的关系要素，例如企业诚信等级、企业志愿者服务等情况。因此，指标体系既注重企业通过创新的内在动力提升企业品牌，又注重企业品牌和产品品牌的无形资产外溢，注重市场和社会的互动，从微观层面形成对中国品牌经济的支撑。三是通过品牌共性指标与不同行业特性指标相结合，揭示不同行业企业品牌的发展趋势。根据品牌的概念和内涵，可选取国际专利申请、马德里商标注册数量、驰名商标数量等反映不同领域的品牌在国内外品牌中的地位。四是通过竞争性指标与发展性指标相结合，反映企业品牌的地位和发展趋势。品牌市场化的竞争性指标反映了品牌的市场地位；品牌的发展性指标则是自身的发展和对社会的贡献，两者相互融合才能全面反映企业品牌的全貌。

表 3-1 中国品牌经济指数表（企业版）

目标层	一级指数	二级指数	三级指数
品牌指标体系	1.基础指数	1.企业经济实力	1.企业总产值
			2.销售收入总额
			3.净资产收益率
			4.上缴税收
			5.企业资产负债率
			6.企业速动比率
			7.企业流动比率
	1.基础指数	2.企业成长能力	8.总资产增长率
			9.主营业务收入增长率
			10.净利润增长率
			11.主营利润增长率
		3.所处行业发展水平	12.所处行业平均收益水平
	2.诚信指数	4.对消费者的责任	13.产品和服务合格率达标状况
			14.改进服务和创新推进情况
			15.虚假宣传及营销活动发生率
			16.是否建立质量追溯体系
			17.是否及时有效处理消费者投诉
		5.企业责任	18.企业信用级别
			19.侵犯知识产权行为发生次数
			20.不正当竞争行为发生次数
			21.产品品牌投诉数量
			22.品牌在媒体负面曝光数量
			23.品牌在媒体正面报道数量
			24.不诚信情况处理天数
	3.创新指数	6.品牌研发能力	25.科技研发投入
			26.品牌研发支出
			27.是否有知识产权保护部门
			28.是否有品牌战略和管理部门
			29.是否有法务部门
			30.专职法务人员数量

续表

目标层	一级指数	二级指数	三级指数
品牌指标体系	3.创新指数	7.品牌创新能力	31.研发团队数量
			32.科技研发支出占营业收入比例
			33.品牌研发支出占营业收入比例
			34.科技研发人员占员工总数的比例
			35.国内专利数量
			36.国际专利数量
			37.版权数量
			38.品牌战略规划情况
			39.每年品牌策划方案数量
			40.品牌管理人员数量
			41.每年产品品牌评估数量
			42.品牌定位情况
			43.国家级科技大奖数量
			44.省（市）级科技大奖数量
			45.国家级研发平台数量
			46.省部级研发平台数量
			47.国家级项目中标数量
			48.省部级项目中标数量
			49.专利转化率
		8.品牌运作能力	50.每年品牌在国际市场拓展国家数量
			51.每年品牌在国内市场拓展区域数量
			52.马德里商标注册数量
			53.国内商标注册数量
			54.驰名商标数量
			55.著名商标数量
			56.国家级中华老字号数量
			57.省（市）级中华老字号数量
			58.国家级非物质文化遗产数量

续表

目标层	一级指数	二级指数	三级指数
品牌指标体系	3.创新指数	8.品牌运作能力	59.省（市）级非物质文化遗产数量
			60.每年品牌培训人次
			61.每年企业内部品牌培训期数
			62.每年企业参与外部品牌培训期数
			63.每年品牌整合数量
			64.每年品牌并购数量
			65.每年品牌转让数量
		9.品牌管理能力	66.企业是否设置了品牌管理部门
			67.最高管理者管理品牌建设的投入力度
			68.管理者代表及相关部门的品牌管理职责清晰程度
			69.企业是否有品牌管理相关的财务预算
	4.质量指数	10.品牌实力	70.企业品牌价值
			71.企业品牌创建年数
			72.产品品牌质量
			73.产品品牌数量
			74.通过GMP认证
			75.通过其他管理体系认证
			76.产品市场占有率
		11.质量安全	77.企业是否具有专门质量管理机构
			78.是否针对质量进行风险评估
			79.是否具有完整的与品牌培育相关的质量管理标准（包括质量策划、管理、保证、控制、改进一系列体系）
			80.质量管理专业人员（QC、QA占比）
			81.是否具有完整的与品牌培育相关的环境管理标准
			82.是否具有完整的与品牌培育相关的能源管理标准

续表

目标层	一级指数	二级指数	三级指数
品牌指标体系	4.质量指数	12.品牌话语权	83.资产保护
			84.信息保护
			85.数据库备份及加密
			86.区域安全
			87.设备安全
			88.参与国际标准制定
			89.参与国家标准制定
			90.参与行业标准制定
			91.参与地方标准制定
	5.影响力指数	13.品牌地位	92.在国际品牌排行榜中的排名
			93.在国家级品牌排行榜中的排名
			94.在省（市）级品牌排行榜中的排名
			95.在本行业品牌排行榜中的排名
		14.品牌知名度	96.品牌在谷歌搜索外文条数量
			97.品牌在百度搜索中文条数量
			98.五年内大型宣传活动举办次数
			99.海外大型媒体报道次数
			100.国内大型媒体报道次数
			101.企业主要负责人参与国际论坛并发言
			102.企业主要负责人参与国内论坛并发言
			103.企业高管参与国际会议次数、级别
			104.企业高管参与国内会议次数、级别
		15.品牌美誉度	105.产品形象在海外的认可度
			106.产品形象在国内的认可度
			107.产品形象的满意度
			108.品牌忠诚度
			109.品牌投诉处理响应天数

续表

目标层	一级指数	二级指数	三级指数
品牌指标体系	5.影响力指数		110.通过质量、环保、节能等方面产品认证
			111.消费者重复购买数量
			112.消费者依赖度
		16.品牌形象推广度	113.对外宣传经费占收入的比重
			114.广告投入额
			115.品牌形象代言人素质
		17.社会贡献率	116.参加志愿者人次占员工人数的比例
		18.社会贡献率	117.参与社会建设项目情况
			118.每年参加公益活动次数
			119.参与社会福利事业资金占生产总值的比例
			120.企业品牌在提升社会文化水平的作用
			121.文化体系构建情况
		19.员工情感	122.员工福利情况
			123.职工满意度情况
			124.职工理解度情况
			125.离职意愿

表 3–2　中国品牌经济指数表（企业版操作指标体系）

<table>
<tr><th>目标层</th><th>一级指数</th><th>二级指数</th><th>三级指数</th></tr>
<tr><td rowspan="28">企业品牌指标体系</td><td rowspan="6">1. 基础指数</td><td rowspan="3">1. 企业经济实力</td><td>1. 销售收入</td></tr>
<tr><td>2. 净资产</td></tr>
<tr><td>3. 净利润</td></tr>
<tr><td rowspan="2">2. 企业成长能力</td><td>4. 销售收入增长率</td></tr>
<tr><td>5. 净利润增长率</td></tr>
<tr><td>3. 所处行业发展水平</td><td>6. 所处行业平均收益水平</td></tr>
<tr><td rowspan="6">2. 诚信指数</td><td rowspan="3">4. 对消费者的责任</td><td>7. 产品和服务合格率达标状况</td></tr>
<tr><td>8. 是否建立质量追溯体系</td></tr>
<tr><td>9. 是否及时有效处理消费者投诉</td></tr>
<tr><td rowspan="3">5. 企业责任</td><td>10. 企业信用级别</td></tr>
<tr><td>11. 近三年品牌在媒体负面曝光数量</td></tr>
<tr><td>12. 近三年不正当竞争行为发生次数</td></tr>
<tr><td rowspan="16">3. 创新指数</td><td rowspan="4">6. 品牌研发能力</td><td>13. 品牌研发支出占营业收入比例</td></tr>
<tr><td>14. 科技研发支出占营业收入比例</td></tr>
<tr><td>15. 科技研发人员占员工总数的比例</td></tr>
<tr><td>16. 专利及版权数量</td></tr>
<tr><td rowspan="4">7. 品牌创新能力</td><td>17. 品牌战略规划情况</td></tr>
<tr><td>18. 品牌管理人员数量</td></tr>
<tr><td>19. 国家级科技大奖数</td></tr>
<tr><td>20. 省（市）级科技大奖数</td></tr>
<tr><td rowspan="6">8. 品牌运作能力</td><td>21. 每年品牌在国内市场拓展区域数量</td></tr>
<tr><td>22. 马德里商标注册数量</td></tr>
<tr><td>23. 国内商标注册数量</td></tr>
<tr><td>24. 国家级商标数量</td></tr>
<tr><td>25. 省级商标数量</td></tr>
<tr><td>26. 每年品牌培训人次</td></tr>
<tr><td rowspan="2">9. 品牌管理能力</td><td>27. 企业是否设置了品牌管理部门</td></tr>
<tr><td>28. 企业是否有品牌管理相关的财务预算</td></tr>
</table>

续表

目标层	一级指数	二级指数	三级指数
企业品牌指标体系	4.质量指数	10.品牌实力	29.是否通过GMP认证
			30.是否通过其他管理体系认证
		11.质量安全	31.是否有专门质量管理机构
			32.是否针对质量进行风险评估
			33.是否具有完整的与品牌培育相关的质量管理标准（包括质量策划、管理、保证、控制、改进一系列体系）
			34.质量管理专业人员（QC、QA占比）
		12.品牌话语权	35.是否参与国家标准制定
			36.是否参与行业标准制定
			37.是否参与地方标准制定
	5.影响力指数	13.品牌地位	38.在国际品牌排行榜中的排名
			39.在国家级品牌排行榜中的排名
			40.在省（市）级品牌排行榜中的排名
			41.在本行业品牌排行榜中的排名
		14.品牌知名度	42.品牌在百度、谷歌搜索中外文条数量
			43.国内大型媒体报道次数
		15.品牌美誉度	44.产品形象的认可度
			45.消费者重复购买数量
		16.品牌形象推广度	46.对外宣传经费占收入的比重
		17.社会贡献率	47.参加志愿者人次占员工人数的比例
		18.员工情感	48.职工满意度情况

第四章　中国品牌政策的演变

随着中国经济从高速度增长向高质量发展转变以及发出“一带一路”倡议，中国品牌建设骤然间提速换挡，成为中国经济前行的新标志和中国综合竞争力的象征，中国品牌建设政策随之进入快速发展阶段。在新中国成立之初及至改革开放之初，中国专门的品牌政策一直付之阙如，也就是说中国品牌政策经历了从无到有、从少到多、从粗放到越来越专业精准的演化，为中国企业以及产品成功地塑造为中国品牌，提供了系统化的支撑。事实上，如果没有这些品牌政策，要良好地实现品牌发展难以想象，它深刻地反映了中国各级政府推进品牌建设的价值取向以及具体举措，即国家诉求。

第一节　品牌政策的定义

什么是品牌政策？首先我们要了解什么是政策。《辞海》对于政策的定义是：国家、政党为实现一定历史时期的路线和任务而规定的行动准则。它具有鲜明的阶级属性，是一切实际行动的出发点，并且表现于行动的过程和归宿。不同性质的国家和政党，常有不同的政策。政策需要在实践中检验其正确与否，并在实践中得到丰富和发展。具体到品牌政策，顾名思义是关于推进品牌建设的政策，是一种公共性政策，是在一定时期内政府引导推进品牌建设的方向以及行动纲领。它同时也是一种具体性政策，是政府在其基本品牌政策指导下形成的专门性政策，以期解决品牌在特定时期、特定范围内，解决特定问题所规定的行动准则，与基本品牌政策既有一致的一面，也有自己的特点。基本品牌政策是用以指导专门性品牌政策的主导性政策，是许多专门性品牌政策的依据，具有相当的权威性。与基本品牌政策相呼应的专门性品牌政策，包括狭义和广义的专门性品牌政策。广义的专门性品牌政策，也可称专门性政策，包括财税政策、贸易政策、人才政策和社会政策等，政策中虽然不着品牌两字，但对品牌建设有着深刻的影响，尽得品牌风流。本书所要阐述的是基本品牌政策以及狭义的专门性品牌政策。

对一个时期品牌政策制定以及执行产生关键影响的有这样几个方面：一是与这个时期的国家领导人的认知密切相关；二是与国家经济和地区经济发展的阶段性水平密切相关；三是与这个地区的软实力水平密切相关，主要是民众的品牌意识，推进品牌建设的专业能力支撑，还有一个关键因素是这个地区领导人的品牌意识；四是与这个地区的企业家精神以及企业家的价值取向密切相关。这四个方面相互作用，互为支持：从纵向来说，品牌建设体现专业深度；从横向来说，品牌建设涉及面极其宽阔，横穿政治、经济、社会和文化。从这四个方面还可看出一个国家、一个地区、一个企业的主要领导人对品牌建设的影响至关重要，品牌建设是一把手工程。国家品牌以及城市品牌做得如何主要看这个国家或城市的领导人，企业品牌则主要看企业家。政府领导人既是品牌政策的制定者，同时也是重要的执行者，企业家在企业品牌建设中也是如此。例如，习近平总书记不仅是品牌建设政策的重要倡导者，而且在具体推广民族品牌时也是不遗余力。2013年3月习近平总书记出访非洲时，其夫人彭丽媛参观坦桑尼亚妇女与发展基金会，向该机构赠予中国品牌“阮仕珍珠”与百雀羚。一经媒体曝光，“阮仕珍珠”与百雀羚的品牌美誉度、知名度直线蹿升，成为市场爆款，催生了一波民族品牌的热潮。习近平总书记以及夫人彭丽媛不仅是中国品牌的倡导者，同时还是践行者。目前，百雀羚年销售额达100多亿元，而在20世纪90年代它曾一度面临破产倒闭的窘境。“阮仕珍珠”不仅令自身热销，同时使中国作为世界头号的珍珠生产大国一下子赢得世人关注。由此可见国家领导人在品牌建设中的重要性。

中国基本品牌政策一般指不同时期的国家五年规划，是中国品牌建设的纲领性以及方向性文件，这些特定时期的文件，与这个时期党和国家领导人关于品牌建设的具体要求有着相互印证、相互支撑的作用。在这一基本政策的统摄与指导下，相关政府部门根据自己的职能定位进而出台相应的可实施的政策，我们统指为国家品牌政策、部门性品牌政策。国家品牌政策是以中共中央、国务院名义发布的政策，部门性品牌政策是由中共中央、国务院有关组成部门发布的政策，在习惯上我们把这两个层面的文件笼而统之地称为国家品牌政策。至于各省（市）的品牌政策，也分基本政策以及省（市）级政策。基本政策无疑是各省（市）的五年规划，这些规划中的品牌政策主要有两个特点：一是上承国家五年规划，二是结合本省实际。其省（市）级品牌政策分三个层面：一是以省委、省政府名义发布的与品牌相关的政策，二是以省委、省政府组成部门发布的品牌政策，三是贯彻落实中共中央、国务院以及相关组成部门制定的政策，其中有一部分是直接转发，不作为对于本省实际情况相结合的阐述与要求。对于前两者的品牌政策一般统称为省（市）品牌政策，与转发中共中央、国务院的品牌政策不会混淆。

自1949年以来，在改革开放之前各个时期的五年规划中没有直接关于品牌的描述，在改革开放之后各个时期的国家五年规划，有一个十分明显的渐进过程。在“六五”规划中的品牌建设，仍未提及品牌二字，主要任务是如何培育商品经济，推动我国从计划经济向市场经济切换，要求所有企业都要增强质量观念和效益观念，增强适应市场和社会需要的观念。在具体措施方面，开展国优、部优等创建工作，即以质量、标准和企业管理制度建设为核心。在“七五”规划中才提及名牌，“八五”时期提及“名优新”，“九五”时期继续提及名牌，主要针对外贸领域，用于出口创汇。

时至“十五”时期，正逢入世后，“十五”规划终于提及品牌，品牌建设正式登堂入室作为国家战略。它如此表述：通过上市、兼并、联合、重组等形式，形成一批拥有著名品牌和自主知识产权、主业突出、核心能力强的大公司和企业集团，提高产业集中度和产品开发能力；同时正式提出实施“走出去”战略，支持有实力的企业跨国经营，实现国际化发展。“十一五”时期，品牌建设全面提速，不仅在工业领域，还扩展到农业、旅游业等领域，并明确以市场为导向，以企业为主体，极其重视自主品牌以及高技术企业跨国发展。在国际化方面，明确提出积极参与多边贸易、投资规则制定，推动建立国际经济新秩序；扩大国际文化交流，积极开拓国际文化市场，推动中华文化走向世界，开始涉及中华文化的世界影响。“十二五”规划提及企业品牌建设，延及产业集群品牌，对于品牌的认知以及作用得到进一步深化，着重于品牌的基础性建设，既包括制造业品牌，也包括服务业品牌，主要内容：一是提升产品品质，二是扩大内需，三是对外出口（在这方面，不再局限于优质产品出口，而是鼓励并支持企业走出去，跨国经营，着力培育跨国公司）。在“十三五”规划中，品牌建设不仅溢出经济范畴，与公益扶贫相结合，而且要在处理海峡两岸关系中发挥作用，它如此表述：“推动两岸产业优势互补、融合发展，鼓励两岸企业相互持股、合作创新、共创品牌、共拓市场”，将品牌建设延及政治使命。品牌概念不断泛化，足见其对于中国经济社会以及文化的深层作用。“十四五”规划沿续“十三五”规划中的相关内容，特别提出保护发展中华老字号，实施文化品牌战略，加强区域旅游品牌和服务整合，扩大“丝路海运”品牌影响，即在国家软实力方面强化品牌建设。

自“八五”开始，国家对于知识产权的表述内容也越来越多，有时与品牌建设相提并论，知识产权在品牌建设中的地位不断强化，尤其对于自主品牌建设的重要性越来越被认知，知识产权成为自主品牌的核心与基础。这一强化与我国经济快速增长相同步，是我国崛起为经济大国，成为经济强国的必然诉求。

第二节 循序渐进

与此相对应而极具针对性的，我国国家品牌政策相继出台，是我国品牌建设践行的具体而生动的反映。如果说“七五”规划中提及名牌是我国改革开放以来第一个品牌政策重要分水岭的话，还有一个显著的分水岭，即我国加入WTO。将我国加入WTO前后品牌建设两者相比较，我们会发现之前我国品牌政策尽管带有拓荒性质，但还是显得轻描淡写，加入WTO之后，对于品牌建设的各类政策骤然增多。重要标志是在2002年11月，党的十六大报告明确指出:“要形成一批有实力的跨国企业和知名品牌。”2007年10月，党的十七大报告又强化了这一要求:“加快培育我国的跨国公司和国际知名品牌。”这既是中国经济发展极为迫切的内在要求，也是国际性的外部要求。中国品牌建设马上显得迥异于过去，一下子处于快速发展期，知识产权保护与运用也与之同步加强。但这样的增多与增强在相关政府部门入世之前的工作中已开始显现。这些显现仿佛是一种铺垫，是中国要演绎一场品牌强国大戏的前奏。

当然这一铺垫的时间应往前追溯至新中国成立之初。从质量这一角度而言，新中国成立之初能提上议事日程的是标准、计量工作，质量工作主要体现在生产过程。及至十一届三中全会后，党和国家的工作重点向以经济建设为中心转移，提出推进技术进步、提高经济效益、实行对外开放、对内搞活经济等一系列重大经济政策，在工业集中的城市率先建立质量技术监督检验机构。1979年8月，由国家标准总局成立质量监督局。1980年4月迎来第一次全国产品质量监督检验会议，会议提出在全国组建产品质量监督局。这一全新国家部门的诞生，印证了中国工业文明的巨大进步，它全力推进全面质量管理，预示着我国质量发展进入到一个全新阶段。全面质量管理不再只是一种新的质量管理工具或方法，它代表了这一阶段先进的管理理念，因此质量管理的理念、内涵与外延得到极大拓展，产品质量不再只是少数检验人员的事，而是需要全员参与。引进国外ISO9000质量认证，有力地促进了质量标准化与国际接轨。1987年3月发布了《质量管理和质量保证》系列标准。1993年2月，我国出台了第一部质量法，即《中华人民共和国产品质量法》。2000年7月8日，全国人大常委会第十六次会议通过《关于修改〈中华人民共和国产品质量法〉的决议》，此修改版于同年9月1日起正式施行。

1979年6月30日，经国务院批准，国家经济委员会发布了《中华人民共和国优质产品奖励条例》。时隔8年之后，即1987年4月，此条例经修改废止，同时推出全新的《国家优质产品评选条例》，主要宗旨是鼓励工业企业提高产品质量，扩大出口，适应社会主义建设和人民生活的需要。此奖全称为国家优质产品奖。得以获此殊荣的是达到国际先进水平的优质产品，由国家经济委员会领导的国家质量奖审定委员会负责评选工作，这些获奖产品均已获得国务院主管部门如轻工业部、纺织工业部等部门和省、自治区、直辖市的优质产品称号，并具有较高的出口创汇能力。此为国家优质产品奖在全国范围内建立起了层级鲜明的评奖网络。国家优质产品奖同时设有金质奖、银质奖等奖项。1991年6月，国家物价局、国家技术监督局联合出台了《关于国家管理价格的轻工产品实行优质优价的（试行）办法》，对优质产品的加价幅度给出明确规定：在国家规定的出厂价格基础上，获国家金质奖的产品可加价15%，获银质奖的产品可加价10%；获部优质奖和获省优质奖的产品可加价5%，获两种以上（含两种）优质称号的产品则按其中一项优质加价幅度加价。一时之间各类工业产品以获此殊荣为荣耀，在产品包装上印上鲜明的获奖标志，赢取市场，巩固市场地位，风靡一时，风头无两。以高质量的产品进入国际贸易市场，同时引领并满足国内市场。

作为知识产权之一的商标，在新中国成立后，即1950年7月，颁布了《商标注册暂行条例》。同年10月由中央私营企业局编印了第1期公告的183件商标，其中天津居然高达163件，北京2件，石家庄1件，徐州1件。中央私营企业局隶属于国家政务院财政经济委员会。1978年，国家成立工商行政管理机关，内设商标局，主管全国的商标注册与管理工作，负责商品商标、服务商标、集体商标、证明商标等商标的注册工作，办理商标异议裁定以及注册商标的变更、转让、续展、补证、注销等有关事宜，指导、协调、组织各地工商行政管理机关查处商标侵权假冒案件，依法认定和保护驰名商标，监督管理商标代理机构，研究拟定商标注册和管理的规章制度及具体措施、办法，组织商标国际条约、协定在中国的具体实施及承办商标国际交流与合作的有关工作。

1982年，我国正式颁布《中华人民共和国商标法》，对于商标管理实行商标权的双轨保护体系，即行政保护与司法保护并行，延续至今，在国际上独一无二。1995年7月，中国正式提出申请加入世贸组织。经过多年艰苦谈判，2001年12月，我国正式加入世界贸易组织（WTO），成为其第143个成员，履行《保护工业产权巴黎公约》和《与贸易有关的知识产权协议》的规定，保护各成员在中国已注册或者未注册的驰名商标成为我国应尽的义务。与此相同步，1996年8月，国家工商行政管理局颁布了《驰名商标认定和管理暂行规定》；2003年4月，国家工商总局在《驰名商标认定和管理暂行规定》的基础上出台了《驰名商标认定和保护规定》，助力中国品牌融入世界。从过去被动参与转变为主动参与世界品牌竞争，我国广泛开展驰名商标认定工作，并分国家和省（市）两个层面同时展开。驰名商标除由国家工商总局商标局以及商标评审委员会认定之外，还有司法认定这一途径。我国持续广泛开展驰名商标认定工作，并分国家和省（市）两个层面同时展开。各省（市）的省级著名商标，与驰名商标相配套（一般申请为驰名商标的，均已成为著名商标），较好地增强了全社会的商标意识，推动了企业对于商标工作的重视。不仅国内商标注册量大幅攀升，马德里商标注册量也突飞猛进，中国由此一跃为世界商标大国，为品牌的市场秩序建立，以及日后一部分企业进行国际拓展奠定了良好基础。显然，国家工商总局侧重于商标品牌建设，既推商标应用，又着力于商标保护，将驰名商标保护还列为商标法条文，相继推出一批商标示范城市。国家工商总局还支持中华商标协会在各省市轮流举办中国国际商标品牌节，自2005年至2016年共举办7届，不断突出商标力量，彰显品牌价值，传递商标品牌最强音。

2017年6月30日，时任国家工商行政管理总局局长张茅宣布，针对西安“电缆事件”的教训，规范驰名商标认定，暂停著名商标认定，发挥企业作为商标品牌建设的主体作用，使市场和消费者成为品牌价值的最终裁判者，改革由政府进行行政认定的传统方式。在全国各地实行了多年的著名商标制度由此终结，规避政府“越位”的巨大风险。2018年5月，上海市政府、山东省政府等省市相继宣布取消著名商标认定活动。

作为知识产权又一重要组成部分的专利、版权也在20世纪80年代获得突破性发展，国家层面上相续成立了国家知识产权局、国家版权局，作为国务院的组成部门，赋予了相应的国家职能，分别主管全国的知识产权以及著作权管理工作，主要是拟订相关领域的战略发展纲要以及相应的政策措施，并给予组织实施，等等。各省（市）也相继成立了省级知识产权局、版权局，形成了遍布全国的工作网络。有的省（市）将知识产权局设于科学技术委员会内，与科学技术委员会两块牌子一套班子。但在直辖市上海，市知识产权局尽管依然是小局，但直属于市政府。国家版权局与国家新闻出版总署是两块牌子一套班子运作，各省市也与此相仿，新闻出版局与版权局合署办公，版权局作为二级局。国家知识产权局实际负责专利工作，在1989年设立了“中国专利奖”，分金奖、优秀奖两个层级，是我国唯一的专门对授予专利权的发明创造给予奖励的政府部门奖，得到联合国世界知识产权组织（WIPO）的认可，在国际上有一定影响。自2009年第十一届起，评选周期由二年一届改为一年一届。评奖标准不仅强调项目的专利技术水平和创新高度，也注重其在市场转化过程中的运用情况，同时还对其保护状况和管理情况提出要求。为让“保护版权、尊重创作”的理念深入人心，提高知识产权的国际话语权，国家版权局与世界知识产权组织（WIPO）合作开展设立“中国版权金奖”，每两年评选一次，是中国版权领域的唯一一个国际性奖项，更是中国国内版权领域的最高奖。

我国知识产权工作奠定了我国民族品牌，或者说自主品牌的产权基础以及价值实现的形式，使品牌作为无形资产的价值评估成为可能，是我国实行改革开放，与国际接轨，融入世界经济发展的基础性工作，至关重要。及至中国加入WTO之后，我国的知识产权工作又得到一次崭新的梳理并获得质的飞跃，主要体现在法制建设方面与国际先进水平接轨。我国用短短的二三十年时间，完成了西方发达国家通过二三百年才得以完成的知识产权制度构架，当然主要得益于这些西方发达国家二三百年以来积累的经验。另外积极培育知识产权服务品牌机构，2016年组织遴选了第三批全国知识产权服务品牌培育机构48家。第二批49家培育机构已授予“全国知识产权服务品牌机构”称号。通过培育，品牌机构营收高于业内平均值50%以上。

与此同时，商务部、国家质检总局、工业和信息化部、农业部、文化部等相关职能部门根据各自职责，八仙过海，各显神通，积极稳妥地推进品牌建设。1996年，国务院所颁布实施的《质量振兴纲要（1996—2010年）》明确提出“实施名牌战略，振兴民族工业”。2001年，国务院批准建立中国名牌战略推进委员会，国家质检总局相应地开始每年举办一次“中国名牌产品”评选活动。2002年2月，制定《中国名牌产品标志管理办法》。2005年6月，商务部、国家发改委、财政部、科技部、海关总署、税务总局、国家工商总局、国家质检总局等部门联合发布《关于扶持出口名牌发展的指导意见》，以此培育一批出口名牌，强化贸易大国地位，同时推动贸易大国向贸易强国转变；这一年国家质检总局又推出“中国世界名牌产品”评选，试图与国际接轨。因为2008年三鹿奶粉事件发生，国家质检总局进行职能调整，不再直接办理与企业和产品有关的名牌评选活动。其中，中国名牌战略推进委员会2005年公布的493个中国名牌产品，于2010年9月有效期满；2006年公布的556个中国名牌产品，于2011年9月有效期满；2007年公布的856个中国名牌产品，于2012年9月有效期满。企业从此不得再在产品及其包装、装潢、说明书、广告宣传以及有关材料中继续使用中国名牌产品标志。“中国名牌产品”从此成为历史，但众多省（市）的名牌推荐工作依然进行，依然是众多省（市）质检部门推进品牌建设重要的路径。长三角地区的上海、江苏、浙江和安徽与江西的质监部门自2011年起，联合推荐一批区域名牌产品，在各省（市）名牌的基础上，每年推出50佳，各推10个。这些名牌的企业和产品在跨区域生产、合作和经营中，可获得此四省一市质监部门的无差别指导和服务，实行省级以下免于监督检查和跨省异地优先保护。

由于中国名牌产品推荐戛然而止，国家质检总局开始设立中国质量奖，推动形成了国家级、省（直辖市）、地级市等多级政府质量奖，有的地方称为市长质量奖或区长质量奖等。与此同时，积极开展区域品牌创建工作。国务院发布的《质量发展纲要（2011—2020年）》明确提出“开展知名品牌创建”的工作要求，国家质检总局随即发布《关于印发〈“全国知名品牌创建示范区”建设工作的指导意见〉的通知》精神，在全国知名品牌示范区建设试点的基础上，在全国范围内全面开展此项工作，试图推动地方政府深入实施“质量兴省（市）”和名牌战略，形成有利于品牌建设工作的长效机制和良好环境。充分发挥知名品牌在优化要素、合理配置中的作用，提升企业质量管理水平，推动结构调整和发展方式转变，促进区域经济又好又快发展。2016年12月16日，国家质检总局印发了《关于印发〈质量品牌提升“十三五”规划〉的通知》，这份通知与国家“十三五”规划相衔接，是全国质检系统贯彻习近平总书记关于“推动中国制造向中国创造转变、中国速度向中国质量转变、中国产品向中国品牌转变”等重要讲话精神，落实新时期党中央、国务院对质量品牌工作的部署要求，实施《国民经济和社会发展第十三个五年规划纲要》《质量发展纲要（2011—2020年）》和《质量监督检验检疫事业发展“十三五”规划》的专项规划。本规划着眼于加快质量强国建设，充分发挥质量管理、品牌建设、计量、标准、认证认可、检验检测、监督执法、出入境检验检疫等职能作用，统筹布局、综合施策，是全国质检系统“十三五”时期推动质量品牌提升的行动纲领。同时出台了与之相配套的专项行动计划，包括品牌价值提升、消费品质量提升、进出口商品质量提升、进出口农产品质量提升、服务业质量提升、国家地理标志保护产品质量提升、进出口质量监测体系建设、国家质量技术基础建设工程八项。

商务部前身，即国家经贸委自1997年起开展中华老字号认定工作。之后，商务部组建延续了这一职能。面对变化了的中华老字号发展状况，2005年6月，中华老字号认定工作在暂停14年后再次启动。2006年4月，商务部发布了《“中华老字号”认定规范（试行）》。2006年9月29日，商务部公示了第一批“中华老字号”认定名单，从967家申报单位中，确定434家，最后认定通过430家。2007年1月30日，商务部发出关于继续开展中华老字号认定等工作的通知，又认定了一批中华老字号，使重新认定的中华老字号总数达1 138家，以中华人民共和国商务部的名义授予中华老字号企业牌匾和证书，由此直接推动地方老字号的认定工作。2005年6月，商务部在中国商业联合会框架下，又为此专门推动成立了中华老字号工作委员会。2008年，中华老字号标识获国家工商行政管理总局的保护，明确未经商务部授权，任何机构和个人不得使用该标识文字或图形。2005年，商务部所属“全国三绿工程工作办公室”公布了三十个我国三绿工程畅销品牌。2006年，商务部开展“品牌万里行”活动，并开展“中国畅销品牌”评定工作。商务部的品牌建设工作侧重于培育国际知名消费品牌，并以振兴中华老字号为己任。

工信部近年来在全国工信系统先后开展品牌掌门人、品牌首席官、品牌经理、品牌专员的培训，并力推工业品牌培育体系工作，开展工业企业品牌培育试点工作，推出了一批工业品牌示范企业。文化部推进非遗认定，其中相当一部分非遗被商务部认定为中华老字号。2011年8月30日公布的第三批国家级非物质文化遗产名录中有十五项中华老字号项目列入。农业部突出各地特色农产品资源，包括负责农业文化遗产保护工作，全力打造以品牌为核心的新型现代化农业，力推无公害农产品、绿色食品、有机农产品和农产品地理标志。国资委侧重于央企的企业品牌建设，列入对一把手工作考核。围绕品牌建设，其实也是相关服务业发展的重要机遇。国家知识产权局一方面抓知识产权保护，另一方面力推知识产权服务业，通过在全国设立知识产权示范集聚区等方式，不断提高我国知识产权发展水平。国家质检总局则有效推动认证检验检测产业发展。由于这些产业的良好发展，使政府为品牌建设在提供相关公益性服务的同时，又促进第三方提供市场化服务，为自主品牌建设提供了有力的专业化支撑。而这些产业也随着品牌建设的稳步推进，获得长足发展，成为服务业新的增长点。其中知识产权服务业、认证和检验检测已成为我国新兴的现代服务业。2012年11月13日，国家知识产权局发布了由它起草，与国家发展和改革委员会、科技部、农业部、商务部、国家工商行政管理总局、国家质量监督检验检疫总局、国家版权局、国家林业局共同制定的《关于加快培育和发展知识产权服务业的指导意见》，是我国第一部知识产权服务业指导意见，促进知识产权服务与科技经济发展深度融合，重点发展知识产权代理服务、法律服务、信息服务、商用化服务、咨询服务、培训服务等，促进我国知识产权创造、运用、保护和管理能力大幅提升，为科技创新水平提升和经济发展效益显著改善提供支撑。

截至2016年11月30日，在全国各地工商局注册的经营范围包含提供知识产权服务的51 185家企业，占2015年我国新登记企业438万户的1.16%。2016年11月10日，国家知识产权局对外宣称我国知识产权服务机构数量快速增长，营业收入年均增长20%以上，当年全国GDP增速为6.7%，约是全国GDP的三倍。2017年，国家又首次披露了认证认可检验检测产业规模。截至2016年年底，全国各类认证认可检验检测机构共计33 622家，较上年增加7.02%，各机构共实现营业收入2 319.17亿元，较上年增长14.79%，产业规模居世界第一，并在世界上形成了一定的比较优势。

第三节 对国家品牌政策的简析

将时间截至2018年3月，即国务院机构改革之前，我国直接与品牌建设相关的政府部门，从大的条线来划分，形成六大体系（图4-1）：一是行政执法部门体系，主体为国家质检总局、国家工商管理总局和国家知识产权局等；二是产业部门体系，主体为工业和信息化部、商务部、农业部、国家旅游局和国家

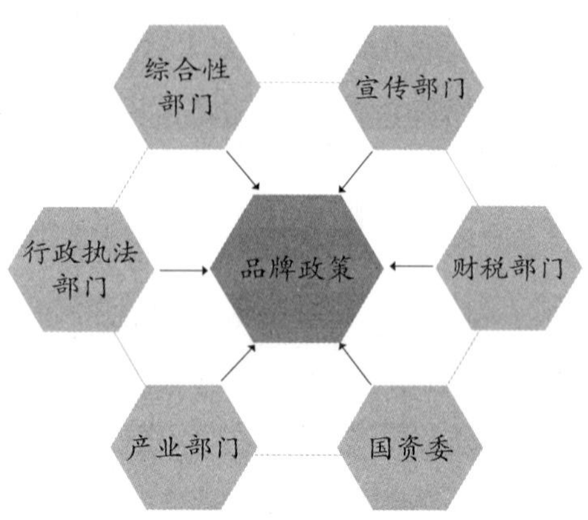

图 4-1　我国品牌政策结构图

林业局等；三是国资委体系，主体为国有资产监督管理委员会，作为品牌资产拥有者；四是宣传部门体系，主体为中共中央宣传部、文化部、国家新闻出版广电总局等；五是财税部门体系，主体为财政部、国家税务总局、中国人民银行等；六是综合性部门体系，主体为国家发展和改革委员会。上述六大体系构成我国品牌政策的“六边形”。自2018年3月，国务院实行机构改革，国家质检总局、国家工商管理总局和国家知识产权局整合为国家市场监督管理总局，文化部和国家旅游局整合为文化和旅游部，农业部更改为农业农村部，国家新闻出版广电总局更改为国家广播电视总局，新闻出版划归中共中央宣传部。但“六边形”形状并未改变，有着相对的稳定性。从大的块面来划分，即分为国家、省（市）、地级市、县（区）等几个层级；各省市与国家相对应的职能部门为条线，见图4-2。条块结合，多措并举，形成了我国合力推进品牌建设的基本的政策体系。

在推进品牌建设中，上述部门根据中央以及国务院赋予的职能，各司其职，在充分体现本部门特点，在不同领域制定相关政策的同时，在工作中注重联手合作，有些文件往往由一家部门主牵头，其他部门联署，有针对性地推动我国品牌建设。品牌建设政策由此体现出覆盖面广、综合交叉等特点。国家层

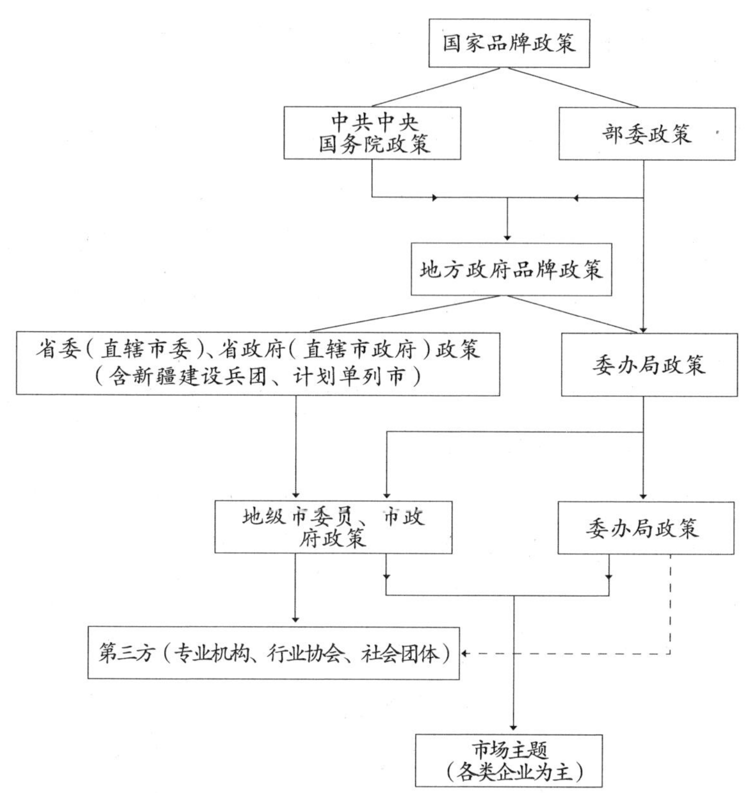

图 4-2 我国品牌政策体系图

面一度由国家质检总局牵头，具体由质量管理司承担，相关省（市）基本沿袭这一格局。但有的省（市）放在产业部门负责，例如上海市专门成立了上海市品牌建设工作联席会议，其协调办公室由上海市经济和信息化委员会承担。这些政府部门往往通过政策条文、示范试点以及财政专项资金资助等方式，直接有效地引导和推动产业品牌、企业品牌和产品品牌建设。

通过上述部门的工作职责，能大致了解我国品牌政策的范畴。从大的方面来说，它包括知识产权、质量品牌、商标品牌、科技创新、产业品牌、诚信建设、文化建设，因此品牌建设不仅仅只是人们通常认为的品牌传播以及品牌营销等。从它出台的政策中，让我们清晰地明确了与此相关的责任主体，即我国品牌建设谁来做以及怎么做的问题，也就是说政府应该做什么、行业协会等社会组织应该做什么、企业应该做什么，可以说都包括了进来。当然，归根结底，我国品牌政策是为了促进国家品牌、区域品牌、城市品牌、产业品牌、企业品牌和产品品牌这六个层次的品牌健康发展。到目前为止，我国品牌政策一般围绕聚焦企业品牌建设和如何做大做强我国企业自主品牌，还较少延伸到产业品牌、城市品牌、区域品牌和国家品牌的建设。出台的政策时限有五年，也有三年，还有年度的（年度的往往表现为当年的行动计划，具有很强的可操作性，是当年度必须要完成的工作）。这些品牌政策的环节主要包括政策制定、政策执行和政策评估，其难度在于精准施策。

国务院。国务院呈现出散点式特点，着力于把品牌建设贯彻于相关产业发展、质量、知识产权、信用体系等文件中，以国家名义来推动品牌工作。例如，2015年5月8日，国务院向全国印发《中国制造2025》，为我国加快建设世界制造强国指明了方向。该文件指出：目前我国制造业整体上大而不强，缺乏知名品牌是重要原因之一，因此它强调加强质量品牌建设迫在眉睫，为此要着力提升质量控制技术，完善质量发展环境，努力实现制造业质量大幅提升；鼓励企业追求卓越品质，形成具有知识产权的名牌产品，不断提升企业品牌价值和中国制造的整体形象；提出五条措施，一是要推广先进质量管理技术和方法，二是加快提升产品质量，三是完善质量监管体系，四是夯实质量发展基础，五是推进制造业品牌建设。

2015年12月，国务院办公厅相继印发了《关于新形势下加快知识产权强国建设的若干意见》《国家标准化体系建设发展规划（2016—2020年）》，部署推动实施标准化战略，加快完善标准化体系，全面提升我国标准化水平。2016年6月印发了44号文件《坚持以品牌为引领推动供需结构升级的意见》（以下简称“44号文”），是我国品牌建设史上一份标志性的文件，意味深长。这一年被誉为我国品牌建设政策年，国务院连续出台与品牌相关的文件达五份，这是过去从未有过的，力度可谓空前。除此份文件之外，还包括《关于印发贯彻实施质量纲要2016年行动计划的通知》《关于开展消费品工业“三品”专项行动营造良好市场环境的若干意见》《关于印发消费品标准和质量提升规划（2016—2020年）的通知》，以及中共中央与国务院联合印发的《国家创新驱动发展战略纲要》。这里有一重要的背景，也就是说我国经济发展又进入到一个新的发展阶段，即我国发出“一带一路”倡议之际，世界经济深陷结构性困境，而我国也正饱受这一困境之苦。

中国必须在新一轮全球化中，从过往长期以来被全球化以及被品牌化中实现主动全球化以及主动品牌化的伟大转变，即实现从模仿跟跑为主向适度模仿并行、局部领跑的伟大转变，推动中国经济实现华丽转身，在全球价值链重塑中后来居上，雄踞价值链以及创新链的中高端，彻底改变中国产品粗制滥造、自毁长城的做法，以高品质、高附加值、高人文化、高科技的中国品牌重振中国经济，重树世界形象。“44号文”开宗明义：品牌是企业乃至国家竞争力的综合体现，代表着供给结构和需求结构的升级方向。该文件从供给端与需求端提出了不同的要求，这在我们改革开放之初，或者说在新中国成立以来，乃至于在过往的中国历史的各个时期都是不可想象的。这是我国第一份国家级关于品牌建设的文件，标志着我国社会经济生活进入一个崭新的历史阶段，是对中国改革开放以来经济发展的一次极有分量的反思与总结，深刻表明品牌在我国未来经济发展中处于引领地位。

中国经济的发展表明了我们由此找到了走出自身困境的一条重要路径，这份文件的解读稿这样指出：这是深入贯彻落实创新、协调、绿色、开放、共享发展理念的必然要求，是今后一段时期我国加快经济发展方式，由外延扩张型向内涵集约型转变、由规模速度型向质量效率型转变的重要举措。发挥品牌引领作用，推动供给结构和需求结构升级，有利于激发企业创新创造活力，促进生产要素合理配置，提高全要素生产率，提升产品品质，实现价值链升级，增加有效供给，提高供给体系的质量和效率；有利于引领消费，创造新需求，树立自主品牌消费信心，挖掘消费潜力，更好地发挥需求对经济增长的拉动作用，满足人们更高层次的物质文化需求；有利于促进企业诚实守信，强化企业环境保护、资源节约、公益慈善等社会责任，实现更加和谐、更加公平、更加可持续的发展。

这份文件下发后，多个省市紧跟着结合各地实际情况的有关文件，并没有简单的一转了事。但就是这样一份至关重要的文件，帽子很大，但内容的片面性也极为显而易见，就是部门化。它所阐述的具体内容，三大重要工程——品牌基础建设工程、供给结构升级工程和需求结构升级工程，主要是针对质量工作的，对于商标、研发创新等没有进行更深入的系统性阐述，令人遗憾，但又在目前阶段难以解决。这份文件的解读特别指出“44号文”标志着我国社会经济生活进入一个崭新的历史阶段，那么这是一个什么样的崭新历史阶段，它没有说。其实这份文件标志着我国社会经济生活进入了品牌经济这一崭新的历史阶段。2017年9月5日，中共中央、国务院在其发布的《关于开展质量提升行动的指导意见》中明确要求，着力打造中国品牌，具体内容包括：“培育壮大民族企业和知名品牌，引导企业提升产品和服务附加值，形成自己独有的比较优势。以产业集聚区、国家自主创新示范区、高新技术产业园区、国家新型工业化产业示范基地等为重点，开展区域品牌培育，创建质量提升示范区、知名品牌示范区。实施中国精品培育工程，加强对中华老字号、地理标志等品牌培育和保护，培育更多百年老店和民族品牌。建立和完善品牌建设、培育标准体系和评价体系，开展中国品牌价值评价活动，推动品牌评价国际标准化工作。开展‘中国品牌日’活动，不断凝聚社会共识、营造良好氛围、搭建交流平台，提升中国品牌的知名度和美誉度。”这一内容，显然是对进入这一崭新历史阶段近期要做哪些工作的具体要求。

在“44号文”出台之后的第二年，即党的十九大文件里明确指出：要构建现代化经济体系，品牌经济正是现阶段我国现代化经济发展体系的主体性经济特征。这说明我们的政策制定者在国家层面对于品牌建设的重要性、紧迫性感知到了，但还缺乏一定的理论高度，就是这样一份重要的文件缺乏系统性的品牌经济的理论支撑，其局限性显而易见。我们每一份品牌政策文件以及我们整体性品牌政策都有着自己的针对性，当然也有着自己的局限，但又正是这些局限又形成了下一个文件的出台，它们像一个波浪连着一个波浪，顽强地推进我国品牌建设行稳致远。

国家发展和改革委员会。作为政府综合性部门，2017年4月，国务院将每年5月10日确定为“中国品牌日”，予以直接批复给它。国家发展和改革委员会在这一日子到来之际，举办了座谈会，发出国家信号。2018年5月10日，国家发展和改革委员会牵头与中共中央宣传部、工业和信息化部、农业农村部、商务部、国家市场监督管理总局、国家知识产权局、上海市人民政府联合主办首届中国自主品牌博览会暨中国品牌发展国际论坛。李克强总理做出专门批示，强调：瞄准人民群众的新需要和不断升级的市场需求，着力增品种、提品质、创品牌，弘扬企业家精神和工匠精神，使更多中国品牌伴随中国制造走向世界、享誉世界。在2019年中国品牌日到来之际，李克强总理再次对活动日做出批示，指出：引导企业大力弘扬专业精神、工匠精神，在市场公平竞争、消费者自主选择中涌现更多享誉世界的中国品牌。2020年中国品牌日因受新冠肺炎疫情影响，在云上举办，李克强总理在做出重要批示中强调，坚持质量第一效益优先，打造更多名优品牌，更好满足群众消费升级和国家发展的需要。2021年中国品牌日仍受新冠肺炎疫情影响，但中国自主品牌博览会还是如期在上海举办，李克强总理在对此批示中强调，加强品牌建设、提升我国品牌影响力和竞争力，是优化供给、扩大需求、推动高质量发展的重要举措。

国务院国有资产监督管理委员会。国务院国有资产监督管理委员会简称国资委，从出资人的角度推进国有企业品牌建设，明确加强品牌建设和管理是中央企业发展的必然要求，为提高中央企业品牌建设水平，推动中央企业转型升级，实现做强做优中央企业、培育具有国际竞争力的世界一流企业的目标。国资委针对中央企业品牌建设展开多项活动并制定了相关指导意见。2013年10月5日，国资委专门召开中央企业品牌建设座谈会，这是首次召开的中央企业品牌建设工作专题相关会议。两个月后，即2013年12月17日，国资委印发了关于《加强中央企业品牌建设的指导意见》(以下简称《意见》)的通知。《意见》指出，随着经济全球化进程加快，加强品牌建设是培育世界一流企业的战略选择，同时也是赢得新竞争优势的必由之路以及提高国际化经营水平的现实需要，拥有国际知名品牌已经成为引领全球资源配置和开拓市场的重要手段。对此，把品牌建设列入对央企一把手的考核。伴随着《中国制造2025》的推进，央企作为参与国际竞争的主力军，要更好地实现国有资产保值增值，高度重视品牌资产管理，努力提升品牌价值。通过积极打造国际知名品牌，带动我国成熟的产品、技术和标准走出国门、走向世界，在更宽领域和更高层次与跨国公司开展竞争合作，努力构建与经济实力相匹配的品牌实力。

国资委还通过培训、活动等方式提高央企品牌建设能力。例如2017年4月，国资委综合局主办、中国质量协会承办的首届中央企业品牌故事大赛正式启动，以此推动中央企业树立品牌发展理念，塑造良好品牌形象，提升品牌建设水平。在这次活动中，共有54家央企近3万件作品参赛，作品形式分文学类、视频类和图画类三种，南航集团的《梦想，从心出发》、国家电网的《407道划痕》等16件作品分别获得一二三等奖。国资委还相继推出国有企业品牌建设典型案例，在第五个中国品牌日上，国资委发布了2020年度100个国有企业品牌建设典型案例和100个优秀品牌故事，这些典型案例和故事每年征集评选一次，旨在汇集企业优秀经验做法，丰富国企品牌资源池，促进企业相互学习借鉴，加快提高品牌管理专业化水平。在“十四五”时期，国资委从整体提升国有企业品牌价值出发，通过探索开展品牌提升专项行动、指导推动企业加强品牌引领、指导推动企业加快提升品牌管理水平、指导推动企业加速品牌国际化进程等四个方面推动国有企业发力品牌建设。

商务部。商务部侧重于流通领域品牌建设、商贸服务业品牌、中华老字号品牌，帮助中国自主品牌进行国际化推广。以培育中国品牌作为内外贸发展和国际经济合作的重要任务，发布并实施了一系列促进品牌发展的政策措施。2006年5月，为加强自主品牌建设，培育和发展具有自主核心技术的知名品牌，营造自主品牌成长的政策环境，提高国家自主创新能力，促进建设创新型国家，商务部决定开展“品牌万里行”活动，印发了《商务部关于开展“品牌万里行”活动的通知》以及活动方案，对自主品牌进行评价、宣传和推介，对歧视自主品牌的行为进行曝光，加大对假冒品牌的打击力度，保护知识产权。同月下旬，商务部与财政部联合发布《关于做好品牌发展资金管理工作的通知》，贯彻落实十六届五中全会和“十一五”规划关于加快自主品牌建设的精神，强调坚持公开、公平、公正原则，科学合理使用品牌发展专项资金，努力提高资金的使用效率。在2006年7月印发的《国内贸易发展“十一五”规划的通知》中，明确提出要加快培育国内企业自主品牌。鼓励国内贸易企业与国内生产企业的合作，实现服务品牌带动和推广产品品牌、产品品牌促进服务品牌提升的互动发展。对名牌企业参展、营销、售后服务、进入国际市场提供支持。组织国内大型流通企业开展“自主品牌联销”活动。引导和扶持流通企业自有产品品牌的开发和商品资源基地的建设。实施“振兴老字号工程”，制定保护和促进老字号发展的政策措施，对老字号坚持保护与发展结合、继承与创新并举，发掘传统产品和技艺，广泛宣传老字号文化，促进老字号企业经营机制和经营服务方式的创新，培育老字号做强做大。2006年12月，商务部制定并印发了《关于品牌促进体系建设的若干意见》，就建立和完善品牌发展政策促进体系，进一步推动品牌建设提出指导性意见。该文件明确提出了品牌促进体系建设的七项主要措施：一是开展品牌评比认定活动，引导和带动品牌建设；二是加大对品牌建设的资金支持力度；三是支持品牌企业增强市场开拓能力；四是积极推广和宣传自主品牌产品和企业；五是切实做好自主品牌知识产权保护工作；六是加强品牌建设人才培养和理论研究；七是推动完善促进品牌建设的金融政策。2007年1月，商务部印发《商务领域品牌评定和保护办法》（试行）的通知，全面推进商务领域品牌建设工作。商务部还相继印发了关于促进流通领域品牌、老字号品牌建设等文件，包括：2008年3月，商务部会同国家发改委、教育部等14个部门联合印发的《关于保护和促进老字号发展的若干意见》；2017年1月13日，商务部会同国家发改委、教育部、人力资源和社会保障部、住房城乡建设部、文化部、国资委、税务总局、国家工商总局、国家质检总局、知识产权局、国家旅游局、银监会、证监会、文物局、中医药局16个部门联合印发的《关于促进老字号改革创新发展的指导意见》；2017年5月印发的《关于开展流通领域品牌建设工作调研的函》，等等。

2016年11月，商务部会同国家发改委、科技部、工业和信息化部、人民银行、海关总署、统计局印发《关于加强国际合作提高我国产业全球价值链地位的指导意见》，贯彻落实党中央、国务院关于提高我国产业在全球价值链中地位的部署要求，明确以加强国际合作提高我国产业全球价值链地位的发展方向，包括继续支持企业融入全球分工合作，不断提高我国出口增加值，主动打造互利共赢的全球价值链。加强全球价值链领域的国际合作与交流，通过深化全球价值链合作提高资源配置能力。提高我国产业全球价值链地位的政策框架，包括产业基金支持政策、财税政策、人才政策、贸易投资便利化政策、金融政策、创新政策等。这是站在全球化竞争中增强我国品牌竞争力的重要文件。

工业和信息化部。工业和信息化部简称工信部，在品牌建设中它从不甘落后，其品牌政策主要侧重于工业行业品牌以及工业企业品牌，在注重行业品牌建设的同时，近年来力推工业品牌示范企业，其宗旨是加快我国工业品牌建设，促进工业质量增效升级。针对多个不同工业行业，工业和信息化部分别出台了涉及服装家纺品牌、家用电器品牌、钟表自主品牌、电子质量品牌、产业集群区域品牌以及工业质量品牌等领域的政策文件。例如在2009年9月，为做好我国服装、家纺的自主品牌培育工作，工业和信息化部联合国家发展和改革委员会、财政部、商务部、中国人民银行、国家工商行政管理总局、国家质量监督检验检疫总局七个部门制定了《关于加快推进服装家纺自主品牌建设的指导意见》，以科学发展观为指导，形成全方位推进服装、家纺自主品牌建设的运行机制，营造良好的市场环境，加强公共服务平台建设，积极开拓国内市场和海外市场，加快实现我国服装、家纺自主品牌国际化，增强服装、家纺行业综合竞争力，促进我国由纺织大国向纺织强国的转变。同时，坚持企业为主体、市场为导向、政策为引导三项基本原则，推动服装、家纺自主品牌健康发展。2010年10月，工业和信息化部发布了《关于加快我国家用电器行业自主品牌建设的指导意见》，针对家电行业的品牌建设水平与生产制造能力相比仍存在较大差距，品牌附加值较低，产品同质化现象比较严重，出口以定牌加工为主等问题，要求家电行业亟须进一步强化品牌意识，提高核心技术研发和工业设计水平，提升品牌国际化的经营能力，提高在全球产业链中的地位和国际市场影响力。2015年1月，工业和信息化部会同财政部、国家质量监督检验检疫总局、国家知识产权局联合印发《关于加快推进我国钟表自主品牌建设的指导意见》，针对我国是钟表生产和销售大国，世界钟表的主要供应地，钟表产品种类丰富、性价比高，且具有完整的产业链和一定的自主创新能力。我国一批老字号手表生产企业经过长期努力，已经具备了批量生产陀飞轮、万年历、三问、计时码表等复杂多功能机械手表的能力，是目前除瑞士、德国外能够生产这类高档机械表的国家，且产品的技术、性能、稳定性等逐步接近瑞士手表水平。要求加快我国钟表制造业转型升级，增强钟表企业自主创新和品牌建设能力，目标是建设钟表强国。

针对工业企业品牌建设，2011年7月，工业和信息化部又会同国家发改委、财政部、商务部、中国人民银行、国家工商行政管理总局、国家质量监督检验检疫总局联合印发《关于加快我国工业企业品牌建设的指导意见》。2014年2月24日，工业和信息化部会同国家发改委、财政部、商务部、中国人民银行、工商行政管理总局、国家质检总局联合印发《关于2014年工业质量品牌建设工作的通知》。2016年2月，为贯彻中央经济工作会议精神，落实全国工业和信息化工作会议部署，加快工业质量品牌建设，推进《中国制造2025》全面实施，工业和信息化部发布了《做好2016年工业质量品牌建设工作的通知》，明确重点抓好七项工作：一是发挥企业质量品牌建设的主体作用；二是完善质量品牌的公共服务体系；三是提升质量技术基础保障能力；四是推广先进质量管理办法；五是推进工业品牌培育工作；六是促进工业产品实物质量提升；七是加强政策研究的法规建设。2017年，工业和信息化部又相继印发了跟踪培育2016年的服装家纺自主企业品牌、开展2017年产业集群区域品牌建设试点区申报工作、公布2017年工业品牌培育示范企业等的通知。

农业农村部。农业部侧重于各类农业品牌建设。在2006年印发的《关于进一步推进农业品牌化工作的意见》中明确指出，推进农业品牌化是促进传统农业向现代农业转变的重要手段，既是优化农业结构的有效途径，提高农产品质量安全水平和竞争力的迫切要求，同时也是实现农业增效、农民增收的重要举措。在将2017年定位为农业品牌推进年所发通知，即在2017年1月印发的《关于2017年农业品牌推进年工作的通知》中，根据国内外新形势以及党中央、国务院新要求，再次明确表达其推进品牌建设的宗旨，即积极践行创新、协调、绿色、开放、共享的发展理念，紧紧围绕推进农业供给侧结构性改革这个主线，以创新为动力，以市场需求为导向，以提高农业质量效益和竞争力为中心，着力强化农业品牌顶层设计和制度创设，加快培育一批具有较高知名度、美誉度和较强市场竞争力的农业品牌。通过开展丰富多彩的品牌创建活动，激发全社会参与农业品牌建设的积极性和创造性，凝聚各方共识，提振发展信心，加速建设进程，确保农业品牌工作取得实质性进展。为此，专门成立农业部农业品牌工作领导小组，统筹协调全国农业品牌工作，做到部际联动、部省协动。

农业农村部还就茶叶品牌、农产品加工业品牌、休闲渔业品牌等各类品牌创建等工作专门印发文件，专项推进。举办全国现代农业产业园建设工作培训，为现代农业产业园品牌建设提供智力支持。2019年5月28日，农业农村部办公厅印发《关于开展全国“一村一品”示范村镇认定工作的通知》，在全国范围内筛选一批品牌典型，大力发展多样性特色农业，培育壮大乡村特色产业。

文化部和国家旅游局。既侧重于文化品牌、旅游品牌的发展，又侧重于文化品牌与旅游品牌的交融发展。在文化部发布的《"十三五"时期文化产业发展规划》中对文化品牌发展有着明确要求，除散落于其他各板块外，专门辟出一节加强文化品牌建设，着重强调、鼓励和引导文化企业提升品牌培育意识及知识产权创造、运用、保护和管理能力，积极培育拥有较高知名度和美誉度的文化企业品牌和文化产品品牌。实施文化企业品牌建设行动计划，显著提升文化品牌公共服务水平。加快文化品牌智库建设，推动建设一批文化品牌实验室，支持和规范有关机构研究发布相关文化产业品牌排行榜。1991年设立专业舞台艺术最高奖——文华奖，最初为一年一届，后改为两年一届，从2004年起改为三年一届，与中国艺术节奖两奖合一。国家旅游局在旅游品牌建设方面持之以恒，近年实施"中国优质旅游"品牌战略，大力培育符合市场需求、有影响力的旅游品牌，推出若干中国旅游品牌强省，擦亮5A、4A级旅游景区金字招牌，提升国家级旅游度假区品牌，塑造中国旅游休闲示范城市品牌，优化星级饭店、精品旅游饭店、文化主题旅游饭店、旅游民宿品牌等等。国家旅游局先后专门印发《关于开展乡村旅游"百千万品牌"通知》等文件，开展中国乡村旅游模范村申报等活动。

文化部在与国家旅游局合并之前，便坚持密切工作联动，以文促旅，以旅彰文。2009年8月，双方联合印发了《关于促进文化与旅游结合发展的指导意见》，旨在落实中央扩大内需的战略部署，推进文化与旅游协调发展，共同"树形象、提品质、增效益"，提出打造一批文化旅游系列活动品牌等。合并之后，印发的与促进品牌建设相关的文件有《关于促进乡村旅游可持续发展的指导意见》《关于提升假日及高峰期旅游供给品质的指导意见》《关于印发旅游市场黑名单管理办法（试行）的通知》《国家全域旅游示范区验收、认定和管理实施办法（试行）》和《国家全域旅游示范区验收标准（试行）》等，其中《关于印发旅游市场黑名单管理办法（试行）的通知》是对国家市场监督管理总局提出的建立黑榜的呼应。

国家市场监督管理总局。随着2018年国家机构改革的全面展开，品牌建设力度得到相应加强，深刻地体现出品牌强国战略的重要性以及紧迫性。根据国务院对新组建的国家市场监督管理总局的职能定位以及职责划分，将国家工商行政管理总局、国家质量监督检验检疫总局、国家食品药品监督管理总局、国家发展和改革委员会的价格监督检查与反垄断执法、商务部的经营者集中反垄断执法以及国务院反垄断委员会办公室等职责整合在一起。意味深长的是新组建的国家知识产权局交由它管理，从国家来说，将使知识产权的执法能力得到切实提高，更加突出了对于知识产权的保护力度以及范围，使原来相对分散的专利、商标、原产地地理标志的注册登记和行政裁决得以有效整合，在推动我国知识产权体系化建设方面是又一里程碑式的举措。它甫一成立，便积极部署各地市场监管部门开展名牌评选认定活动的清理工作，要求各地停止开展面向各类市场主体的名牌评选认定活动，同时积极推进职能转变，进一步发挥企业作为品牌建设主体的作用，通过市场竞争产生被消费者认可的品牌。

中共中央宣传部。中共中央宣传部于2015年3月25日颁布了《关于加强中国品牌对内对外宣传工作方案》，要求中央主要媒体统筹策划、精心组织，突出宣传好中国品牌的科技含量、质量水平、创新创业故事、文化内涵、责任担当和成功经验等内容，向世界讲好中国故事。通过对中国代表性品牌的宣传，有利于“主动帮助西方世界把他们关于中国形象碎片化的认识有机拼接起来，尽可能还原一个真实、清晰、相对完整的中国图景”[1]，构建“形成可以与西方世界平等对话的具有中国品格、中国特色的综合价值体系”[2]。以品牌为媒介，形成良好的舆论氛围，切实增强中国对其他民族和国家的吸引力、影响力和感召力，同时有效地凝聚国内创建中国品牌的共识与各方力量。人民日报社、新华社和中央电视台等中央媒体快速行动，人民日报社精心打造中国品牌论坛，启动“新时代品牌强国计划”，新华社启动“新华社民族品牌工程”，中央电视台启动“国家品牌计划”，试图以国家平台成就国家品牌。其他国家媒体不

1 汤蕴懿:《讲好中国故事，需超越经济成就至上》，载《解放日报》，2018年6月12日，第009版。

2 同上。

甘落后，有的报纸专门策划专刊、专栏或系列报道常年宣传。例如《中国工商报》推出《中国品牌看精彩》系列报道，讲述优秀中国品牌企业的创新、创业故事，传播品牌建设正能量。

第四节　对地方政府品牌政策的简析

各层次、各类型推进品牌建设的政策，对我国经济发展动力结构重建以及发展质量既在显性层面体现，同时在深层次层面持续展开，对我国改革开放、经济高质量发展、社会文化发展、塑造国家品牌均带来难以估量的巨大促进作用。在这过程中，各省（市）的品牌政策对打造具有中国特色的品牌经济制度架构，构建全球布局的中国产业价值链，深化品牌经济发展体系带来良好的促进作用。

我国各省市层面的政策，是我国品牌政策不可缺少的组成部分，一方面是对我国国家层面品牌政策的贯彻落实，另一方面使我国品牌政策与地方实际情况紧密结合，更加务实立体，更具有针对性以及更具有可操作性，其重要性日益凸显。各省（市）品牌政策条块较为明显，即块对块，在各省（市）的五年规划中，与国家各时期五年规划相对应，也做出相应的品牌建设表述。以上海为例，上海各时期的五年规划，直至1996年才提及品牌，提的是名牌，是对中央要求的一种呼应与贯彻，然而有趣的是，在“十五”之后的历年规划中品牌两字快速增多，与国家的“十三五”规划的多少几乎成正比。在“十三五”规划中向社会品牌延伸，它这样表述：“鼓励养老服务专业化、品牌化、连锁化发展，逐步形成养老服务的龙头机构和行业标杆。”再以江苏省为例，其“十三五”规划中，提及“实施企业知识产权战略推进计划，壮大一批拥有核心知识产权和自主品牌的知识产权密集型企业，培育一批专利密集型、商标密集型、版权密集型产业”。这些不能不说昭示了未来中国品牌发展的方向。

对国务院或者国务院办公厅印发的与品牌相关的政策由各省（市）政府

或政府办公厅加以贯彻落实，由相关国家职能部门印发的部门性品牌政策文件，一般则由相对应的部门加以贯彻落实。这是自上而下的品牌政策，还是各地根据自己实际情况制定的品牌政策，地方味十分浓郁，体现了地方特色以及地方诉求。有的特色以及诉求显然带有先行先试的鲜明印迹，有示范与引领的意义。各省市贯彻国务院以及相关部委的品牌政策文件，以"十一五"以及"十二五"期间为例，从对浙江省、江苏省、广东省、福建省、贵州省，以及上海市、宁波市、厦门市等省市出台的品牌政策重点梳理来看，在贯彻落实国家品牌政策方面首先体现为全面性，即全面加以贯彻落实，体现在品牌建设各个环节，大致归类为政府引导、公共服务、企业主体以及组织保障等几个方面。

（一）政府引导。1.加强对商标注册工作的指导，引导企业增强商标意识，注册并规范使用商标、商号，鼓励有条件的企业注册防御商标、联合商标。不断拓展商标注册的领域和空间，帮助企业逐步立足自主创牌。2.提高商标品牌管理水平，分类指导和支持市场主体实施商标品牌战略。3.实施品牌质量和技术标准化战略，积极推广先进质量管理方法，建立健全质量体系、标准化管理体系，同时鼓励企业采用国际标准和国外先进标准，着力提高品牌的技术和质量水平，提升品牌质量能级。4.完善政策导向，建立健全品牌建设激励机制，加大奖励和扶持力度。在同等条件下，对国家级、省级名牌产品以及驰（著）名商标企业的产品，政府给予优先扶持和优先采购，在企业"走出去"发展战略中提供绿色通道。5.加大依法品牌保护力度，建立健全品牌保护机制，健全商标品牌保护体系。实行有计划、有重点的品牌培育、发展和保护制度，同时提高企业品牌自我保护水平，增强自我保护能力。6.完善动态管理，建立健全品牌评定和认定的管理办法以及品牌审查、公众监督等动态复核办法。

（二）公共服务。1.通过多种形式，开展品牌公共服务，加强公共服务平台、体系以及检验检测公共技术服务平台建设，提高服务水平，为企业产品研发、测试和产品检验提供便捷服务。此外，搭建品牌建设的信息交流平台，组织政府部门、企业和中介组织开展品牌建设的研讨、座谈和交流。2.加强品牌技术人才队伍建设，鼓励企业培养和引进品牌经营、技术创新等方面的高级人才，实施人才工程，健全品牌建设人才支撑体系。3.充分发挥行业协会和中介机构的作用，引导其参加商标工作和品牌建设，为企业提供全面服务。4.积极做好品牌建设与商标注册的宣传教育，包括网站宣传、国内外展会宣传、宣传册发放等多种形式，提升品牌意识，扩大知名品牌的影响力，推动品牌企业巩固市场、扩大市场。同时打击虚假广告及假冒伪劣行为，营造品牌培育、建设与发展良好氛围，优化品牌发展、商标注册环境。5.加强品牌的建设研究，组织开展品牌知识、品牌经营和相关法律法规的培训，建立健全品牌战略研究机构，学习国际知名品牌塑造的成功经验，引导和支持现有名牌的扩散。6.鼓励企业完善信用制度，强化引用管理，加强与信用服务机构的合作，使用信用产品及服务，建立健全信用体系。

（三）企业主体。1.鼓励引导企业通过建立现代企业制度，采用先进管理方法，建立科学、规范的管理制度和运行机制，提高自身经营管理水平和品牌经营能力，实现从自发创牌向自觉创牌转变。2.拓宽品牌融资渠道，创新品牌发展投融资，鼓励企业上市融资。通过收购、兼并、控股、联合、虚拟经营、委托加工等多种途径做大做强，加快形成一批主业突出、核心竞争力强、品牌带动作用明显的品牌大企业、大集团。3.鼓励企业开展创新体系建设，推动品牌企业增强创新能力，强化技术、管理、机制、服务创新，培育和提升品牌企业核心竞争力，掌握自主知识产权、实现自主创新的关键技术和重要工业产品目录。4.加强品牌产品的国内外市场开拓，鼓励企业加强产品的市场策划和营销，创新经营模式，鼓励品牌企业参加市政府主办、组织的国内外重要采购会、展览会、博览会等，拓展自主品牌流通渠道，加大力度扶持出口品牌。5.深化企业内涵，提高品牌社会美誉度、认可度。

（四）保障措施。1.建立组织领导体制，加强对品牌建设工作的组织领导，建立协调机制。2.加大财政资金支持力度，加强对商标品牌战略实施的资金投入。

在这些带有共性的政策文件中，当然还体现了各地不同情况以及不同特点，例如上海由于国有企业比例较高，故有“将品牌建设纳入国有和国有控股企业的战略规划，推进国资品牌建设创新”的上海表达，及其对品牌企业建设的精细化推进，“实施品牌企业生产经营状况以及消费市场状况的专项统计，及时掌握品牌发展状况”“完善品牌价值发现机制”等上海特色。这些品牌政策的价值取向十分明确，即尽可能从多个角度支持做大做强自主品牌，无论国有品牌，还是民营品牌，只要是中国自主品牌都要做大做强。从政策条文的整体看，虽然分散，却又多层次，比较全面，明确政府做什么、怎么做；行业协会等社会中介做什么、怎么做；企业应该做什么、怎么做。品牌政策对于一个阶段品牌建设工作的指导性显而易见。

在这些政策中，发文的层级体现了各省市对品牌建设推进的力度，浙江省在2006年发布了《中共浙江省委、浙江省人民政府关于推进“品牌大省”建设的若干意见》，发文层级之高在各省市中较为鲜见，因为较为普遍的是由省市政府办公厅印发。这一文件成为浙江省一个时期里推进品牌建设的基本品牌政策，其他相关文件则是由它而派生。例如，2009年，浙江省人民政府办公厅印发的《关于加快服务业品牌建设的实施意见》，主要目标是到2012年，基本形成服务业品牌建设的良好氛围，基本建立比较完善的服务业品牌培育、推广和保护机制，基本适应服务业快速发展和提升水平是对服务业品牌建设的要求。一批服务产品或企业跻身国家乃至国际知名品牌行列，全省服务业品牌建设取得突破性进展。

有一个现象值得关注，有关省市为突出本省市品牌建设的差异性以及彰显本省市特点，上海、宁波和青岛等城市先后提出建设品牌之都、品牌经济等概念。2006年1月，宁波市政府印发了《关于推进“品牌之都”建设的若干意见》，在这份文件里，宁波市骄傲地认为在20世纪90年代，宁波在全国率先实施品牌战略，经过多年努力，走出了一条具有宁波特色的品牌经济发展路子，崛起了一大批强势品牌企业和品牌产品，品牌建设对经济的推动作用日益明显，品牌经济在经济总量中的比重不断上升。青岛市早在1984年在我国率先实施“名牌战略”，青岛市委、市政府颁发了《1984—1990年重点产品发展规划》，确定了57种重点扶持的产品。2012年4月，青岛市政府印发了《关于加快青岛市品牌经济新一轮跨越式发展的意见》，又率先提出品牌经济，以品牌这“参天大树”引领全市经济实现跨越式发展。事实是品牌之都以及品牌经济不仅仅只在于拥有多少品牌企业数量，品牌经济不只简单地等同于品牌企业年产值之和，对于品牌之都的定义以及品牌经济的内涵还较为初级模糊。打造品牌之都、推进品牌经济发展需要具备一定的主客观条件，才能成功实施，不是简单的概念堆砌。无论宁波市，还是青岛市在其文件中所倡导的品牌之都、品牌经济只是传统意义上的推进企业品牌建设，对品牌经济只是有了朦朦胧胧的感知，但已难能可贵。之后，在其他省市的品牌政策文件里也屡有品牌经济的提法，例如《山东省人民政府关于加快推进品牌建设的意见》中提出“品牌经济贡献率显著提高”，同样将品牌经济等同于品牌企业创造的经济规模。江苏省的“十三五”规划明确提出发展品牌经济，具体包括质量、商标等，引导企业通过品牌创建推动经营理念、技术、产品、管理和商业模式创新，其落脚点是实施品牌价值提升工程，支持企业名品名牌建设，依托特色产业集群和产业集聚区打造区域品牌，培育一批知名品牌示范区，形成500家拥有核心知识产权和自主品牌、具有国际竞争力的商标密集型企业，对品牌经济的理解与实践有了进一步深化。

品牌不等于品牌经济，品牌经济却包含品牌。品牌经济不仅将品牌作为一种经济现象，更是一种高价经济发展方式。2016年上海市政府办公厅印发的《关于贯彻国务院办公厅坚持发挥品牌引领作用推动供需结构升级意见的实施意见》，对品牌经济有了更为清晰的阐述，明确以“诚信立本、科技创新、质量保证、消费引领、情感维护”为品牌经济内涵，加快形成上海城市品牌、行业（区域）品牌、企业（产品）品牌为品牌经济发展体系。在延续其于2012年出台的品牌政策文件里，再次提出加快国际品牌之都建设，其缺憾是没有引入学界关于品牌经济的最新定义，以致在对此份文件具体执行时不能不打了折扣。这份文件显然是对上海自改革开放以来经济发展方式的一次重要总结，但淹没在许多其他一般性文件中。从发文层级看，它仅仅由市政府办公厅印发，层级不高，其作用从目前来看还没有得到应有体现。及至2017年12月，中央政治局委员、上海市委书记李强明确提出要打响“上海服务、上海制造、上海购物和上海文化”四大品牌之后，上海全市上下迅速掀起推进品牌建设的热潮，再次体现了中国品牌建设的特点，一打品牌政策，还必须有一把手推动才能效果倍显。2018年4月下旬，上海出台《中共上海市委、上海市人民政府关于全力打响上海“四大品牌”率先推动高质量发展的若干意见》。在此前后，上海市发展和改革委员会、上海市经济和信息化委员会、上海市商务委员会以及中共上海市委宣传部分别召开新闻发布会，向社会公布上海服务、上海制造、上海购物和上海文化“四大品牌”的三年行动计划。这一力度全国罕有。以此深入贯彻落实党的十九大精神，以习近平新时代中国特色社会主义思想为指导，坚定追求卓越的发展方向，面向全球、面向未来，对标国际最高标准、最好水平，把全力打响“四大品牌”与落实和服务国家战略相结合，深化国际经济、金融、贸易、航运和科技创新“五个中心”和国际文化大都市建设，加快提升城市核心功能，进一步增强辐射带动能力，深刻地体现了品牌经济的发展方式。

第五节　我国品牌政策的特点与趋势

纵观我国品牌政策伴随我国从计划经济向市场经济转变而蓬勃兴起，在市场经济活动中的作用日益彰显，与各个阶段的经济发展水平极为吻合，客观地反映了各个不同阶段的经济发展水平以及人们对于品牌建设的认识水平。我国的品牌政策充分利用政府拥有的行政资源不断增加工作职责，内在于职能考核，不仅具有权威性、公信力的指导性等特点，还具有探索、连续和稳健等特点，主要反映为“三式四性”。

（一）渐进式。我国品牌政策随着我国经济活动放开搞活，一时之间假冒伪劣、粗制滥造现象严重，必须重视质量、诚信等工作，规范市场秩序，品牌的重要性由此突显出来。政府以公权力为企业的产品质量、诚信进行背书，品牌启蒙以及市场引导在持续加强。由于2008年三鹿奶粉事件的发生，国家质检总局对企业品牌、产品品牌的背书行为一下子置于媒体的风口浪尖，遭到广泛质疑，不得不终止这一活动，宣称此任务交由第三方承担。2017年陕西电缆事件发生，国家工商总局的中国驰名商标认定顿时终止。政府不再为政策层面的企业品牌、产品品牌进行背书，让市场的交给市场，显示出在中国经济总量一路狂飙突进持续上升中，各种品牌政策根据实际情况适时调整，在越来越务实中深化，在深化中越来越务实，由此从不同时期出台的品牌政策可一窥中国经济的演变轨迹。

（二）内生式。显然我国持续深化品牌政策，推进品牌建设是我国经济发展的自觉追求，也是市场经济规律的内在要求以及消费者的必然要求。与此同时，还是企业在追求利润中扼制短期行为、追求长期发展以及体现社会价值的有效方式，使企业在消费者中有效建立良好口碑，获得美誉度、知名度以及消费者忠诚度。

（三）倒逼式。即通过对外开放促进国内自主品牌建设。20世纪八九十年代出口创汇，中国努力挤入全球贸易体系，有效地推进了国内产品品牌建设。及至加入WTO之后，中国一下子被纳入全球贸易体系，在东部沿海地区制造工厂大量涌现，中国制造快速崛起。在这一过程中，中国一批老字号被国外大品牌并购，并被雪藏，与此同时大量世界500强跨国企业品牌巨头进入中国市场，给中国经济上了一堂生动的品牌竞争课，加速中国制造业以及服务业自主品牌培育。与此同时，国外银行业参股中国银行业，大举进入中国资本市场，中国银行业品牌由此融入全球金融体系，包括银联走出去，为中国发出“一带一路”倡议后，推动新一轮全球化，奠定了良好的金融网络基础。

（四）部门性。由于部门分工，使我国品牌政策的部门性特点较为显著，产业部门、司法部门、宣传部门等中共中央、国务院的组成部门均有关于品牌政策以及相关文件出台，从各自工作战线落实一个阶段内品牌建设推进工作，指导原则、目标、任务和保障措施较为明确，以便落地执行，可操作性强。例如中宣部颁布的《关于加强中国品牌对内对外宣传工作方案》，适逢政府部门相继退出政府主导的品牌推选活动领域之际，通过媒体对重点品牌的重点宣传，既树立了品牌标杆，同时也向社会推荐一批值得消费者放心的民族品牌，起到了良好的综合效应。

（五）联动性。一是国家政府层面之间平行部门政策联动，联合发文，联合行动。例如商务部于2008年出台的《关于保护和促进老字号发展的若干意见》，联署的部门有国家发改委、教育部、财政部、住房和城乡建设部、文化部、税务总局、国家工商总局、国家质检总局、知识产权局、国家旅游局、银监会、证监会和文物局，达13个。二是上下政策联动，下级政府以及下级部门对上级政府以及上级部门出台的品牌政策，结合本地区本部门实际情况而出台相应政策，加以贯彻落实。例如2016年国务院办公厅出台《关于开展消费品工业“三品”专项行动营造良好市场环境的若干意见》（国办发〔2016〕40号）之后，不少省市随后相继跟进出台了贯彻落实的文件，如山东省出台的《关于贯彻国办发〔2016〕40号文件开展消费品工业“三品”专项行动营造良好市场环境的实施意见》（鲁政办发〔2016〕403号）。三是区域政策联动，就是跨区域间的工作联动，共推区域品牌：一方面体现在国家性的区域规划文件中，例如国家发改委发布的《东北振兴“十三五”规划的通知》《国务院关于深入推进实施新一轮东北振兴战略　加快推动东北地区经济企稳向好若干重要举措的意见》等；另一方面体现在相关区域政府职能部门之间的联动，例如长三角城市群，上海与江苏、浙江、安徽和江西的质监局每年共推长三角名牌等。

（六）时效性。这主要体现在即时性、阶段性地解决问题，因时而异，明确在一段时间内要达成的目标、必须完成的任务。在国家层面上虚指性、原则性较强，例如国家发改委印发的《西部大开发“十三五”规划的通知》要求，“加快发展以技术、品牌、质量为核心的新产品、新产业和新市场，引导优势产业逐步向价值链高端攀升”“形成一批国际知名的农产品品牌”等。具体到各省市，阶段目标的实指性十分清晰，例如《山东省人民政府关于加快推进品牌建设的意见》，明确“到2020年，全省国内有效注册商标总量达到65万件，马德里国际注册商标达到2 000件，地理标志商标（地理标志保护产品）达到500件以上；全省拥有国家工商总局认定的驰名商标700件，培育山东名牌产品2 500个、山东省著名商标3 800件，中华老字号数量明显增加”。

（七）针对性。每一个品牌政策都有自己鲜明的价值指向、问题导向，因此一是针对党和国家领导人提出的新要求，加以贯彻落实；二是着眼长远，根据实际问题出台实施办法。本地区本部门在实际工作中需要解决的问题，有重点问题，更有一般性的共性问题。有些问题老生常谈，对此不断地谈，不断地强化，例如质量品牌、商标品牌发展，持续推进。

总体上说，我国品牌政策的上述特点体现在广泛培育我国各类自主品牌，特别是自己的世界级跨国公司品牌，既包括传统产业品牌，更包括新兴产业品牌；既要充分调动国有企业的积极性，还要充分调动民营企业的积极性，试图有重点有步骤地进而在新一轮全球化中，深度破解我国当前以及长期存在的经济发展中的粗放顽疾，促进创新、提质增效，最大程度地拓展产品利润空间，有效化解土地成本、人力成本、资源环境等约束越来越大等一系列问题；全面突破发达国家对中国的低端锁定，全面提高我国经济发展水平，全面构建现代化经济体系。并由于品牌附着独特的文化内涵，以此引导消费，培育健康可持续的消费文化，提高消费者的生活品质，建立起绿色、环保、文化充实、精神富足的良好的生活方式，深入推进我国现代社会体系、文化体系的构建。

我国品牌建设的政策特点，又反映出我国品牌政策中存在的相应问题或者说不足，也就是与未来我国推动品牌经济发展要求相比，目前我国品牌政策存在的问题主要表现为“三化一性”。

（一）肤浅化。认识不到位，把品牌建设只停留于防伪打假、传播、宣传和公关等浅层次，而不是兼顾现代化经济发展体系、现代化社会发展体系和现代化文化发展体系建设（具有综合性特征的一种人类文明的崭新的发展方式），导致国家层面缺乏顶层设计，有些规划流于形式，出台的政策难有突破，原地打转，缺乏综合性的国家品牌中长期战略发展规划，缺乏综合性的能总揽全局的政策体系。

（二）表面化。一是有些政策条文流于表面，有些政策条文仅在政府内部循环，从文件到文件，难以落到市场主体。二是对于城市品牌的价值管理、城市品牌运作处于启蒙阶段。三是缺乏对某一阶段品牌政策实施后的评估，包括对于在品牌建设中财政专项资金投入的评估。四是尽管品牌建设分布于相关法律条文，但缺乏专门的法律支撑。五是随着“中国品牌日”设立之后，对各种品牌建设一哄而上的乱象缺乏专业引导。

（三）碎片化。一是多头管理，政府部门管理碎片化，品牌建设中“九龙治水”现象突出，深层次联动不够；不仅如此，而且还相互打架。二是社会资源碎片化，形不成合力，高校等科研机构的研究成果与社会化应用缺乏相应的交流沟通平台。对于品牌政策的研究，政府局限于利用，而不注重深层次的研究投入以及人才培养。

（四）片面性。一是突出部门利益，商标管理部门突出商标品牌，质监部门力推质量品牌，让社会难以适从。二是精准性不够，政策条文由于原则性过强，缺乏可落地的精准施策。三是对企业直接一奖了之，直接给资金扶持，但专业服务扶持不够，致使公共服务平台以及专业服务机构小散弱，专而不精，弱而不强。

面对未来，我国品牌建设进入新的发展阶段，迎来新的发展机遇与挑战，即根据未来全球化发展趋势以及我国在全球化发展中欲占据中高端价值链的追求，从简单的品牌建设向品牌经济发展方式转变。这意味着我国的发展理念、文化基础、制度基础、科技基础、产业基础和企业运营等必须做出深刻变革，我国的品牌政策因此需要做出重大调整，各级政府应以更高水平科学合理地制定新的品牌政策。一是要有高度地突破，不是就事论事地来做。例如对于一个地级市来说要站在新的全球化层面、国家层面以及省级层面，还要与相关地级市的横向比较中来定位，并结合本市城市定位、产业定位等，确立自己的品牌发展理念，制定相应的品牌政策。二是要有宽度地实现立体推进，因为品牌工作是一项综合性极强的工作，涉及政治、经济、社会和文化等方方面面，对此要做到有层次感，不再是平面地体现，而是立体体现。具体应坚持六大导向：

（一）系统化导向。首先从中央层面进行顶层设计，列入深改组重要工作，系统筹划，制定与国家五年规划相配套的国家品牌中长期发展战略规划，持之以恒形成相应的体制机制保障以及政府、社会和市场相互支持的系统化体系。从产品经济时代的粗放型政策向以品牌经济为发展方式的精细型政策转变，把过往分散的碎片式向统一的总揽全局、内涵丰富、覆盖全面、重点突出、层次递进的品牌政策转变。对我国行政管理体制与机制重新梳理调整，坚持以知识产权为核心，充分突出知识产权基础作用，以创新、质量、标准、诚信、营销、文化为品牌经济内涵支撑，形成以国家品牌、区域品牌、城市品牌、产业品牌、企业品牌和产品品牌为鲜明层次、互为依存和互为支撑的品牌经济发展体系，及其与之相吻合的行政管理体系。显然，2018年3月出台的国务院机构改革方案中，国家知识产权明确由新组建的国家市场监督管理总局管理，国家知识产权局重新组建。新组建的国家知识产权局明确将国家知识产权局的职责、国家工商行政管理总局的商标管理职责、国家质量监督检验检疫总局的原产地理标志管理职责整合在一起，其业务范围得到进一步拓展，原来的分散管理得到了有机统一，有利于科学合理的管理，是我国推进品牌经济发展的一次有效的体制机制创新。对此，在现阶段应牢固确立以品牌经济为主体性的经济特征，不遗余力地在这方面加强国家体制机制的创新能力建设，对践行构建现代化经济发展体系的理念具有举足轻重的作用。

（二）法治化导向。司法机构、法律条文不断完善。切实推进品牌建设工作立法，可以地方突破，即在有条件的地方制定地方性品牌建设推进条例等法规，先行先试，积累经验，再行升格和普遍实行。着重品牌产权保护以及消费者权益保护，切实推进良好的法制环境建设。

（三）价值化导向。一是国家价值导向，承载国家价值观输出的责任，形成世界所认同的文化价值观。加强国家品牌、城市品牌、区域品牌为产业品牌、企业品牌和产品品牌的背书能力，而产业品牌、企业品牌和产品品牌增强对国家品牌、城市品牌和区域品牌的增值能力。二是经济价值导向，遵循符合经济发展的价值规律，推动建立高质量发展的指标体系、政策体系、标准体系、统计体系、绩效体系和政绩考核体系。三是价值测评导向，对标国际，与国际合作，推出中国品牌价值评价标准，加强国家品牌、区域品牌、城市品牌、产业品牌、企业品牌和产品品牌的价值测评，从只注重硬资产向硬资产与软资产两相兼顾的评价体系转变，增强国家品牌、城市品牌、区域品牌、产业品牌、企业品牌和产品品牌的无形资产营运能力。四是舆论价值导向，形成良好的舆论环境，讲好中国品牌故事。五是政策价值导向，加强对品牌政策实施评估，形成从政策制定到政策执行再到政策评估的良性循环。

（四）国际化导向。一是将任何一个地方、城市或者企业的品牌建设自觉地纳入到全球经济一体化进程中来思考、定位、行动。二是坚持把国外品牌引入国内，充分体现市场开放度。三是坚持走出去，深度参与国际竞争，敢于竞争，在国际竞争中培育我国世界级大品牌、隐形冠军类品牌。注重制造业品牌、商业品牌、文化品牌以及金融品牌等产业品牌组合式走出去，立体塑造展示国家品牌形象、城市品牌形象，获取国际市场中高端份额。四是在国际化品牌标准、品牌评估方面实现弯道超车，走向引领者地位，增强标准的国际话语权。五是构建国际化的品牌建设服务网络，特别是加快知识产权全球布局，着重打造一批以知识产权创造运用为重点的全球知名创新型领军品牌企业。六是善打政策组合拳，通过财税、司法保护、行政保护、标准化建设、研发，及其产业规划等政策，从多个角度聚焦，形成合力，着力培育具有国际竞争力的产业集群品牌以及企业品牌。

（五）专业化导向。充分发挥行业协会等社会组织以及高等教育的作用，培育第三方品牌建设专业教育、咨询和信息等平台，鼓励高校设立跨学科的品牌学研究与教学基地。成立专业化品牌建设联盟，以第三方认证，团体标准等形式，开展品牌价值评价活动。构建品牌经济生态链，即科研成果—专利化、专利（版权）—产品化、产品—商标化、商标—情感化（思想化，体现软实力）、情感与思想—价格化、价格—价值化、价值—金融化。金融获利后再行支持科技研发，形成一个充满魅力的、可持续的品牌建设生态循环圈。并以此推进文化创意产业、检验检测认证产业、知识产权服务业、教育培训业和金融信息服务业的发展，促进传统服务业向现代服务业转型，在推进这一转型中努力实现服务业智慧化，即通过与互联网、智能化相融合来发展。

（六）市场化导向。即坚持消费者导向，在充分的市场竞争中成就品牌，力载政府保护下的垄断式发展。这也是当前部分央企以及地方国企在品牌建设中令人不服的地方，拥有独特的资源，但效率低下、效益难彰，这是资源的严重错配。对此通过推进混合所有制等方式，推进自主品牌发展。

任何政府以及它的政策都有自己的习惯性路径，既是政策制定的推动者，同时又由于自身天然的局限，又是制定更好政策的阻碍者，这是需要警惕并反思的。纵观我国品牌政策演变，体现了这样几个关键词，即“迈大步，小步走。小步走，大步越”。这又何尝不是我国其他政策的缩影？在这些政策的演变中，政府同时在按照时代的要求做出深刻变革，顺应时代，推动时代发展。对此，只要我们不停步，明确目标，我国的品牌政策一定会为越来越接近我们心目中的品牌强国梦奠定扎实基础，具有中国特色的品牌经济发展之路将因此越走越宽广。

第五章　我国品牌建设的地方实践

我国各地在推进品牌建设中因地制宜、因时而变，纷纷寻找自己的品牌之根、品牌之魂，思考并践行各自品牌建设的路径、举措，使我国从东北到海南，从东海之滨到西北地区的品牌建设呈现出八仙过海、各显神通的特点，皆孜孜以求，例如：山东提出“好客山东”，地级市衢州提出“衢州有礼”，在文化渊源上共打孔子文化牌，并先后登陆纽约时代广场大屏，河南提出“豫见好品，出彩中原”，河北提出“智造强省、绿色河北”，辽宁提出“新辽宁、心质量”，安徽省会城市合肥提出“大湖名城、创新高地”，等等。在政府机构设置上，有的省市专门设立相关部门，例如：马鞍山市市场监督管理局专门设立了质量品牌发展局，青岛市西海岸新区专门成立品牌推进办公室，为正处级事业单位，拥有独立编制。各省市以品牌为引领、努力推动本地经济健康发展，促进传统的产品经济向品牌经济转变。其中，长三角城市群以及上海有着极佳的范本意义。

第一节　倾力推进长三角品牌建设

长三角地区包括上海、江苏、浙江和安徽三省一市，面积35.9万平方公里、常住人口2.2亿，分别占全国的1/26和1/6，经济总量达19.5万亿元，占全国经济总量近1/4。长三角城市群地处长三角地区范围内，由以上海为核心、联系紧密的众多城市组成，位处东亚地理中心和西太平洋的东亚航线要冲，是“一带一路”与长江经济带的重要交汇地带，在国家现代化建设大局和全方位开放格局中具有举足轻重的战略地位，在世界版图中雄踞世界级第六大城市群，与前五大世界级城市群，即美国东北部大西洋沿岸城市群、北美五大湖城市群、日本太平洋沿岸城市群、英国伦敦城市群、欧洲西北部城市群，并驾齐驱。长三角城市群与它们比较而言，发展水平显然稍逊风骚，其中一个重要原因就是缺乏驰名世界的跨国公司品牌，在《福布斯》发布的世界500强公司排名榜以及世界品牌实验室等品牌排行榜中，长三角城市群的公司以及品牌虽然上升势头强劲，但总体上还不占优势，使它在全球资源配置中不仅处于弱势地位，而且难以获取更高附加值，难以消化内部日益增高的人力资本、土地、环境等要素成本。一个重大命题因此越来越凸显出来，即在参与新一轮全球化竞争中，长三角城市群如何进一步推进品牌建设，以品牌为载体，向世界经济价值链中高端发起冲击，有效消化这些成本，实现转型发展，进而真正建设成为全国贯彻新发展理念的引领示范区，全球资源配置的亚太门户，深刻体现品牌经济发展方式，为构建现代化经济体系做出区域贡献。

一、长三角品牌建设的国家使命

自近代以来，在中国现代化发展中，长三角地区一直一马当先，是中国经济最具活力、开放程度最高、创新能力最强、吸纳外来人口最多的区域之一。对于其品牌建设，国家一直有着极高期待。2008年，国务院出台的《关于进一步推进长江三角洲地区改革开放和经济社会发展的指导意见》(国发〔2008〕30号）提到："在电子信息、石化、钢铁、汽车、船舶、装备制造、轻纺、商贸、旅游等重点领域和优势行业，加快培育形成一批拥有自主知识产权的世界级品牌、具有国际竞争力的大企业，形成以大企业为龙头，中小企业专业化配套的协作体系，提升产业整体素质，增强竞争能力。""进一步优化进出口结构，鼓励高附加值产品、服务产品出口，大力支持自主品牌和自主知识产权产品出口。率先实现加工贸易转型升级，严格执行加工贸易禁止类和限制类产品目录，推动加工贸易由代加工逐步向代设计、自主品牌转变，推动加工贸易梯度转移。”

2010年，国家发展和改革委员会印发的《长江三角洲地区区域规划》（发改地区〔2010〕1243号），对长三角地区提出明确要求：“推进产业结构优化升级，加快发展现代服务业，推进信息化与工业化融合，培育一批具有国际竞争力的世界级企业和品牌。”“加快建设上海、泰州、杭州国家生物产业基地，进一步做强无锡‘太湖药谷’等品牌。”“培育和开发都市工业旅游、农业旅游、休闲旅游、文化旅游、会展旅游、水上旅游等新型品牌。”品牌两个字像珍珠一样散落在各个产业板块之中。

2016年，国家发展和改革委员会会同国家住建部印发《长江三角洲城市群发展规划》（发改规划〔2016〕1176号），该规划明确要求：长三角城市群要加快培育以技术、品牌、质量、服务为核心的竞争新优势，打造若干规模和水平居国际前列的先进制造产业集群，形成服务经济主导、智能制造支撑的现代产业体系，建设成为具有全球影响力的世界级城市群。

习近平总书记一直十分重视长三角区域发展，2014年，他要求长三角按照国家统一规划、统一部署，继续完善长三角地区合作协调机制，加强专题合作，拓展合作内容，加强区域规划衔接和前瞻性研究，努力促进长三角地区率先发展、一体化发展。2018年4月，习近平总书记再次对长三角一体化发展做出重要指示，指示要求长三角地区要凝心聚力，实现更高质量一体化发展，更好引领长江经济带发展，更好服务国家发展大局。2018年11月5日，习近平总书记在上海举办的首届中国国际进口博览会上向国内外宣布“长三角区域一体化发展正式上升为国家战略”。

2019年5月，中共中央政治局对《长江三角洲区域一体化发展规划纲要》审议后提出，要深入推进重点领域一体化建设，强化创新驱动，建设现代化经济体系，提升产业链水平。上海、江苏、浙江、安徽要增强一体化意识，加强各领域互动合作，扎实推进长三角一体化发展。该文件于2019年12月1日，以中共中央、国务院之名义公开印发，明确要求打响上海“四大品牌”，辐射长三角，并提出加强政务、科技、文化旅游、会展、农业等品牌建设。

历年来，长三角地区还叠加了其他多项国家重大战略，包括上海市的浦东开发开放、“四个中心”、中国（上海）自由贸易试验区、上海国际科创中心建设等，浙江省的中国（浙江）自由贸易试验区、舟山群岛新区、沿海发展战略，江苏省的沿海发展战略、苏南现代化示范区、连云港亚欧桥头堡，安徽的皖江经济带，等等。推进品牌建设无疑是长三角地区落实这些国家重大战略的不可或缺的抓手。

二、基本政策各具特色

纵观上海、江苏、浙江和安徽三省一市的五年规划，在“九五”规划之前，都没有品牌建设相关内容。安徽更甚，直到“十一五”规划才勉强出现品牌建设的相关内容，由此看出安徽与上海、江苏和浙江经济发展的落差。随着每个时期五年规划的出台，长三角品牌建设的外延和内涵越来越宽广丰富，三省一市的每个五年规划从培育名牌到打造品牌，从培养企业品牌和产品品牌到做强做大产业品牌和城市品牌，从最初的制造业品牌向旅游产业品牌、文化产业品牌等延伸。尤其是“十三五”规划，三省一市均把品牌建设推向一个全新高度，将品牌建设当作系统工程来对待，全方位、深层次、多角度地构建品牌建设体系，并显示出一定的差异性。例如“十三五”规划，三省一市均不约而同地从以往的经济品牌向社会品牌、文化品牌建设拓展，上海鼓励养老服务专业化、品牌化、连锁化发展，逐步形成养老服务的龙头机构和行业标杆；江苏支持红十字会等群团组织和社会团体、基金会、民办非企业单位等各类社会组织积极参与扶贫开发，打造优秀扶贫公益品牌；浙江加强和改进基层宣传思想文化工作，深入持久开展群众性精神文明创建活动，大力推进“好家风”建设，创新发展乡贤文化，精心培育区域道德文化品牌；安徽省实施地方戏曲振兴工程，打造中国（安庆）黄梅戏艺术节、安徽省艺术节等艺术品牌。

三省一市的每年政府工作报告也均屡涉品牌建设，为当年度品牌建设指明方向。例如上海2005的年政府工作报告中明确提出：优先发展先进制造业大品牌，以此提升产业核心竞争力；加快引进国际服务业大公司和知名品牌；积极开发利用国外资源和国际市场，培育我们自己的跨国公司和国际品牌。江苏、浙江和安徽的类似提法则要晚至2013年，这一年，这三个省份好像事先约好了似的。江苏在2013年政府工作报告中明确提出：推进先进制造业特色产业基地建设，打造具有国际影响力的知名品牌。浙江2013年的政府工作报告中明确提出：品牌是浙江今后五年的核心竞争新优势之一，对此大力实施品牌战略，将品牌创新列为重点支持工作之一。安徽2013年的政府工作报告中明确提出：要涌现一批具有重要影响力的产业、企业和品牌，由此崛起一批经济强市和强县。牢牢把握创新驱动发展这一中心环节，推进区域创新体系建设，加快科技创新，加强产品创新、品牌创新。开展全国品牌促进试点，提升安徽旅游品牌竞争力。深入开展打击侵犯知识产权和制售假冒伪劣商品专项行动。引导生产要素向主导产业集聚，制定分行业的产业发展、技术升级和品牌培育路线图。加强特色农产品基地和品牌建设，着力打造演艺、影视品牌。

在“十三五”时期，无独有偶，三省一市每年的政府工作报告对品牌建设继续倍加重视。上海在2018年政府工作报告中提出全力打响“上海服务、上海制造、上海购物、上海文化”四大品牌，以此加快构筑新时代上海发展战略优势。江苏2018年的政府工作报告有关品牌方面内容与上海市提出的打响“四大品牌”有异曲同工之妙，开展质量提升行动，加强全面质量监管，打响“江苏制造”品牌，正好对应“上海制造”；“扩大品牌消费、信息消费和服务消费，着力培育服务业新增长点”，正好对应“上海服务和上海购物”；“打造‘精彩江苏’对外文化交流品牌，建设好海外中国文化中心，提高江苏文化软实力”，类似于“上海文化”。浙江较为注重“浙江制造”和“放心消费在浙江”这两大品牌建设，正好对应“上海制造”和“上海购物”。浙江2016年政府工作报告提出制定实施“浙江制造”标准体系规划，联动推进标准强省、质量强省、品牌强省建设，打响“浙江制造”品牌；2017年政府工作报告提出加快标准强省、质量强省、品牌强省建设，加快推进《中国制造2025》浙江行动计划、工业机器人行动计划、十万企业上云行动计划和绿色农业行动计划，新增“浙江制造”标准100个；2018年政府工作报告继续提出统筹推进标准强省、质量强省、品牌强省建设，新增“浙江制造”标准129个，深入实施“中国制造2025浙江行动”。安徽2017年政府工作报告提出加大“三品一标”农产品补助，增加“绿色皖农”品牌；2018年政府工作报告提出实施农业品牌提升行动，加强“三品一标”农产品认证，创建16个农产品质量安全示范县，拓展农村电商网点功能，加强农产品网销上行引导，强化品牌培育，实施农村电商人才培训和企业培育计划。

三、专门性政策持续性、务实性越来越突出

上海、江苏、浙江、安徽结合本地实际情况，分别建立了省级品牌工作发展专门机构，统筹协调推进，包括名牌战略推进委员会等，对促进品牌发展起到了一定保障作用。与国家相对应，工商局力推商标品牌，质监局力推质量品牌、名牌等，商务局（委）力推中华老字号、流通流域品牌，经信厅（委）力推工业品牌培育工程，在各自分管领域既各有侧重，又有所交叉，持续发力。

长三角新、老品牌数量众多，被商务部认定的中华老字号企业392家，占全国比重的34.75％，其中上海180家，江苏96家，浙江91家，安徽25家。三省一市先后各自出台了省级老字号认定办法，截至2020年年底，认定的省级老字号共计1 089家。其中，上海市级老字号认定44家；江苏省级老字号认定272家；浙江每两年进行一次老字号认定，共认定491家；安徽省级老字号认定284家。三省一市还分别多次出台促进中华老字号的相关文件。例如，上海的《上海市贯彻落实商务部等十四个部门〈关于保护和促进老字号发展的若干意见〉的实施意见》《关于促进本市老字号改革创新发展的实施意见》等；江苏的《关于促进“老字号”改革创新发展的实施意见》等；浙江的《关于保护和促进浙江老字号发展的若干意见》《浙江省商务厅等23部门关于促进老字号改革创新发

展的实施意见》等；安徽的《关于印发安徽老字号认定规范并组织开展认定推荐工作的通知》等。从文件名可知，其中不少文件是对商务部出台的相关文件的贯彻落实。各副省级城市以及地级市也纷纷开展老字号认定，包括杭州、宁波、绍兴、湖州、南京、苏州、南通等。各县（区）也相应开展老字号认定，包括合肥市庐阳区、南通市海安市等。长三角由此形成了国家级中华老字号、省级老市号、副省级与地级市老字号和县（区）级老字号四级认定与培育体系。

在商标品牌以及名牌发展方面，长三角出台的政策可圈可点。根据中国驰名商标网公布行政认定的中国驰名商标来看，截至2017年12月，全国共有5 602件驰名商标，长三角地区拥有驰名商标1 028件，占全国的18.35%，其中江苏418件，高居长三角地区榜首，浙江368件，上海128件，安徽114件。国家工商行政管理总局商标局统计显示，截至2016年12月15日，全国地理标志商标累计注册3 374件，长三角城市群已注册地理标志商标472家，占全国总量的13.99%，其中江苏已注册地理标志商标数量最多，为253件，浙江188件，安徽18件，上海13件。

在商标品牌战略政策方面，除分别出台《著名商标认定和保护办法（条例）》之外，上海市在2013年发布了《生产者使用地理标志产品专用标志的申请受理和审核办事指南》和《地理标志产品保护申请的受理和初审办事指南》。2018年4月，上海市出台了《全市开展商标品牌指导站工作的意见》，旨在通过以商标品牌指导站为抓手，全面构建“企业主体、市场主导、政府推动、行业促进和社会参与”的商标品牌培育服务体系，建立健全商标品牌管理体系，分类指导企业实施商标品牌战略，推动企业、行业和产业的商标品牌发展，增强区域商标品牌竞争力，促进品牌经济与产业发展、区域发展深度融合，进一步提升上海品牌经济能效。在名牌战略方面，2015年，上海发布了《关于开展2015年上海市知名品牌创建示范区建设工作的通知》和《上海名牌管理办法》，将“上海市知名品牌创建示范区”建设作为“推进名牌发展战略”和质量强区工作的重要抓手。随着上海著名商标、名牌的认定工作中止，上海引入国际通行的第三方认证手段，开展“上海品牌”认证，作为上海推动“四大品牌”培育、评价和发展的重要手段。

江苏在2011年和2015年分别发布了《江苏名牌管理办法》和《关于2015年度认定江苏省著名商标的通知》。《江苏名牌管理办法》旨在规范江苏名牌评价工作，而《江苏名牌产品跟踪管理办法》，规定对三年有效期内的江苏名牌产品每半年跟踪一次。由江苏省名牌战略推进委员会秘书处定期对名牌企业的经营状况、内部管理、产品质量水平、技术创新、市场开拓等情况进行分析汇总，提出分析报告，并对出现市场占有率下降、质量发生波动、消费者投诉等问题的名牌产品生产企业进行预警。[1] 一年一度的省著名商标认定有效地规范了江苏省著名商标认定和管理工作，对保护商标专用权起到了积极作用。2017年，江苏省制定下发了《江苏省商标品牌战略三年行动计划》，试图以此全面提升江苏商标品牌的创造、管理、培育、运用和保护能力，推进江苏品牌高端化、产业化、集聚化、国际化发展，持续不断地提高江苏省产业和企业市场竞争力。2017年，省质监局、省商标协会、省质量与标准化研究院联合编制江苏省地方标准《企业商标管理规范》，经国家标准化委员会审核备案，由省质监局发布，系国内首个企业商标管理地方标准，标准归口单位为省工商局。2020年5月江苏省市场监督管理局联合省发展和改革委、省工业和信息化厅、省财政厅等七部门出台《关于打造“江苏精品”品牌 推动高质量发展的意见》，采取自愿性认证制度和第三方评价机制，推动“江苏精品”认证。

浙江在2016年启动部署了“商标品牌战略2016浙江行动”，发布了《浙江省“十三五”商标发展规划》，表明浙江将努力推进商标品牌培育体系的完善，提升商标品牌运作质效、加强商标品牌监督管理、提高商标品牌保护力度，商标品牌工作将坚持向“浙江制造”和“浙江品牌”转变。在名牌工作方面，浙江省商务厅印发《关于开展2017年度“浙江出口名牌” 培育及报送2016年度

1　江苏省质量技术监督局，江苏省质量和标准化研究院编:《品牌引领》，河海大学出版社，2018年4月，第67页。

“浙江出口名牌”企业信息的通知》，再次启动年度“浙江出口名牌”申报评审工作，经对2014年到期的企业进行复核，对符合条件的新增一批。经过近半年的申报、整理、初审、复审、征求意见、核实等评审工作，拟认定2017年度“浙江出口名牌”达334个。浙江先于上海、江苏等地开展“浙江制造”认证，以“标准+认证”为手段，令“浙江制造”成为集质量、技术、服务、信誉为一体的浙江制造业先进性标杆和领导者。截至2020年，浙江省研制“浙江制造”标准1 600多项，均达国际先进水平。

安徽在2006年和2010年分别发布了《安徽省人民政府关于进一步加强商标工作的意见》和《安徽省人民政府关于实施商标战略促进经济发展的意见》，旨在全省建立较为完善的商标培育、发展、注册、使用和保护的工作机制。市场主体商标意识和运用商标的能力显著增强，企业创新成果和合法权益得到有效保护，形成一批具有较强国内国际市场竞争力和影响力的商标品牌，因而商标战略对经济发展、文化繁荣和社会建设的促进作用充分显现。在名牌工作方面，制定有《安徽名牌评定管理办法》，旨在坚持以提高发展质量为中心，持续提升质量水平和创新能力，做大做强自主品牌。被评为名牌的企业要争做全省质量品牌升级的先锋和标杆，在全省各地区、各行业和广大企业中形成，树立质量第一，进一步加强全面质量管理，发扬“工匠精神”，争创安徽名牌的良好氛围。2021年3月，安徽省政府办公厅发布关于“食安安徽”品牌建设的实施意见，提出努力打造“食安安徽”品牌整体形象。之后，2021年7月，安徽省市场监督管理局出台《关于开展皖美品牌示范企业创建工作的实施意见》，以“皖美品牌示范企业”为抓手，实现从安徽产品向安徽品牌、中国品牌的转变。

除出台商标品牌、名牌认证等专门性政策之外，三省一市还分别出台了不少其他专门针对品牌建设的综合性政策。例如，上海市在2016年出台的《本市贯彻〈国务院办公厅关于发挥品牌引领作用推动供需结构升级的意见〉的实施办法》，该办法强调坚持“创新、协调、绿色、开放、共享”的发展理念，坚持“制造向创造、速度向质量、产品向品牌转变”的发展方向，充分发挥政府、社会、市场诸方面作用，营造有利于品牌经济发展的市场环境、法治环境和文化环境，统筹利用国内国际两种资源，加快形成上海城市品牌、行业（区域）品牌、产品（企业）品牌的品牌经济发展体系，深度破解商务成本不断攀升、资源承载面临制约等问题，提升品牌对上海经济发展贡献度，加快国际品牌之都建设，打造国内外品牌高地，夯实上海实现卓越全球城市目标的发展基础。次年颁发的《关于推进本市消费品工业增品种、提品质、创品牌的实施意见》，旨在贯彻《国务院办公厅关于开展消费品工业“三品”专项行动营造良好市场环境的若干意见》精神，将提升消费品工业发展能级与落实上海建设具有全球影响力的科技创新中心战略和供给侧结构性改革相结合，坚持市场主体地位和供需两侧发力，明确中高端定位，发挥国际化优势，增品种、提品质、创品牌三策并举，企业、中介组织、政府部门多方协同，着力将上海打造成为消费品工业全球要素配置中心和国际知名时尚之都、设计之都、品牌之都。

江苏比较重视教育和旅游两个领域的品牌建设，分别发布过《省政府办公厅关于印发江苏高校品牌专业建设工程实施方案的通知》和《省政府办公厅关于推进“畅游江苏”品牌建设的意见》，前者要打造一批全国领先、具有国际影响的品牌专业，培养大批适应经济社会发展需求的高素质人才，形成富有弹性、充满活力的人才培养机制，产出一系列优秀教学成果和优质教学资源。后者围绕“畅游江苏”品牌影响力和国际知名度提升，大力加强旅游目的地品牌、旅游产品品牌、旅游企业品牌、旅游管理与服务品牌建设，形成全省旅游品牌整体形象优势。江苏又紧紧抓住智能制造这个制造业转型升级的“牛鼻子”，加快推动制造业数字化、网络化和智能化升级，打造“智造江苏”品牌，加快实现经济高质量发展。在推进智能制造上快人一步，江苏制定出台了《智能制造“十三五”规划》和智能制造工程三年实施方案，成功打造了世界智能制造大会品牌，智能车间建设经验得到国务院领导批示并在全国推广。

浙江印发了《浙江省人民政府办公厅关于印发浙江省发挥品牌引领作用

推动供需结构升级工作实施方案的通知》，主要是充分发挥标准提档、质量升级和品牌增效对供给升级的组合效用，以增品种、提品质、创品牌为重点，着力打造“浙江制造”品牌，加快实现浙江制造向浙江创造转变、浙江速度向浙江质量转变、浙江产品向浙江品牌转变，切实发挥品牌在推动供需结构升级中的引领作用。浙江在力推“浙江制造”的同时，借助高铁打造“诗画浙江”品牌战略发展目标，努力打造中国最佳旅游目的地。高铁和旅游融合发展就是要把旅客变游客，发挥铁路系统独有的行业优势。通过省内发达的高铁网络，将“诗画浙江”旅游品牌推向全国。2017年6月，浙江省的十四次党代会明确提出打造“诗画浙江”中国最佳旅游目的地的战略发展目标，其中，加快交通与旅游融合发展，成为实现该目标的重要保障条件之一。浙江良好的交通建设规划和发达的高铁网络，给予浙江旅游业发展带来很好的支撑，旅游和交通融合发展显然成为旅游业发展的新常态。

安徽侧重品牌方面的知识产权保护，使知识产权作为科技成果向现实生产力转化的重要桥梁和纽带、激励创新的基本保障作用更加突出，要求各地区、各相关部门要准确把握新形势新特点，深化知识产权领域改革，破除制约知识产权发展的障碍，全面提高知识产权治理能力，推动知识产权事业取得突破性进展，为促进经济提质增效升级提供有力支撑。已颁布《安徽省人民政府关于印发加快知识产权强省建设实施方案的通知》《安徽省人民政府办公厅关于印发新形势下加强打击侵犯知识产权和制售假冒伪劣商品工作实施方案的通知》和《安徽省人民政府关于印发“十三五”安徽省知识产权保护和运用规划的通知》。安徽省经济和信息化委员会为落实制造强省，力推“安徽精品”，由各市及直管县申报、专家评选，强化企业创新主体和质量品牌意识，弘扬徽工皖匠精神，提高产品品质和产业核心竞争力，并以此推动安徽工业品牌走出去。2017年度“安徽工业精品”获得者名单，有合肥国轩高科动力能源有限公司等申报的120个产品。围绕五大发展行动计划总体部署，继续实施民营经济提升工程，聚力优环境、育主体、促双创、创品牌、搭平台、强服务，民营经济保持稳中有进、进中向好的态势。政府服务与市场服务相结合，发挥中小企业品牌建设服务体系的优势，在融资、信息、培训、市场拓展和咨询等方面，为企业提供全方位的品牌建设服务。同时，安徽发挥各地中小企业联盟的作用，在海外为建立专门的品牌服务中心给予政策支持，增强海外扩张能力。

四、长三角城市品牌建设交融发展

长三角地区自古以来地缘相邻、人文相亲、血脉相连，品牌建设一直交融发展，先后诞生了四大商帮，分别是徽州商帮、宁波商帮、洞庭商帮和龙游商帮。随着1843年上海开埠，上海成为长三角地区品牌交融发展的大平台，我国十大商帮中徽州商帮、宁波商帮、洞庭商帮不约而同地来到上海，在时代的大更迭中，借助上海崛起，实现华丽转身，至今不衰，成为中国商帮中的翘楚。相比而言，龙游商帮相对封闭，未能在上海的崛起中促进自身创新发展。上海众多现代品牌的创立人，绝大部分来自浙江宁波，江苏苏州、无锡、常州和湖州等地，这些人在创立品牌成功的同时，带动了家乡发展。例如，江苏无锡一跃为现代工商业发祥地之一，江苏南通以张謇一已之力，依托上海，创办大生纱厂，助力南通一跃为近代第一城。上海由江苏治下的一个县城在1927年7月设为特别市，进而在新中国成立后设为直辖市，是长三角经济、社会和文化发展的龙头。新中国成立后，特别是自改革开放以来，上海企业，包括一批老字号企业直接带动了江苏、浙江，乃至安徽乡镇工业发展，成为中国由计划经济向市场经济转变的生力军。

与此同时长三角区域合作开始起步。1982年12月，上海（长江三角洲）经济区建立，范围包括上海、苏州、无锡、常州、南通、杭州、嘉兴、湖州、宁波、绍兴10个城市，此为长三角最初雏形。1983年3月，上海经济区规划办公室正式成立。1985年2月，中共中央、国务院批转《长江、珠江三角洲和闽南厦漳泉三角地区座谈会纪要》，长江三角洲自此正式辟为经济开发区。1988年6月，上海经济区规划办公室撤销。1990年浦东开发开放，上海经济区成员城市在1992年联合发起成立长三角城市协作办主任联席会议，成员城市主要根据太湖水系走向而定，除上述10个成员城市之外，增加南京、扬州、泰州、镇江、舟山，为15个城市。1997年，该联席会议升格为长三角城市经济协调会，并一再扩容，至2018年为34个成员城市，包含长三角城市群26个成员城市。长三角城市群26个成员城市除上述15个城市之外，还包括盐城、金华、台州、合肥、芜湖、马鞍山、铜陵、安庆、滁州、池州、宣城。再加上连云港、徐州、淮安、宿迁、温州、丽水、衢州、淮南，即江苏、浙江的全部地级以上城市，安徽的9个地级市。2004年，第一次召开了长三角地区主要领导座谈会，长三角地区由此形成三级协调机制：决策层，即长三角地区主要领导座谈会；协调层，常务副省长（常务副市长）参加的长三角地区合作与发展联席会议；执行层，重点专题合作组+城市组（长三角城市经济协调会）。也在这一年，长三角品牌共建工作开启，包括多个方面。例如，2004年1月1日，上海、江苏、浙江、安徽三省一市质量技术监督局在长三角范围内正式实施名牌互认工作。2007年，江苏、浙江和上海二省一市工商局签署《苏浙沪工商行政管理联席会议备忘录》，建立联席会议制度，并发布“长三角工商一号”文件，在长三角地区实施统一的市场准入政策。2009年，江苏、浙江和上海联名签署《长三角地区知识产权发展与保护合作框架协议》。2010年世博会在上海盛大举办，长三角地区为此专门联合举办长三角老字号展览等活动。

长江三角洲城市经济协调会审时度势，在2013年毅然设立“长三角品牌建设合作专题”，积极探索长三角城市品牌建设合作载体。2014年3月，在盐城市召开的长三角城市经济协调会第14次市长会议上，将“长三角品牌建设合作专题”，确立为长三角城市经济协调会品牌建设专业委员会（以下简称为“长三角品专委”），由上海市经济和信息化委员会、上海市人民政府合作交流办公室和上海社会科学院联合牵头，上海社会科学院上海品牌发展研究中心承办，长三角城市经济协调会成员城市政府品牌建设主管部门共同参与。2014年长三角主要领导座谈会会议纪要明确指出“推进长三角品牌建设合作”。按照这一要求，长三角品专委不断深化区域品牌合作机制，形成“三个轮子”一起转，即以政府合作引导为带动轮，专家委员会、长三角品牌建设联盟为左右双轮，有效整合长三角品牌经济资源，助力长三角城市品牌建设以及品牌企业成长，加速推进长三角区域经济一体化与品牌经济发展。具体工作包括：一是编撰、发布年度性《长三角城市群品牌发展报告》，为长三角城市及国家有关部委推进区域品牌建设提供决策咨询。二是进行多种形式产业品牌对接。2014年，与合肥市人民政府联合主办第三届长三角城市·品牌发展论坛。在论坛举办期间，长三角品专委组织专家参与演讲，并组织上海企业开展产业对接。同年，长三角品专委与中国五金品牌联盟和上海市工具行业协会等，共同举办“长三角五金品牌建设座谈会”，提出长三角微型装备品牌建设的概念。2015年，长三角品专委举办“2015品牌经济与知识产权保护研讨会”，深入探讨在全球贸易规则背景下的科技创新、知识产权经济与品牌经济发展的新理念和新模式。三是着力推进长三角品牌建设联盟工作，在第二届长三角城市·品牌发展论坛上正式发出倡议，进而在2015年举办推进长三角品牌服务联盟建设研讨会，开启长三角品牌建设联盟筹建工作。2016年12月，举办上海·长三角品牌发展论坛暨长三角品牌建设联盟启动仪式，本次论坛的主题为“品牌·品质·知识产权”，深入探讨在全球化背景下，如何发挥知识产权在品牌建设中的关键作用，推动品牌战略与知识产权战略联动发展。2018年4月，在以“创新引领，共建世界级城市群品牌”为主题的第四届长三角城市·品牌发展论坛上，长三角品牌建设联盟正式揭牌。长三角品牌建设联盟由长三角城市群各省市行业协会、企业共同发起成立。

长三角城市群具有极强的国际吸引力（见表5-1），长三角城市经济协调会成员城市，即长三角品专委成员城市概莫能外，各有鲜明的城市品牌特色（见表5-2）。为增强国际竞争力，各成员城市在品牌建设上狠抓政策落地，各显神通。例如：常州、泰州、绍兴、合肥以及芜湖等城市建立了商标战略实施工作领导小组，绍兴等市建立了品牌发展领导小组，芜湖等市成立了品牌兴市

表 5-1　2016 年长三角城市群吸引外商情况

	外商投资企业年底注册登记		外商投资和港澳台商投资工业企业	
	企业数（户）	投资总额（亿美元）	企业单位数（个）	主营业务收入（亿元）
全　国	505 151	51 240	49 554	250 392.99
上　海	79 410	7 342	3 553	21 172.53
江　苏	55 938	8 799	10 055	52 043.03
浙　江	34 442	3 199	5 322	14 247.54
安徽五市	3 578	479.48	481	3 577.33
长三角城市群合计	173 368	19 819.48	19 411	91 040.43
占全国比（%）	34.32	38.68	39.17	36.36

资料来源：根据《中国统计年鉴2017》和《安徽省统计年鉴2017》整理。

领导小组等。合肥编制推进《合肥市“十三五”产业品牌发展规划》，促进产业品牌为合肥区域发展提供节点支撑，引领周边区域经济发展，高水平融入长三角。淮安坚持以落实《全市“十三五”期间实施商标品牌战略建设品牌强市的意见》为主线，开展“深化品牌建设　助力转型升级”系列活动，狠抓企业、产业和区域品牌建设，继续强化商标监管力度，全力提升商标品牌战略实施水平，大力推进品牌强市建设。苏州针对自身特点，以打造园区品牌与企业品牌并举，积极引进国内外知名企业，同时通过园区服务平台建设，提升企业与园区的品牌水平。马鞍山开展城市品牌战略发展研究。金华指导企业以商标品牌为纽带，开展特许经营、连锁经销、许可经营、收购、兼并、重组等，做大做强，形成一批颇具规模的区域品牌，通过品牌基地建设为区域产业转型升级提供有力支撑，呈现出区域品牌、产业品牌、企业品牌同步发展的良好态势。

杭州、徐州和南通等城市在品牌建设立法层面相继获得突破，例如《南通市质量促进条例》由南通市第十五届人民代表大会常务委员会第三十六次会议于2021年3月23日通过，明确提出“实施品牌发展战略，加强知识产权保护，提高竞争力”，将品牌作为战略实施，位置较高。第十二条指出，“推动实施消费品增品种、提品质、创品牌，满足消费需求。”第三十条指出，“实施品牌强市工程，完善品牌培育、发展、激励、管理机制。培育张謇式企业家，引导企业制定、实施以质量为内涵的品牌发展战略。鼓励企业申报省重点培育和发展的国际品牌、中华老字号、江苏精品等。鼓励申请注册国家地理标志商标、申请地理标志保护产品，鼓励依法请求驰名商标保护”。第三十三条指出，“支持院校开展质量品牌研究，鼓励院校、科研院所联合企业开展质量专业教学、职业教育和技能培训。”形成了一个相对完整的品牌建设条例的构架。

表 5-2 长三角城市经济协调会部分成员城市品牌特色一览表

城市	市树	市花	特色文化	城市精神
上海市	梧桐树	白玉兰	海派文化	海纳百川 追求卓越 开明睿智 大气谦和
无锡市	樟树	杜鹃、梅花	吴越文化	尚德务实 和谐奋进
宁波市	樟树	茶花	浙东文化、宁波商帮文化、海洋文化	诚信 务实 开放 创新
舟山市	新木姜子 樟树	普陀水仙	海洋文化、吴越文化	勇立潮头 海纳百川 同舟共济 求真务实
苏州市	樟树	桂花	吴越文化	崇文睿智 开放包容 争先创优 和谐致远
扬州市	银杏、杨柳	芍药、琼花	运河文化	崇文尚德 开明开放 创新创造 仁爱爱人
杭州市	樟树	桂花	西湖文化、钱塘江文化、运河文化	精致和谐 大气开放
绍兴市	香榧	兰花	越文化	坚忍不拔 奋发图强 崇尚科学 务实创新
南京市	雪松	梅花	湖熟文化、南朝文化	开明开放 诚朴诚信 博爱博雅 创业创新
南通市	广玉兰	菊花	江海文化	包容会通 敢为人先
泰州市	银杏	梅花	江淮文化	团结拼搏 艰苦创业 务实高效 自强争先

续表

城市	市树	市花	特色文化	城市精神
常州市	广玉兰	月季	长江文明、吴文化	勤学习 重诚信 敢拼搏 勇创业
湖州市	银杏	百合	吴越文化、钱山漾文化	开放务实 创新和谐
嘉兴市	樟树	石榴、杜鹃	吴越文化、楚文化	崇文厚德 求实创新
镇江市	广玉兰	杜鹃	江淮文化	创业创新 开放文明 务实诚信
台州市	樟树	桂花	越族文化、名山文化	硬气 灵气 大气 和气
合肥市	广玉兰	桂花、石榴	巢湖文化	开明开放 求是创新
盐城市	女贞、银杏	紫薇、牡丹	海盐文化	艰苦奋斗 创新创业 团结拼搏 进位争先
马鞍山市	樟树	桂花	长江文明	聚山纳川 一马当先
金华市	樟树	山茶花	婺文化	创业富民 创新强市
淮安市	雪松	月季	淮河文化、运河文化	团结创新 实干自强
衢州市	樟树	桂花	龙游商帮文化	坚忍不拔 开放兼容 求真务实 自强争先
芜湖市	樟树、垂柳	月季、菊花	徽商文化、皖江文化	开放 诚信 务实 创新
连云港市	银杏	紫薇	淮河文化	敢问路在何方
徐州市	银杏	玉兰	齐鲁文化、中原文化	承两汉雄风 集南北大成 展英雄气概 铸徐州辉煌
滁州市	广玉兰	桂花	皖江文化	山水滁州 和谐家园
淮南市	法国梧桐	月季	淮河文化	艰苦创业 开明开放 文明诚信 铸造辉煌
丽水市	南方红豆杉	杜鹃花	良渚文化	求实创新 自强拼搏 文明诚信 开拓奋进
宿迁市	槐树、杨树	紫薇、桂花	淮河文化	团结奋进 敢试敢闯 务实苦干 自立自强
温州市	榕树	山茶花	瓯越文化	敢为人先 民本和谐

资料来源：此表根据各城市门户网站的公开资料整理得出。

长三角品牌建设合作得到工业和信息化部的重视，在2014年9月26日由工业和信息化部举办的全国工业品牌培育工作座谈会上，长三角品专委做经验交流。工业和信息化部认为长三角地区区域品牌工作走在全国前列，对京津冀和珠三角地区的区域品牌建设具有示范作用。

五、扎实推进长三角品牌建设的建议

在国家出台的其他文件里，对长三角地区发展也有着明确要求。例如，2014年9月12日，国务院发布的《关于依托黄金水道推动长江经济带发展的指导意见》中这样定位：长江三角洲与长江中游的成、渝一起为长江经济带三大跨区域城市群主体，促进长江三角洲一体化发展，打造具有国际竞争力的世界级城市群。发挥长江三角洲地区对外开放引领作用，带动长江经济带更高水平开放，增强国际竞争力。2015年3月，经国务院授权发布的《推动共建丝绸之路经济带和21世纪海上丝绸之路的愿景与行动》中如此表述：利用长三角经济区开放程度高、经济实力强、辐射带动作用大的优势，加快推进中国（上海）自由贸易试验区建设，形成参与和引领国际合作竞争新优势，成为“一带一路”特别是21世纪海上丝绸之路建设的排头兵和主力军。2018年11月18日，中共中央、国务院发布的《关于建立更加有效的区域协调发展新机制的意见》强调，以上海为中心引领长三角城市群发展，带动长江经济带发展。在推动区域市场一体化建设方面，进一步完善长三角区域合作工作机制，深化三省一市在规划衔接、跨省重大基础设施建设、环保联防联控、产业结构布局调整、改革创新等方面合作。这些要求，与国家专门发布关于长三角的文件里的要求一脉相承，核心是在全球化发展中，长三角地区、长三角城市群应在开放、创新中不断构筑新优势，以排头兵和主力军之姿，增强国际竞争力，进而辐射、带动长江经济带发展。

对此，长三角地区应进一步增加推进品牌建设的紧迫感，面对全球化品牌经济竞争的新态势，坚持走中国特色区域品牌发展之路，以催生一批在国内外具有极强影响力与竞争力的产业品牌、企业品牌和产品品牌为导向，在未来一段时期内深入实施创新驱动发展战略，加快技术协同攻关，加速科技成果专利化、专利产品化，实现技术创新、产品创新、服务创新和商业模式创新等系统化品牌创新，推动供需结构升级，满足人民群众对于美好生活的新需求，更好地完成国家赋予的重大任务，具体建议如下：

（一）完善长三角品牌建设合作机制。长三角品牌建设合作在三省一市、成员城市两个层面同时进行，但还较为局部、分散，缺乏高度和整合力。对此，以当下构建长三角合作新机制，即以国家层面成立长三角一体化发展领导小组为契机，创新长三角品牌合作新模式，强化顶层设计，提升已有长三角城市经济协调会品牌建设专业委员会层级，形成三省一市层面以及长三角城市经济协调会成员城市两个层面的工作机制，由长三角品专委牵头，将企业、中介机构、行业协会等纳入合作机制。编制长三角城市群品牌发展战略规划，制订工作实施方案，细化年度目标，健全工作措施，明确时间节点，落实工作责任。

（二）坚持政策引导，打造营商服务新格局。为各类品牌发展提供良好的政策环境，将政策集成与专业服务相结合，提升营商环境的增值度，针对重点领域、重点产业、重点企业，给予系统化集成政策支持。重点扶持本地区品牌，鼓励企业通过技术创新、精品工艺等提升核心竞争力。针对创新型企业，构建分层分类的支持体系和长效工作机制，给予财税支持，从多方面提供有效协助，有效解决企业融资难的问题，集聚培育更多“隐形冠军”和“独角兽”企业。此外，政府要为企业提供公平竞争的市场环境，加强监管，清除地方垄断，抵制不正当的竞争和违法行为，创造适合企业健康发展的营商环境。

（三）坚持以创新提升品牌核心竞争力。深入实施创新驱动发展战略，推动以科技创新为核心的全面创新，牢牢抓住科技创新这一创新活动的“牛鼻子”，加快形成以创新为主要引领和支撑的品牌经济体系和品牌经济发展模式。

无论是从理论上分析还是从实例来看，在国际上叱咤风云、屹立不倒的各类品牌无不把创新放在重要地位，以提升自己的品牌核心竞争力。对此，长三角地区应强化理念创新，保持思想的敏锐性和开放度，建立健全由长三角地区主导的全球化的科技创新体系，不断完善以企业为主体、以市场为导向、产学研深度融合的创新体系。企业方面应认真研究国内外先进企业的创新实践，把引进技术和消化吸收再创新综合起来，持续加强关键共性技术创新和颠覆性技术创新，努力掌握自主知识产权，着力增强自主品牌开发能力、生产能力。

（四）切实加强国际化媒体传播与营销传播能力。在国内外构建起立体化的品牌传播以及营销传播体系，在世界范围内树立长三角强大的品牌形象，形成具有强大的国际竞争力的市场营销网络。对此，长三角地区应大力支持以国际化为导向的媒体传播体系和营销传播服务的本土内容供应商的发展，促进传统媒体与新媒体（包括网络媒体、手机媒体、数字电视等）有机融合。一个企业有了好的市场营销传播能力，可以顺利地把自己的品牌打入市场，占领较高的市场份额，使消费者从了解到接受到最后忠诚于自己的品牌，创造强势品牌。现阶段长三角地区的企业应善于发掘自身品牌独特的价值基因，创造性地整合运用所有有效的传播工具和载体，建立品牌与受众的独特关系，提升品牌竞争力。长三角产业结构正向“服务型经济”加速转型，新技术、新业态、新模式层出不穷，网络化、智慧化、平台化和产业跨界融合发展态势日益明显，要充分运用互联网思维调动社会公众参与到品牌动态发展中，引导企业抓住机遇，拓展品牌推广渠道，创新品牌竞争形式，丰富品牌竞争内容，努力形成适应互联网发展的多层次、全方位、立体化的品牌推广格局。同时，各城市则可以通过自身历史文化以及地理特点等，开展国内外品牌推广活动并举办各类特色鲜明的主题活动，以地方特色形成品牌特色。

（五）切实加强品牌保护工作。依托现有合作机制，营造良好的品牌知识产权保护的生态环境，进一步完善知识产权保护体系，联手深入开展打击侵犯知识产权和制售假冒伪劣商品专项行动，有效提升品牌保护的行政执法水平和能力。进一步加强驰名商标、中华老字号、地理标志、非物质文化遗产等品牌的重点保护工作；积极查办跨区域、大规模和社会反响强烈的知识产权侵权案件，加大对民生、重大项目和优势产业等领域知识产权侵权行为的打击力度；积极推进知识产权行政执法信息平台融合工作，不断提高信息化工作水平；建立健全知识产权监管执法协作机制，强化部门间的协调配合，日常监管与专项行动相结合，进一步净化市场环境；加强行政执法与刑事司法相衔接，提升知识产权监管执法工作效能，形成长效保护机制。例如在注册商标方面，鼓励企业根据法律、法规的规定制订前瞻性计划，做到“市场未行，商标先行”，并拥有较高的维权意识，了解在我国颁布的民法通则、商标法、反不正当竞争法、《工业产品的质量责任条例》等法律法规中，对品牌的创制、使用和违法处罚都有明确的规定。企业既要对自己的品牌采取相应的保护措施，同时不得有侵犯他人品牌的违法行为。

（六）切实构建品牌建设人才高地。品牌建设是一场持久攻坚战，企业作为品牌建设的市场主体，品牌竞争实质是人才的竞争。品牌建设涉及的每一个环节，例如管理、采购、制造、研发、创意设计、推广、销售等各环节，都需要专业人才参与。对此，长三角地区应充分发挥市场配置资源要素的作用，充分利用长三角高校等研究、教育机构云集，专业人才集聚的优势，垒实人才基础。一要大力弘扬企业家精神，鼓励企业家以争创品牌为事业，充分发挥企业家在品牌建设中的领军作用。二要加强科技人才队伍建设，着力培养造就具有国际水平的战略科技人才、科技领军人才、青年科技人才和高水平创新团队。三要鼓励高校等机构开展系统性品牌教育培训，对教育培训合格的品牌专业人才颁发资质证书。对获得资质证书的专业人才在长三角区域范围内可以互认，并具有上岗资质。四要弘扬劳模精神和大国工匠精神，建设知识型、技能型、创新型职工队伍，建立健全创新人才的激励机制。

（七）夯实国际化为导向的开放创新基础。充分发挥上海对外开放桥头堡和长期形成的城市品牌作用，及上海在品牌建设中无可争辩的软实力优势，引领长三角品牌积极融入“一带一路”建设。充分利用中国（上海）自由贸易区平台以及上海国际科创中心建设，承担起产学研国际合作、企业国际孵化、跨国技术转移、创新项目投资、中国企业“出海”落地等职能，搭建国际科技创新合作平台。充分发挥南京、杭州和合肥副中心城市的作用，南京都市圈、杭州都市圈、宁波都市圈、苏锡常都市圈以及合肥都市圈的次级都市圈作用，G60科创走廊[1]的作用，立体促进长三角三省一市、各城市以及企业通过持续的开放创新，实现多层次合作共赢，多纬度共塑长三角品牌，在世界范围内共同打响长三角品牌。

第二节 我国现代品牌摇篮——上海的实践

2018年4月和5月两月，上海成为中国关注品牌建设的热点之城，先是4月28日至30日在上海展览中心迎来首届长三角（上海）品牌博览会，随后在5月10日，“中国品牌日”这一天到来之际，在同一个地方迎来首届中国自主品牌博览会暨中国品牌发展国际论坛。在此期间，上海以空前的力度出台了《中共上海市委、上海市人民政府关于全力打响上海“四大品牌”率先推动高质量发展的若干意见》。有趣的是在首届中国自主品牌博览会上，上海在展出其“四大品牌”之外，还出现了“上海科技”的身影。这是上海在服务国家战略中改革再出发、优势再造的必然之举，在我国构建现代化经济体系中率先突显品牌经济的发展方式。

一、一骑绝尘与相对沉落

自近代以来，上海于1843年开埠后，在中西文明交互中一马当先，从中国一座中等城市快速崛起为受西方影响最大、全国最大都市，中国近代化起步最

1 G60科创走廊：2016年上海市松江区沿G60高速公路构建产城融合科创走廊，之后扩展为由上海、嘉兴、杭州、金华、苏州、湖州、宣城、芜湖、合肥九市组成，面积7.62万平方公里。

早、程度最高的城市，远东巨埠，不仅演化为中国现代工商业品牌的摇篮，而且直接带动了周边城市的近代化转型以及现代品牌建设。1865年，随着江南制造局呱呱坠地，上海自此成为我国近代民族工业品牌的肇始地，先后诞生了诸多第一，例如第一艘蒸汽推动军舰、第一炉钢铁等。民国年间诞生了第一个注册商标——兵船牌面粉，其创始人为无锡籍企业家荣崇敬、荣德生，有效地引领并推动近代中国工业以及服务业的现代化发展。在与西方发达国家为代表的品牌竞争中，国货运动在上海风起云涌，极大地推动了民族品牌崛起，催生了一批至今仍熠熠生辉的企业家以及他们所创立的企业品牌。1934年，上海的注册商标达793件，占当时全国商标注册总数的86%，奠定了上海在我国民族工商业中的龙头地位，泽被今日。于1872年在上海成立的轮船招商局，新中国成立后，它移驻香港；十一届三中全会后，正是它开启了深圳蛇口工业区，成为深圳改革开放的先行者。江南制造局成立后问世的江南造船厂延续至今，位居中国高科技船舶之首，系中国船舶工业的排头兵。从这些老品牌中我们还得以深刻地认识到上海品牌对于中国现代化发展的贡献。

新中国成立后，在计划经济阶段，上海诞生了光明牌冷饮、上海牌轿车、东风牌柴油机、大白兔奶糖、凤凰牌自行车、金星牌彩电和上海牌手表等一批新兴品牌。上海品牌一时风靡全国，是时尚、潮流的代名词，国人以拥有上海品牌的商品为荣。同时在国家安排下，上海的一批企业整体搬迁，上海品牌异地移植，例如中华书局、商务印书馆和三联书店等移师北京。改革开放之初，市场经济勃兴，上海在苏浙两省培育了一批为其品牌贴牌加工的企业，直接带动了长三角地区乡镇工业发展，为长三角城市群在今日与国际接轨，成为世界制造业高地奠定了雄厚基础。其中相当一部分乡镇企业在市场历练中，已是国内外知名企业品牌，例如杉杉、雅戈尔和纳爱斯等。自1992年浦东开发开放，上海顿时成为众多国际品牌进入中国的首选地。国内品牌走向世界、抢占国内市场的桥头堡，不少国内企业将其研发总部、营销总部设立在上海，无疑对上海原有本土品牌形成巨大冲击。不少上海品牌自此逐渐淡出市场，引发外界关注。上海品牌到底怎么了？人们对上海城市的国际国内竞争力表示强烈关切。

随着上海自主品牌发展势头相应减弱，与同处长三角地区的苏浙两省相比，上海经济总量在全国占比中不断下行。改革开放之初，上海的生产总值以及人均GDP均名列全国前茅。1978年，中国国内生产总值为3 645亿元，人均381元；上海生产总值为272.81亿元，人均2 498元，分别是全国的7.48%、6.55倍。当时江苏生产总值为249.24亿元，人均430元；浙江生产总值为123.72亿元，人均331元。从国内生产总值排名而言，上海与江苏分别为第一、第二，浙江为第十二。就人均排名而言，上海更是把江苏和浙江甩在身后，人均生产总值分别是江苏的5.8倍、浙江的7.54倍。但到了2014年，在中国国内生产总值突破60万亿元大关，为636 463亿元，人均达46 531元时，上海生产总值为23 560.94亿元，人均95 956元，分别为全国的3.7%与2.06倍；江苏生产总值则为65 088.3亿元，人均81 107元；浙江生产总值为40 153亿元，人均72 571元。在生产总值排名方面，上海恰是浙江于1978年时在全国的位次，即第十二，江苏与浙江分别为第二和第四；就人均排名而言，上海为第三，江苏与浙江紧随其后，分别为第四、第五。上海生产总值仅是江苏生产总值的36.19%，江苏是上海的2.76倍；上海生产总值是浙江生产总值的58.67%，浙江是上海的1.7倍。上海无论是生产总值，还是人均排名，在全国的优势大幅下降，同时江苏与浙江在经济总量上以倍数赶超上海，人均排名也在迅速接近上海，分别是上海的95.95%、75.63%，上海的优势不再明显。至2017年，全国生产总值达827 122亿元，人均59 660元；上海生产总值为30 133.86亿元，人均12.64万元；江苏生产总值为85 900.9亿元，是上海的2.8倍，人均107 189元；浙江生产总值为51 768亿元，增速列第十四位，人均92 057元。相比20世纪70年代，当前上海在长三角地区经济总量不再领先，人均生产总值的优势也不再明显。

表5-3 改革开放以来沪苏浙经济比较一览表

	生产总值（亿元）			人均生产总值（元）		
	1978年	2014年	2017年	1978年	2014年	2017年
全 国	3 645	63 6463	827 122	381	46 531	59 660
上 海	272.81	23 560.94	30 133.86	2 498	95 956	126 400
江 苏	249.24	65 088.3	85 900.9	430	81 107	107 189
浙 江	123.72	40 153	51 768	331	72 571	92 057

数据来源：各省市国民经济和社会发展统计公报。

当然，江苏、浙江的经济总量、人均GDP实现超速增长得益于上海辐射，如果失去上海辐射，实现上述目标，几乎难以想象。上海推动了周边省份的经济发展，但自身的“灯下黑”[1]问题，一直是老大难。其中品牌弱化是最为直接的反映。品牌弱，则经济弱，在此一览无遗。要知道，除在中华老字号品牌方面上海几乎是江苏与浙江的总和之外，但在新兴产业品牌方面上海难有出色表现。中国名牌以及中国驰名商标的评选活动虽然已走进历史，但从各省（市）间的横向比较，还是能从中看出上海在全国品牌建设中的位次以及品牌竞争力水平。从2007年公布的中国名牌构成看，浙江占比最高为15.3%，其后依次为广东15.1%、山东12.7%、江苏11.4%、福建4.8%、上海4.3%，上海遑论前茅，连第一梯队的边都没有沾上。

在《福布斯》发布的2017年世界500强企业排名中，上海拥有7家，分别为交通银行（第173位）、中国宝武钢铁集团（第204位）、中国华信能源（第222位）、浦发银行（第227位）、太平洋保险（第252位）、绿地控股（第277位）和中国远洋海运（第366位）；江苏拥有2家，分别为恒力集团（第268位）、苏宁云商（第485位）；浙江拥有3家，分别为吉利控股（第343位）、物产中大（第348位）、阿里巴巴（第462位）。如果剔除央企，那么上海也只有2家，表

1 灯下黑，意指上海远郊经济发展偏弱。

现并不出众。世界品牌实验室发布的2017年中国500强最具价值品牌前十名中，上海全军覆没，浙江有阿里巴巴上榜，恰列第十位，此也是长三角地区唯一上榜品牌。

二、五年规划中政策推进的强与弱

党的十一届三中全会之后，随着国家经济体制的不断改革，上海开始向全国最大的经济中心城市转型，同时也开始由计划经济向市场经济转型。从上海城市发展五年规划来看，按照“六五”规划（1981—1985年）要求，上海侧重于外引内联，“立足本市，依靠全国，面对太平洋，通向全世界”，未见有品牌两个字。1980年，上海市工商局一恢复，便举办全市性的“商标设计百花奖”征稿活动，着力推动企业创名牌，以此激发企业的商标意识。

“七五”规划（1986—1990年）中还停留于加大引进外资力度，发展外向型经济，政企分开，提高企业效率。这一时期，由国务院与上海市政府共同制定，1985年2月，国务院正式批准同意了文件《国务院批转关于上海经济发展战略汇报提纲的通知》，同年3月，上海市政府向全市各部门印发该文件，要求上海各条战线按系统、分层次传达落实。该战略明确指出：“要根据上海经济发展的战略目标，按照耗能少、用料少、运量少、‘三废’少和技术密集度高、附加值高的要求，压缩粗放产品，控制低质产品，有重点地发展高精尖主品和优质名牌产品，使上海工业的发展从粗放型转向集约型，从主要依靠物质资源投入转向依靠技术进步。”“重点发展名牌产品、高档品和新产品”，一言以蔽之就是品牌。

1990年4月，党中央、国务院宣布了开发开放浦东新区的战略决策，到1992年取得实质性进展，上海对外开放的程度进一步加深，上海的经济发展活力得到释放。浦东开发开放的最初构想，即源于《关于上海经济发展战略的汇报提纲》，正是这份文件正式提出了开发开放浦东的战略构想，说明浦东开发开放是一个渐进的过程，认识逐步深化的过程。从中共中央、国务院《关于开发浦东、开放浦东的请示的批复》中，我们可知其定位“主要是利用国外资金发展外向型经济”。在这种背景下，上海的本土产业和一些品牌的发展受到开放推动，传统的制造业、服务业等借助国际市场的开拓，资金、先进的技术和管理的引进，较之前有长足发展，金融业更是迅速发展。

上海遂在“八五”规划（1991—1995年）中提及实施龙头计划，发展“拳头产品”。要大打世界牌、中华牌和长江牌。这种关于“拳头产品”的表示，就是品牌意识的雪泥鸿爪。“九五”规划（1996—2000年）发生显著变化，其中明确提出：“以名牌产品、明星企业、著名企业家为主体，鼓励企业开展跨地区的资产经营活动；组建和发展50家以支柱产业、骨干企业、名牌产品为龙头，以资产为纽带的跨地区、跨部门的企业集团。”1995年，上海市质监局开展名牌推荐活动；1996年，上海市工商管理局出台了《上海市著名商标认定与保护暂行条例》，开始上海市著名商标认定工作。

在2001年之后的“十五”规划（2001—2005年）、“十一五”规划（2006—2010年）、“十二五”规划（2011—2015年）中，“品牌建设”一词越来越高频率地使用在经济建设的各个领域，这与国家各时期的五年规划是相一致的。上海品牌建设力度不断增强，具体举措可圈可点。“十五”规划要求，积极引进世界一流技术和全球著名品牌企业，对外输出上海商业的优势业态、品牌和管理，发展品牌轿车系列产品，提升有市场前景、有品牌优势的传统工业；形成一批具有市场竞争力的农副产品品牌，培育品牌出口商品。上海市经委在2004年出台《市经委关于推进本市品牌工作的实施意见》，2005年它又联手市质监局、市工商局联合出台了《上海推进实施品牌战略行动方案》，明确将实施品牌战略作为加快实施“科教兴市”主战略、体现城市综合竞争力的重要载体和抓手，使之成为上海适应全球经济一体化的必然要求，落实国家经济战略目标的具体体现。上海实施品牌战略从城市功能定位出发，与上海历史文化、海派文化相结合，与“两个优先”产业发展方针相结合，以科技创新为支撑，以先进制造业和现代服务业发展为依托，促进和引导上海品牌从产品品牌向企业品牌、区域品牌和城市品牌，从工业消费品牌、商业品牌向高新技术品牌、服务业品牌延伸发展，创建和形成具有上海特色的品牌体系。与之相对应的，上海形成了品牌政策体系和一系列扶助措施，例如与《上海中长期科学和技术发展规划纲要（2006—2020年）》相配套的政策实施细则之一的《上海市加快自主品牌建设专项资金管理暂行办法》。这一办法由上海市经委、市工商局、市质监局和市财政局于2007年10月23日共同颁布实施，建立了用于加快企业自主品牌建设的补助性资金，部分区（县）政府相应设立了与此配套使用的专项资金。该资金使用范围包括五个方面：一是支持企业开展自主品牌建设，二是支持中华老字号企业发展，三是支持品牌建设的公共服务项目，四是支持品牌宣传推广工作，五是一次性奖励获得政府部门认定的国家级称号（中国世界名牌产品、中国名牌产品、中国驰名商标、最具市场竞争力品牌等）的企业。对获得市级称号（上海名牌、上海市著名商标）的企业，由企业所在区（县）给予一次性奖励。上海市经信委、市工商局、市商委、市质监局、市科委和市知识产权局等政府部门也分别从各自职能出发推进品牌建设，先后成立了上海市名牌产品推荐委员会、上海市中小企业品牌建设推进委员会等，根据不同的评价标准，推出了一批上海市著名商标、上海市名牌、上海市畅销品牌、知识产权示范企业、开发园区品牌、上海市科技小巨人和上海市中小企业“品牌企业”和“品牌产品”。

在上海“十一五”规划中，品牌建设上升至城市形象塑造、提升城市综合竞争力、参与全球化和打造国际大都市的高度，品牌两个字像珍珠一样散落在规划的多处地方。例如，“培育国际会展品牌”“汽车产业以形成自主品牌汽车生产为突破口”，信息产业“以研发设计、自主品牌建设为重点”“进一步放大张江的品牌效应”，等等。尤其强调自主品牌建设以及品牌延伸，进而就自主品牌建设辟出专门版块加以阐述，即“大力实施自主品牌战略”，明确要求通过优化产业组织结构，提高企业规模经济水平和产业集中度。大力发展一批拥有知名品牌、核心技术、主业突出、综合集成能力较强的大型企业集团，并以此推动中小企业与大企业分工协作，促进中小企业技术进步和产业升级，引导产业集群化发展。鼓励品牌企业跨地区、跨行业发展，进入海内外资本市场上市融资。振兴、引进、培育和保护知名品牌，进一步增强“老字号”企业的创新能力、连锁经营能力和品牌营销能力。首次提出要将上海建成品牌孵化培育中心、品牌集聚辐射中心和品牌交易运作中心。2010年上海世博会举办之时，一系列围绕世博会标志保护的相关文件出台，有上海市人民政府办公厅《关于在迎世博宣传活动中加强世博会标志保护工作的通知》、上海市知识产权联席会议办公室《关于实施〈保护世博会知识产权专项行动方案〉的通知》等。世博会开园后，所有知识产权突发事件均得到妥善处理，没有一起产生重大后果，为上海汇聚全球各类品牌和打造自主品牌创造了良好的政策环境。就商标保护而言，在“十一五”期间，上海各级工商部门共查处商标违法案件14 064件，没收、销毁侵权商品790万件（只），移送涉嫌商标犯罪案件93件。

上海“十二五”规划明确要求：“要推进品牌化，增强区域辐射力和国际竞争力，以更大的力度来加强品牌建设，进一步适应经济全球化发展的需要。”2011年12月，上海专门召开《上海市著名商标保护办法（草案）》立法听证会，形成著名商标跟踪制度，规定著名商标所有人或者使用人因著名商标商品质量问题造成重大社会影响的，或者发生虚假宣传、欺诈消费者等严重违法行为的，由上海市工商行政管理部门撤销著名商标，并予以公告。著名商标被撤销的，商标注册人三年内不得申请著名商标。2011年，上海专门召开“销售真牌真品，保护知识产权”承诺活动大会，承诺单位达220家，涉及门店4 230个。这些承诺单位自2010年10月国务院组织开展打击侵犯知识产权和制售假冒伪劣商品专项行动以来，先后配合知识产权相关执法部门执法检查400余次，没有发生重大违反承诺的案件，实现商品流通领域知识产权保护的关口前移，指导承诺单位建立运行规范的知识产权商品管理制度。支持企业创建名牌和著名商标，及其争创国家示范园区、驰名商标，引导企业争创品牌。2011年上海市消费品主要行业的1 511家规模以上企业中，408家品牌企业的总产值同比增长18.6%，高于消费品全行业10.7%的增长率，更高于上海全市工业总值9.2%的增长率；2012年上半年，这408家品牌企业总产值依然同比增长6.3%。

2012年年初，时任上海市市长韩正在政府工作报告中指出，上海坚持在服务全国和实施国家战略中谋求发展，稳中求进，鼓励企业走出去。走出去无疑是上海品牌实现国内外延伸，在国内实现经济带动和区域影响，并在全球范围内实现城市资源大整合和城市品牌影响的良好途径。4月，在全国知识产权宣传周上，上海市知识产权局与上海社会科学院合作，举办首届上海品牌发展论坛，并推出首部年度《上海品牌发展报告》；市政协经济委员会发布“创新机制，推进上海品牌文化建设”报告。5月，《上海市著名商标认定和保护办法》正式实施，强化了对著名商标的管理。6月，时任中共中央政治局委员、上海市委书记俞正声同志前往上海冠生园食品有限公司、上海老凤祥有限公司、恒源祥集团等上海部分新老品牌企业调研。8月，上海市政府专门召开全市实施《上海知识产权战略纲要（2011—2020年）》推进大会，提出“力争到2020年把上海建设成为‘创新要素集聚、保护制度完备、服务体系健全、高端人才汇聚’的亚洲太平洋地区知识产权中心”的总体目标，将全面提升上海知识产权创造、运用、保护和管理能力，使上海品牌建设获得更加坚实基础。9月，《关于本市加强品牌建设的若干意见（沪府办〔2012〕93号）》出台，明确上海在“十二五”期间，滚动培育和扶持一批在本市注册的品牌发展，以着力形成一批国内外知名品牌，将上海建设成国内重要的品牌孵化培育中心、品牌集聚辐射中心和品牌交易运作中心为发展目标，出台了涵盖企业建设品牌的主体作用、财税扶持、发展环境营造和体制机制创新四个方面共计16条具体政策措施。同时成立了由上海市经信委、上海市商委、上海市工商局等19个委办局组成的上海市品牌建设工作联席会议，由上海市经信委牵头，召开了上海市品牌建设工作推进会议，预示着上海品牌建设工作进入新阶段。2013年3月，长江三角洲城市经济协调会在合肥举行的第十三次市长会议上批准设立长三角品牌建设合作专题，由上海方牵头。次年在合作专题的基础上，长三角城市经济协调会品牌建设专业委员会成立，继续由上海方牵头，以推动长三角品牌建设合作为己任，深入促进长三角城市品牌建设交流，并为各成员城市提供相应服务。

“十三五”时期，上海品牌经济建设可谓进入崭新时期。上海“十三五”规划提出全面加强质量品牌建设，加快形成以技术、标准、品牌、质量、服务为核心的外贸新优势，提升会展业规模和国际影响力，加强上海城市品牌在国际上的传播推介，鼓励养老服务品牌化发展。在具体执行中，完全超出这些内容。2016年，上海出台《本市贯彻〈国务院办公厅关于发挥品牌引领作用推动供需结构升级的意见〉的实施办法》（沪府办发〔2016〕38号）。在这份文件中，上海在全国省级层面率先提出推进品牌经济发展，将品牌由一种经济现象视作一种经济发展方式，明确“诚信立本、科技创新、质量保证、消费引领和情感维护”为品牌经济发展内涵，试图在新一轮全球化背景下的产业再分工中，以此优化上海经济结构，重塑上海产业价值链体系，在发达国家、发展中国家以及国内省市的多向挤压中实现有效突围，深度破解各类成本上升所带来的刚性约束，厚植可持续发展新优势，实现新发展，具有极强的针对性。显然，从其发文的层级以及事后实施的情况看，效果的有限性可想而知，但这次实践毕竟是将从未有过的新理念付之于行动，堪称上海对自身经济发展和品牌建设深入反思后，谋深想远的重要的阶段性结晶。

紧接着，2018年4月，中共上海市委、市人民政府向全市印发《关于全力打响上海“四大品牌”率先推动高质量发展的若干意见》，目标与任务明确，在全面服务国家战略中，加快构筑新时代上海发展战略优势。经全社会共同努力，上海“四大品牌”，即上海服务、上海制造、上海购物、上海文化的认知度、美誉度、影响力显著提升，令上海服务国家战略的辐射带动能力显著增强，彰显高质量发展和高品质生活的标杆引领效应显著扩大，经济发展新增长点、新动能加快培育壮大，形成一批具有国际影响力的名企、名家、名师、名校、名医、名院、名胜、名品、名园、名店、名街、名展、名赛、名节、名会等。上海各相关市级政府部门积极贯彻落实，上海市发展和改革委、市经济和信息化委、市商委和中共上海市委宣传部根据各自职责分别牵头制订“四大品牌”三年行动计划，细化目标与任务，狠抓落实。上海市国资委出台了国有企业全力打响上海“四大品牌”的实施方案、本市国资委系统实施老字号振兴“一品一策一方案”激活振兴老字号品牌的工作方案。各区结合自身发展实际情况，先后出台打响“四大品牌”的文件，由此形成市区两级政策体系。

上海又争取中国自主品牌博览会于2018年落户上海。在参加首届中国自主品牌博览会上，上海在展出“四大品牌”发展成就时，又涵括上海科技成果品牌化的成果，“四大品牌”与上海科技五位一体，一体即“上海品牌”。上海市质监局自2017年以来所推动的由第三方负责的上海品牌认证工作，原为上海品质认证，服从并服务于打响上海“四大品牌”，在2018年6月正式推出时毅然修改为上海品牌认证，上海外服、上海振华重工、红星美凯龙、上海朵云轩、光明乳业等53家企业的50个产品和36项服务成为首批“上海品牌”，来自制造业的企业占七成，共有38家，数量占第二位的是服务品牌，有10家企业，购物品牌、文化品牌数量偏少。

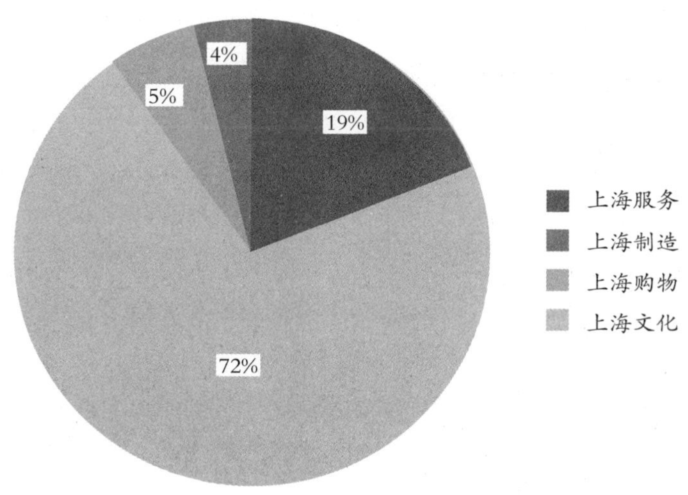

图 5-1　上海品牌认证企业行业分布

相应地政府对品牌经济的政策支持力度非常大，继续每年设立品牌经济发展专项资金，对相关行业企业品牌建设进行扶持，组织开展市级品牌培育试点示范工作，等等。上海市商务委为贯彻落实国务院〔2015〕66号文件精神，围绕上海建设国际消费城市战略目标、积极发挥新消费引领作用、加快培育形成新供给新动力，制定并实施《上海优礼行动计划（2016—2018）》，25个本土品牌－明星产品入选首批上海优选伴手礼所推进的“上海优礼行动”。“优”指伴手礼（馈赠亲友的当地特产、纪念品等）行业、企业、品牌、品类之优；“礼”意为优质礼品、优厚礼遇。上海优礼谐音上海有礼，寓意上海海纳百川、能工巧匠云集、优质礼品纷呈、优厚礼遇层出。

三、构筑新时代上海发展战略优势

上海在辐射苏浙皖三省以及苏浙皖三省全力接轨上海过程中，必须在更高能级上实现要素集聚，如果出现偏颇，自身的品牌力难以得到有效强化，导致上海很难在更高能级上实现自身发展，并且势必导致其在长三角地区的龙头作用难以得到更好发挥，作为国内经济中心城市的功能随之被削弱，国家赋予的诸多战略重任胜任有限。所谓理想很美好，现实很骨感。对此，上海在城市产业结构调整和功能转型中，必须不断强化品牌建设，其“四个中心”，即国际经济中心、国际金融中心、国际贸易中心、国际航运中心建设都必须有一批世界级大品牌和隐形冠军类品牌做支撑。唯品牌才能有效统筹整合国内外两个市场、资源，促进上海实现高人文化、高科技化和高附加值化发展，进而有效提高人均以及土地产出率，化解上海日益提高的人力成本、商务成本、土地成本、资源成本和环境成本等，健康发展。近年来，上海又倾力构建全球科创中心，由传统的“四个中心”演变为“五个中心”。全球科创中心的建设目标不是简单地成为科研中心，而是必须同时成为全球科创成果的转化中心，转化的最直接成果便是催生一批自主知识产权品牌。

这不仅对于上海，而且对于长三角区域经济一体化高质量发展也将产生积极、深远和广泛的影响。上海的经济账以及品牌账，既要以上海市域计算，还应以长三角范围计算，以在国内外的无形的带动力计算，唯有如此才能夯实上海在长三角地区以及国内外品牌建设高地的地位。当然这是对上海的一场大的考验。如果说改革开放以来，上海品牌建设的沉浮是对上海经济发展的探路与追寻，那么如今举全市之力打响“四大品牌”乃上海未来对自己长期探路与追寻的明确回应，是上海经济发展的关键战，紧紧抓住了上海发展中的最大痛点。这一道题能答得出色吗？乐观中有压力。它需要上海根据新的时代要求，解放思想，确立新的发展观，深刻认识并牢牢把握我国在当前以及未来相当长一段时期内构建现代化经济体系的主体特征，即品牌经济，将“五个中心”以及中国（上海）自由贸易试验区建设统筹到品牌经济发展方式中，以品牌为载体，整合政治、经济、社会和文化等诸多要素，推动上海实现高阶发展，解决诸多不利的约束条件，实现新突破。这将会让上海“四大品牌”建设不仅打得响，而且更加做得实，从而真正实现质量变革、效率变革、动力变革，当好改革开放的排头兵，代表国家在更高水平上参与国际竞争。

“十四五”规划中关于品牌建设的篇幅极大地超过“十三五”规划，对打响上海“四大品牌”再次做出明确要求，进一步提出构筑质量强市品牌，明确提出大力发展品牌经济、打造品牌之都。结合国际贸易中心、国际航运中心和全球科创中心的建设，明确提出推进数字贸易品牌、航运服务品牌和张江科创品牌的建设，并发挥大学科技园示范园品牌效应。着力打造红色文化宣教品牌，支持一批特色鲜明的非遗品牌做精做强。着力鼓励品牌园区输出管理标准和品牌，推进“田园五镇”农业科技品牌共建，突出区域特色品牌。社会化、公益性品牌建设方面，明确提出打造“海聚英才”品牌、“海纳百创”创业品牌，还有智慧养老示范品牌以及公益志愿服务品牌。上海全面推动实现经济高密度和高附加值化发展的有效措施由此可见一斑。

2021年7月，上海市发展改革委、市经济信息化委、市商务委、市委宣传部联合发布上海服务、上海制造、上海购物、上海文化“四大品牌”新三年

（2021—2023年）行动计划，持续提升优质服务供给规模和能级水平，打造具有国际影响力的制造品牌汇聚地，加快建设国际消费中心城市，增强上海文化标识度和影响力。2021年6月中共上海市委发布的《关于厚植城市精神彰显城市品格全面提升上海城市软实力的意见》就打响“上海文化”品牌明确指出，围绕大力提升文化软实力，锚定建设具有世界影响力的社会主义国际文化大都市的目标，坚持不忘本来、吸收外来、面向未来，在做强“码头”、激活“源头”、勇立“潮头”中打响“上海文化”品牌，使红色文化、海派文化、江南文化在交相辉映中激发创造活力，在世界文化交融激荡中绽放独特光彩，打造更富独特魅力的人文之城，让世人更好地感知中国风、东方韵。

四、问题与对策建议

上海自觉遵循品牌经济发展规律，扎实有效地推进“四大品牌”建设，那么，它有哪些问题亟须解决，对此又应采取何种对策？具体如下：

第一，从市级层面进行顶层设计，系统筹划，制定与上海五年规划相配套的上海品牌中长期发展战略规划，促进从产品经济时代的粗放型政策向以品牌经济为发展方式的精细型政策转变，把过往分散的碎片式向统一的总揽全局、内涵丰富、覆盖全面、重点突出、层次递进的品牌政策转变。坚持以知识产权为核心，充分突出知识产权在品牌经济发展中的核心作用，以创新、质量、标准、诚信、营销、文化为品牌经济内涵支撑，形成以国家品牌、区域品牌、城市品牌、产业品牌、企业品牌和产品品牌为鲜明层次、互为依存和互为支撑的品牌经济发展体系。

第二，切实解决“口号式创新”与“做得实导向”之间的矛盾，让先进的理念真正落地可操作，将务虚性的发展目标、考核指标与具体实施相结合，梳理剔除工作考核指标构成的不合理性，避免急功近利、短期行为与战略目标之间的深层次矛盾，包括切实解决政策导向与改善营商环境难以吻合的矛盾，切忌政策空转。

第三，充分发挥各级政府品牌经济专项引导资金以及其他产业资金的导向作用，引导企业增强品牌意识，提高品牌营运能力，切实解决企业年报酬增长导向与企业投入产出的矛盾。鉴于最低工资增长机制以及职工只增难减的工资增长机制，导致不少老企业每年增长利润应付普惠式人力成本，不堪重负，对此加大政策扶持力度，对品牌创新、品牌培育采取战略性投入，可尝试通过第三方专业服务给予重点扶持。

第四，切实解决长期以来市场主体绩效导向与行政管理层级导向之间的矛盾，即如何以市场方式深度破解体制、机制的瓶颈问题，实现制度创新，打破所有制限制以及科层化的用人机制，克服唯文凭论、唯行政级别论等顽疾，不拘一格，让真正创造业绩的人才脱颖而出。真正解决营造干事创业的良好氛围与宽容冒险、失败之间的矛盾，着力培育领导要我做变成我要做的敢担当的内生性动力，有效摒弃不求有功、但求无过的不良现象，将倡导企业家精神落到实处。在全国率先制定上海品牌经济发展促进条例，加强法制保障。

第五，充分发挥行业协会、教育研究机构、媒体等各种机构的积极性，对标国际水平，形成一流的国际化、专业化服务能力。

时代深情地呼唤并期盼上海重振品牌雄风，加快实现从高速度增长向高质量发展转变，进而在我国构建现代化经济体系中做出新贡献。

第三节 览胜长三角品牌建设成就的盛会

2018年4月28日至30日，首届长三角（上海）品牌博览会在上海展览中心举行，迎接第二个中国品牌日（5月10日）以及即将在上海举办的长三角地区主要领导座谈会。历时三天，共26个成员城市携300余个品牌，集中展示了长三角城市经济协调会成员城市改革开放四十年来以品牌为标志的经济建设以及区域一体化发展的伟大成就，是我国首个以城市群为范围的大型品牌博览会。从中央到地方的40余家主流媒体第一时间报道，近200余家媒体、政府官网转发，较好地传递了长三角城市群品牌经济发展新理念，在我国品牌建设中发挥了应有的示范与引领作用，达到预期效果。

一、精心组织，打造长三角城市品牌合作平台

首届长三角（上海）品牌博览会是在习近平新时代中国特色社会主义思想指导下，由长三角城市经济协调会成员城市共同搭建的长三角区域一体化发展的新合作平台。在三省一市政府支持下，以在全国率先推动品牌建设区域创新联动、融合发展，在更高水平上促进长三角城市群经济从高速度增长向高质量发展转变，构建现代化经济体系，以共同打响长三角世界级城市群品牌为旨归，成员城市通力协作，精心组织推进，发动社会力量共同参与，为品博会的成功举办提供了强有力的组织保障。

（一）共识一致，领导重视。2017年3月29日，在淮安市召开的长三角城市经济协调会第17次市长联席会议共识一致，批准同意举办首届长三角（上海）品牌博览会，正式拉开品博会序幕。经协调，长江三角洲城市经济协调会品牌建设专业委员会与上海市经济和信息化委员会、上海市人民政府合作交流办公室、上海社会科学院等单位联合主办，在长三角区域合作办公室、长江三角洲城市经济协调会的直接指导下，专门成立首届长三角（上海）品牌博览会组委会，由上海社会科学院上海品牌发展研究中心等具体承担组委会办公室工作，与各成员城市通力协作推进。在推进中，三省一市政府领导对此十分重视。2018年1月12日，在苏州召开的长三角地区主要领导座谈会上，沪、苏、浙、皖政府主要领导将其纳入由他们签署的《长三角地区共同推进平台建设、组织社会力量和市场主体推进城市合作协议》，该协议明确要求组织长三角城市优秀品牌资源，共同举办首届中国长三角（上海）品牌博览会，由城市层面升格为三省一市层面。上海市政府以及长三角区域合作办公室将其列为2018年度重点工作，作为国家发改委、中共中央宣传部、工业和信息化部、商务部、农业农村部、国家市场监督管理总局和上海市人民政府于5月10日在上

海举办的首届中国自主品牌博览会暨中国品牌发展国际论坛的前奏，充分发挥长三角城市群作为全国重要的经济引擎和对外开放门户的示范与引领作用，同时为即将在上海举办的长三角地区主要领导座谈会进行良好的预热，意义深刻。

（二）精心准备，联动发力。主办单位多次专门召开联席会议，围绕展馆设置、展览形式、团队建设等讨论协商，全面指导品博会工作，实时了解组委会工作动态，帮助解决实际困难。长三角城市经济协调会办公室专门向成员城市发文要求参展，听取专家意见，并在办公室工作会议上多次沟通推进。上海市人民政府合作交流办公室专门召开各城市驻沪办会议，通报推进情况，发挥驻沪办特有的桥梁作用。众多参展城市专门成立由市领导牵头的工作小组，明确牵头单位，协调本市各有关单位统筹推进，并专门印发文件加以落实，使品博会各项工作得以有效实施。自2017年11月以来，组委会办公室先后前往宿迁、湖州、嘉兴、苏州、杭州和舟山等城市进行对接。徐州、台州、滁州、舟山、扬州、南通、湖州、丽水、嘉兴、镇江、盐城等参展城市的牵头部门负责人带队来沪与组委会办公室深度对接，并到上海展览中心现场调研。长三角品牌建设联盟发挥网络优势，发动上海市青浦区工商联、上海市医药行业协会、江苏省品牌学会、安徽省质量品牌促进会、无锡品牌学会和连云港市品牌发展协会等共同组织品牌企业参展，组成长三角品牌联盟馆。

二、精品展示，体现长三角城市品牌强大实力

组委会与参展城市坚持将品博会自身也要打造成品牌的意愿，共同发力，对13 000平方米展览面积进行精心策划，做到参展品牌皆高端，展示形式有创意，理念传播有高度，让长三角城市品牌、产业品牌、企业品牌和产品品牌，既对标互鉴，又彰显长三角城市群品牌综合优势，体现了长三角城市品牌强大实力。

（一）优中选强，精品纷呈。品博会围绕“城市、品牌、生活”主题，突

出城市品牌推广、产业对接等特点，各参展城市由主管单位或行业协会严格把关，精心甄选各自优势产业品牌、特色产业品牌，从中选出获得过国家驰名商标、省（市）级著名商标、名牌、中华老字号、非物质文化遗产和农产品地理标志等称号的300多个品牌，确保品博会精品纷呈，真正体现出各参展城市品牌的特点、特色以及综合竞争力。例如，滁州展区参展的30个品牌，既展示其集聚了年产500多万台彩电的康佳电子、西门子冰箱的国内生产基地的面貌，同时展示该城市所拥有的六个核桃、盼盼食品和南方黑芝麻等全国一线食品品牌产品的生产基地；此外，还有江苏省宿迁的洋河酒展示，等等。

（二）彰显主题，特色鲜明。序馆通过长三角文明渊源、长三角区域合作历史、长三角城市经济协调会发展历程和长三角城市经济协调会专（课）题成果一览表，生动地反映了长三角城市经济协调会在长三角区域一体化发展中乃至于在我国区域一体化发展中的巨大贡献。同时突出呈现长三角城市经济协调会成员城市的品牌互动的历史，通过照片、珍贵实物藏品生动地彰显出本届品博会主题。各参展城市展馆在方寸之间，精心设计，亦同样主题突出，展现出各自独具特色的城市形象。宁波馆采用体现海洋、生态、文化、港口等元素的蓝、绿、灰、红等颜色组合，充分展示宁波“名城名都”建设、世界大港、国家改革试点以及实验区建设等品牌、资源与成果。合肥馆整体布局以画卷排列的形式，通过三幅垂下的画卷形式展示出“大湖名城，创新高地”的城市品牌特色。舟山馆用独特的海岛风光描绘首个以海洋经济为主题的国家级新区以及中国（浙江）自由贸易试验区昂扬向上的经济风貌。该展馆以“水”元素营造一种海的氛围，表现舟山经济像大海一样，包容、孕育不同品牌的成长。扬州馆通过视频展播、图片展示、实物展销、活态展演等形式，全面展现扬州品牌发展现状和发展前景，反映扬州宜居、宜游、宜创的城市特质。南京馆以粉墙黛瓦整体修饰，呈现“六朝古都”“十朝都会”的气派。南通馆整体采用流动的线条形式，寓意长江之水，孕育沃野，展现了“江海文化”的独有魅力。

（三）科技创新，活力无穷。上海馆、杭州馆以科技和创新为基点，从上海联影的高端医疗检测设备到“浙江大云”的物联网、大数据服务能力；从可以体验上海小蚁科技的运动相机、VR设备到可以看到运动控制领域的上海维宏电子科技；从感受UT斯达康的IU+智慧云平台到上汽荣威的新能源汽车，不一而足。还有中国商飞、上海电气、振华重工、徐工集团等几十家企业品牌带来它们最新创新成果。台州馆主打智能马桶，突出欧路莎等智能卫浴产品不断加大创新力度，迅速在新的消费升级趋势下成为市场宠儿的奥秘。这些展馆揭示出长三角城市群自主品牌高科技化发展的必然趋势，反映出中国制造品牌强势崛起、活力无穷的势头。

（四）绿色人文，彰显底色。本次品博会聚焦“生活”主题，望海茶、鹿港食品、羊岩山茶叶等众多绿色、健康的农产品地理标志亮相展会，展示长三角品牌建设秉持“绿色”发展的成果。湖州馆将“绿水青山”的“两山”理论融入主题，突出绿色智造、生态宜居。丽水馆以丽水山耕、丽水山居、全域旅游、生态工业等品牌塑造“秀山丽水、诗画田园、养生福地、长寿之乡”的城市品牌形象。盐城馆充分展示“绿色盐城，品质致远”的城市质量精神。淮安馆通过“一粒米的传说”“一只猪的回味”“一只龙虾的传说”“一只红椒的火热”“一朵花的绽放”展现其物产丰饶以及食品品牌。本次品博会汇聚了近60家绿色农产品、食品品牌，绿色发展理念在长三角的深入人心由此可见一斑。人文主题是长三角城市品牌的又一张王牌。嘉兴馆以一条流畅的红色线条贯穿于整个展台上方，展馆前一艘红船模型，体现了中国革命精神之源——“红船精神”的历史底蕴。镇江馆采用“L”形设计，将江南园林的人文底蕴与城市山林的地理风貌微缩成景。台州馆运用台州山水自然风光作为展现元素，通过水墨风景画的方式诠释台州之美。连云港馆以白色为面，海蓝色为线，浪花为点，展现了连云港依山傍海、山海相拥、港城一体的现代化城市风貌，凸显其山海文化。徐州馆主体为白色基调点缀汉文化图腾纹样，凸显徐州的彭祖故国、刘邦故里、项羽故都的汉文化风采。滁州馆以文化卷轴的视觉形式融入城市剪影形象元素，展现“醉美滁州、亭好滁州”厚重的历史文化底蕴，展示滁州品牌发展取得的成就。宿迁馆以悠久的历史文化遗迹——项王故里的建筑设计为规划参考，整体场景还原为古色古香的城址结构，强调宿迁浓厚的人文关怀与城市自豪感。扬州馆内的雕版印刷、天韵琴筝、扬州漆器、扬州玉器、扬州剪纸等展现一派江南风貌，现场演奏以及雕版印刷的现场表演增强了与观众的互动。此外，宿迁的文化旅游，东台西溪旅游文化景区，南通蓝印花布和沈寿刺绣艺术，湖州的湖笔和五芳斋粽子，上海馆带来的老凤祥、恒源祥、上海牌手表、九和堂等一大批家喻户晓的老字号所展现出的海派文化百年传承，让观众深深地感知长三角多元并包的深厚的历史人文气息。

三、论坛展演突显长三角城市品牌无限魅力

首届长三角（上海）品牌博览会同时通过领导巡馆，举办第四届长三角城市·品牌发展论坛暨全国品牌社团组织联席会年会、长三角品牌之夜以及长三角卓越企业家品牌圆桌对话会等活动，为长三角城市群品牌建设提供必要的智力支持，突显长三角城市群品牌发展的无限魅力。

（一）巡馆仪式，简而隽永。2018年4月28日上午，由上海市政协副主席李逸平率上海市经济和信息化委员会、上海市合作交流办公室、上海社会科学院、新华社上海分社、上药集团等单位领导，及其扬州市、镇江市、南通市、滁州市、丽水市等城市领导出席巡馆仪式以及第四届长三角城市·品牌发展论坛等活动。李逸平在该论坛上致辞并为长三角品牌建设联盟、长三角品牌交流展示服务中心揭牌。当日下午，上海市人民政府合作交流办公室主任、长三角城市经济协调会秘书长姚海，上海市经济和信息化委员会巡视员、上海市品牌建设工作联席会议办公室主任陈跃华分别巡馆，与城市以及企业现场进行了良好的交流互动。

（二）智慧激荡，交流互动。在第四届长三角城市·品牌发展论坛上，李逸平副主席在致辞中指出："本次由长三角城市经济协调会各成员城市共同举办的品牌博览会，通过城市品牌、产业品牌、区域品牌、企业品牌和产品品牌

多个维度全方位展示长三角地区品牌经济发展成就，有力助推长三角品牌加速发展，推动长三角品牌在新时代实现新飞跃，推动长三角品牌建设和品牌经济健康快速发展，成为中国品牌参与全球竞争力的示范区域和重要力量。只有这样才不辜负党和国家对我们这一区域的重托和期盼。”长三角城市经济协调会品牌建设专业委员会、上海品牌发展研究中心发布了《长三角城市群品牌发展报告（2016 / 2017）》，并与上海医药行业协会联合发布了上海医药行业企业品牌榜。上海医药集团董事长周军、《中国名牌》总编辑周志懿以及全国品牌社团联席会主席、江苏省品牌学会会长徐浩然围绕论坛主题“创新引领，共塑世界级城市群品牌”发表主旨演讲。当日下午举办的第四届长三角城市·品牌发展论坛暨全国品牌社团联席会夏季年会，发布《中国品牌经济与知识产权研究报告（2017）》，参与演讲的既有学者、政府官员，还有来自长三角的企业家。对于论坛活动，组委会发动相关机构共同主办、承办。4月27日上午举办的新时代中国品牌国际化发展战略高峰论坛，由上海社会科学院文学研究所、上海文化研究中心承办。4月29日下午举行长三角卓越企业家品牌圆桌对话会，分别由中国金融信息中心、上海市商业企业管理协会、上海文化创意产业资源联盟、上海市企业家协会、上海市模具行业协会、上海起重运输机械行业协会等承办，围绕“上海服务、上海制造、上海购物和上海文化”四大品牌，同时举行“金融品牌与上海国际金融中心建设”“长三角智能制造品牌与产业升级”“新零售品牌与美好生活”“文化品牌与城市服务创新”四个分论坛，吸引了一批国内行业精英和专家学者对行业品牌创新、提高中国企业品牌国际竞争力、向世界传播中国品牌价值观和中国品牌文化展开深入交流，充分凸显品博会的专业度以及对现实的关注度。

（三）传承经典，唱响未来。4月28日晚上，举办了以“品牌让生活更美好”为主题的“长三角品牌之夜”晚会，分别选择代表中国传统品牌的丝绸、中药、茶、酒、非遗等元素的品牌，同时选择舟山的渔业品牌、东台的黄海森林公园品牌，以显示长三角地域内东海以及黄海的海洋文化元素。以“讲好中国品牌故事”为导向，通过公司“品牌人”的角度，以公司品牌发展为主线，相关影像资料和现场情景表演等形式，多维度地向观众演绎它们的品牌故事，叙述品牌文化、弘扬品牌价值，助力城市、企业提升品牌知名度和美誉度，整体展现长三角区域品牌形象、它们所在城市的品牌形象，尤其是它们企业自身的品牌形象，构成相互背书的良好关系。充分展示长三角成员城市改革开放四十年来，以品牌为标志的经济建设成就和区域一体化发展取得的成就，是长三角城市经济协调会成员城市共建世界级城市群品牌的一个新的起点。同时举行了启动第二届长三角（上海）品牌博览会的仪式。

四、立体宣传，放大长三角城市品牌引领效应

首届长三角（上海）品牌博览会在淮安市召开的长三角城市经济协调会第17次市长联席会议举办的新闻发布会上一经披露，便以其独到的定位以及肩负的重任获媒体关注，《新民晚报》在其显著版面以《30城合力打造“中国品牌”》为题予以介绍。此后，随着活动的推进，媒体的关注度越来越高，充分显示了长三角城市品牌建设的示范与引领作用。组委会在4月3日专门召开新闻发布会之外，利用上海品牌经济系列研究成果发布会、长三角城市经济协调会第18次市长会议等进行推介，获媒体关注并报道。主办方还在2017中国高成长性品牌发展高峰论坛（广东省品牌研究会、上海品牌发展研究中心联合主办）、第十二届中国全面品牌管理论坛暨国家名片江苏品牌选拔启动仪式（江苏省品牌学会主办）、全国品牌社团组织联席会第四届冬季年会（广东省企业品牌建设促进会等主办）上专门推介品博会，有效地扩大了品博会的社会影响。

（一）突出新理念，彰显新高度。由于本届品博会展示长三角品牌经济发展方式，显示出长三角城市在构建现代化经济体系，满足人民对于美好生活的向往的示范性以及引领性，得到媒体广泛重视。新华社上海分社将其列为重点选题进行重点报道，向全国编发多篇通稿，新华网客户端显示通稿点击量直线上升，一天之内点击率达50万以上，最后高达69万。新华网上海频道搭建了新

闻直播间，对与会嘉宾进行现场专访，并独家编发多篇城市新闻稿。28日全天对论坛以及品牌之夜进行直播。陆家嘴金融网对29日下午举行的“金融品牌与上海国际金融中心建设”分论坛进行直播。东方卫视连续两天进行现场新闻报道。《解放日报》《文汇报》《新民晚报》和澎湃新闻均从多个角度编发多篇稿件，既在纸质媒体发表，同时在其互联网、微信公众号上推送，对长三角经济发展以及区域一体化发展中的新理念进行了较好的新闻传播，充分彰显长三角坚持品牌引领转型发展的新高度。

（二）体现新举措，明确新方向。参与报道的不仅有《人民日报》（人民网）、新华社（新华网）、CCTV、中央人民广播电台、中国新闻社、《经济日报》、《二十一世纪经济报道》、国家发改委中宏网、《中国名牌》杂志、《中国品牌与防伪》杂志和陆家嘴金融网等国家级媒体，《解放日报》（上海观察）、《文汇报》、澎湃新闻、《新民晚报》、上海人民广播电台、东方卫视、东方网、《新闻晨报》、《劳动报》、《青年报》、上海热线、《上海老年报》、《上海企业》杂志、《浦东时报》和《徐汇报》等上海媒体，还有中国江苏网、凤凰网浙江频道、荔枝网等长三角地区其他媒体，参展城市媒体，例如《嘉兴日报》、《台州日报》、《扬州晚报》、《徐州日报》、滁州网、《东台日报》等城市媒体也迅速报道品博会盛况，特别是对该城市的参展情况进行单篇报道。参展企业的官网，如上海医药集团、上药神象、神仙酒等对本企业的参展情况也及时报道，有力地促进了这些城市以及企业的品牌建设。同时，中央人民政府、上海市人民政府、商务部等政府网站纷纷转载相关报道。此外，参展城市的政府网站，例如上海市经济和信息化委员会网、连云港市人民政府网、宿迁市发展和改革委员会网、宁波国内合作交流网等也及时刊登了该市的参展消息。

品博会闭幕后，人民网、上海观察、《中国名牌》、《中国品牌与防伪》、新华社客户端、《文汇报》和澎湃新闻等主流媒体再次跟进，对首届长三角（上海）品牌博览会做出高度评价。《文汇报》文汇时评专栏发文认为：“时代呼唤长三角城市群在世界城市群发展中率先形成区域品牌、城市品牌、产业品牌、企业品牌和产品品牌所构成的品牌经济体系，日前刚落幕的首届长三角（上海）品牌博览会正是这一体系的惊艳巨献。”《中国品牌与防伪》杂志总编辑陈萍向组委会发来题为《时尚长三角·富贵长三角·品牌长三角》的评价：“4月28—29日，本编有幸参加了首届中国长三角（上海）品牌博览会，参观了所有参展单位的展台，收获良多、震撼不已。总体印象很整齐很时尚，参展单位齐全，展会整体结构高大，内容广泛，层级分明。突出了‘品牌·城市·生活’的主题，涵盖了城市品牌、产业（区域）品牌、企业品牌多维度，真正展示了长三角地区品牌经济发展成就，满足了消费者、参观者的预期。品牌文化是消费者对品牌的精神认同后，形成的强烈品牌忠诚。这次博览会真实反映出长三角地区人们的生活态度、审美情趣、个性修养、时尚品位等，各大品牌凝结着时代文明发展的精髓，倡导健康向上与美好梦想。不少品牌生生不息、经久不衰，并引领着时代的消费潮流，改变着亿万人的生活方式，可以说已经塑造了几代人的价值观。本编期待，在长三角区域三省一市政府的正确引领与共同努力下，在长三角城市经济协调会品牌专委会的具体工作下，未来的长三角将会有更多优秀的品牌脱颖而出。一些百年老字号品牌文化必将以其独特的个性和风采，超越民族、超越国界，深入世界人民的心中，吸引全世界人民共同向往、共同分享。愿‘中国长三角品牌博览会’像‘广交会’一样打造成一张百年品牌——世界的盛会!”代表应邀与会的品牌中国战略规划院、全国品牌社团组织联席会议的二十多个省市的品牌社团负责人表达了对于本届品牌博览会的认识与期待。

据初步统计，参与报道的各类媒体超过四十多家，转发的媒体以及政府官网近200余家，对品博会构成了立体化的宣传态势，较好地传递了长三角以品牌引领城市转型、产业升级的新举措，坚持品牌经济发展方式的新方向。

五、再接再厉，共塑长三角城市品牌世界形象

面对未来，按照习近平总书记在2018年5月做出的关于推动长三角更高质

量一体化发展的重要指示，沪苏浙皖政府主要领导在他们签署的《长三角地区共同推进平台建设、组织社会力量和市场主体推进城市合作协议》的要求，在2018年6月1日在上海举行的2018长三角地区主要领导座谈会将其列为长三角区域一体化发展三年行动计划中的重要内容之一。上海市商务委员会在其印发的《上海市建设国际会展之都专项行动计划（2018—2020年）》，明确要求支持本市各部门举办长三角（上海）品牌博览会等相关主题展会。上海市品牌建设工作联席会议办公室也将其列为年度工作之一。

长三角（上海）品牌博览会作为长三角区域经济一体化发展中搭建的新平台、新载体，组委会以更强烈的使命担当、更积极主动的行动和更高的工作标准，与成员城市通力协作，将持之以恒，不断形成更多实质性成果，惠及每个成员城市，久久为功，打造成为具有全球影响力的标杆性品牌博览会，共塑长三角城市品牌世界形象，促进长三角城市群在更高水平上，在全国率先推动品牌建设区域创新联动、融合发展，做出表率。

第六章　我国智慧品牌与信用品牌建设

科技发展深刻地改变了人类生活，同时也对品牌建设不断地带来新挑战、新机遇。那么，在品牌建设中如何认知新科技、发现新科技、运用新科技所带给人类全新的体验与可能的变化？这种体验与变化让人恐惧、惊喜、温馨，甚至颠覆三观，但在总体上会极大地提升人类运用自然的能力以及生存的质量，包括对生存方式的改变。以新科技为核心竞争力的国家品牌、区域品牌、城市品牌、产业品牌、企业品牌和产品品牌往往是强大的，是对科技是第一生产力的最佳演绎，它是如此不可阻遏。当然还必须以信用为基础，失去了信用为基础的新科技在品牌建设中的应用，这样的品牌建设将会是脱缰的野马。在推进品牌经济发展中科技与信用不可偏废。对此，应足够重视以新科技应用为标志的智慧品牌建设以及以信用为旨归的信用品牌建设。

第一节　我国智慧城市品牌建设的路径探索

在全球经济一体化越来越深入的背景下，智慧城市建设正在世界各地风起云涌，成为世界未来城市发展的趋势。与此同时，世界城市之间的竞争越来越演变为品牌竞争，谁拥有世界级自主品牌，谁就能在最大程度上整合世界性资源，在世界城市发展中执掌牛耳。因此，智慧城市建设与品牌建设互融互促发展，无论从智慧城市发展角度，还是从品牌发展角度，均是重要方向；两相融合，将直接催生出一种前所未有的新的特色鲜明的城市形态——智慧城市品牌，必须对其高度重视，并应形成适当的理论体系以及建设路径，从而无论对我国智慧城市建设，还是品牌建设均具有不可估量的意义。但目前相关理论研究付之阙如，在具体实践层面上，有些机构虽然开展了针对智慧城市建设的品牌推荐活动，但主要是以推销与智慧城市建设相关的产品，以营利为目的的商业活动与市场行为。对此，本节对智慧城市品牌展开一定的理论探析，并提出相应的对策建议。

一、我国推进智慧城市建设与品牌建设的现状

近年来，我国充分认识到推进智慧城市建设和品牌建设，是我国较好地实现与世界发达国家同步发展，显示我国后发优势的重要载体与举措，而大力推进智慧城市建设和品牌建设，成绩显著，主要如下：

（一）我国智慧城市建设不断优化升级。《我国经济和社会发展“十二五”规划》明确提出：全面提高我国信息化水平，加快建设宽带、融合、安全和泛在的下一代国家信息基础设施，推动信息化和工业化深度融合，推进经济社会各领域信息化重点领域跨越式发展，主要包括：构建下一代信息基础设施、加快经济社会信息化和加强网络与信息安全保障。为推进智慧城市的硬件建设提出了明确方向。《国家新型城镇化规划（2014—2020年）》则在此基础上，对智慧城市建设给出了更为具体的目标与任务，即推动物联网、云计算、大数据等新一代信息技术创新运用，实现与城市经济社会发展深度融合，促进城市规划管理信息化、基础设施智能化、公共服务便捷化、产业发展现代化和社会治理精细化，充分表明传统的城市发展模式因为信息与智能技术的飞速发展及其深度融入，呈现出与以往任何历史阶段迥然不同的人类发展形态，人类对于科技的依赖达到了新的程度，城市文明与人类文明已进入新的发展时期。对此，2010年上海世博会发布的《上海宣言》，向全世界庄严倡导“坚持科技创新的发展道路”和“建设智能便捷的城市综合体”，为在世界范围内推进智慧城市建设做出了中国的独特贡献。

全国各地结合本地实际情况，纷纷推进智慧城市建设。“据工业和信息化

部电信研究院统计数据显示，截至2013年底，4个副省级以上城市、89%的地级及以上城市，47%的县级及以上城市，总计311个城市提出或在建智慧城市，涵盖大中小城市和东中西部区域，预计‘十二五’期间总投资或将超过1.6万亿元。”[1] 这些智慧城市主要分三大类，一是城市信息化系统趋向完备，并且成为新的经济增长点，同时有效地提升了城市治理能力和服务能力；二是信息化发展水平快速提高，城市发展与信息化发展取得良好的协同效应，并形成特色经济；三是信息化水平依然相对薄弱，但跃升空间巨大，在某些方面取得突破性进展。2013年8月，国务院发布《关于促进信息消费扩大内需的若干意见》，正式提出要在有条件的城市开展智慧城市试点示范建设。随后在2014年8月，国家发展和改革委员会专门公布了《关于印发促进智慧城市健康发展的指导意见的通知》，乃国家首次就智慧城市出台的全局性指导意见，共同发文的部门包括国家发展和改革委员会、工业和信息化部、科技部、公安部、财政部、国土资源部、住房和城乡建设部、交通运输部八部委，被认为是我国智慧城市建设由粗放走向集约的重要拐点的标志。国家工业和信息化部、科技部、住房和城乡建设部以及国家旅游局在开展智慧城市建设中，通过试点加以推动和引导。例如，国家住房和城乡建设部开展的智慧城市试点工作，试点城市迄今已达193个，占全国城市28.3%。2018年7月，国家标准委发布《智慧城市顶层设计指南》。智慧城市建设已从早期单纯的技术的不断优化升级，延展到经济社会形态的不断优化升级，是我国未来城市发展的潮流与趋势。它全方位地渗透到我国经济社会和文化发展的方方面面，包括智慧产业、智慧社区和智慧文化创意相互融合。城市因此变得越来越“聪明”，在显著地增大内需、拉动经济发展和推动科技进步的同时，使人们全方位地享受到科技带来的各种快捷性、便利性和舒适性，生活质量以及生活方式发生了前所未有的变化，人们对于科技的依赖性也达到了前所未有的程度。很难设想，当有一天智慧型的城市物理空

1 《瞭望东方周刊》记者王元元/北京报道，2014年7月14日。

间以及相应的物质载体一旦发生变故，人们的生活会发生怎样的恐慌，产业结构与经济发展会发生怎样的震荡，文化传播方式与社会治理会出现怎样的杂乱无序。

（二）我国品牌建设的系统性格局初具雏形。《我国经济和社会发展“十二五”规划》相较于以往，倍加重视品牌建设，进一步明确提出“推动自主品牌建设，提升品牌价值和效应，加快发展拥有国际知名品牌和核心竞争力的大型企业”。国家出台的有关区域发展规划也对品牌建设提出了明确要求，例如《长江三角洲地区区域规划》把推进品牌建设放到了一个极为突出的位置，着重指出：“推进产业结构优化升级，加快发展现代服务业，推进信息化与工业化融合，培育一批具有国际竞争力的世界级企业和品牌，建设全球重要的现代服务业中心和先进制造业基地”“支持创建名优品牌”等。与此相应，国家相关政府部门，特别是国资委、国家工业和信息化部、商务部、国家工商总局和国家质检总局等也以空前的力度推进品牌建设，从单纯重视质量到重视品牌的观念转变，从中华老字号保护到新兴品牌培育，从单个的企业品牌到区域品牌建设，从品牌知识普及到相关人才培养，从设立财政专项支持到以市场化建立各类品牌投融资方式；并且通过联合发文形式，联手推进某一品牌建设，渐渐形成了系统性推进品牌建设的格局。例如，国家工商总局每年推出中国驰名商标。国家质检总局继名牌推荐之后，积极开展品牌评价体系研究，于2013年3月正式实施品牌价值的国家标准。商务部推出的中国畅销品牌。在联合发文、联手推进方面，较为突出的有，国家质检总局会同国家发改委、工业和信息化部、农业部、国资委、国家知识产权局、国家旅游局七部门研究制定并印发的《关于加强品牌建设的指导意见》，工业和信息化部、国家发展和改革委员会、财政部、商务部、中国人民银行、国家工商行政管理总局、国家质量监督检验检疫总局联合印发的《关于加快我国工业企业品牌建设的指导意见》，商务部、国家发展和改革委员会、财政部、科学技术部、海关总署、国家税务总局、国家工商行政管理总局、国家质量监督检验检疫总局共同印发的《关于推进国际知名品牌培育工作的指导意见》的通知。特别引人注目的是2013年12月，国资委出台的《关于加强中央企业品牌建设的指导意见》，该意见旨在“提高中央企业品牌建设水平，推动中央企业转型升级，实现做强做优中央企业、培育具有国际竞争力的世界一流企业的目标”，对在全国范围内的国资企业推进品牌建设起到了良好的指导与促进作用。众多地区与企业的品牌意识日益增强，积极制定并实施品牌发展战略，极其有效地提升了这些地区和企业的国内外竞争水平。另外，相关机构和社会组织，例如媒体以及行业协会等，以各种方式助推地区和企业品牌建设，发挥了良好的促进作用。这些情况极其清楚地表明从国家政策导向，到各类社会组织，再到企业自身行为等，一个自觉地以企业为主体共同推进品牌建设的态势在我国业已基本形成。

从以上分析又可知，在官方文件以及具体举措中，智慧城市建设与品牌建设分头推进，或者说齐头并进，但还没有呈现出关联性，也没有揭示出其关联性，究其各自内容，两者密不可分，你中有我，我中有你。智慧城市建设不断升级，亟须品牌引导。例如，智慧产业实现高附加值化，提高产业的国际竞争力和占据价值链高端，离不开品牌化发展策略。居民的智慧生活，只有通过使用各类品牌产品，才能有效地高品质化，有效地体现智慧特征。智慧产业中的信息产业和智能产业，在自身需要品牌化的同时，为品牌塑造带来颠覆性的载体、方法与手段。正如智慧化已全面渗透各类经济社会活动以及人们的日常生活，并反映为一种全新的经济社会活动方式和生活方式一样，品牌已全面泛化，并在事实上贯穿于智慧城市各种物理空间以及载体建设的各个环节，包括人们对于日常生活与理念的重构之中。而智慧产业又给予品牌建设新的理念、方法和手段，智慧城市建设与品牌建设已经事实上两相融合，融合的程度正越发深入，俨然是我国未来很长一段时期内推进经济社会健康发展，融入全球化，有效增强国际竞争力的“一体两翼”，或者说是“一体两面”。

显然，智慧城市建设是我国当前阶段，并且在未来相当长时期内推进品牌建设的重要基础，而品牌建设则最能有效地赋予智慧城市建设灵魂和价值，使智慧城市发展显示出人文性和可持续性等，不再是冷冰冰的简单的物的改造与升级。智慧城市发展与品牌建设相辅相成，互为基础、前提和表里，进而直接催生出一种全新的城市以及品牌的形态，即智慧城市品牌。

二、智慧城市品牌的特点、意义以及基本构成

智慧城市品牌既是智慧城市建设和品牌建设两相融合发展，两者各自发展的内在需要，它更加充分彰显智慧城市与品牌的各自特点与作用，同时展现出城市的崭新形态，是人类城市文明发展史上新的现象与里程碑，智慧城市品牌形成与构成参见图6-1。充分表明城市的精神文化载体和物质文化实体再次出现了不可逆转的新的演变，它随着科技的进一步发展变化以及人们的认识的发展变化而发展变化，其特点、意义以及基本构成主要如下：

（一）智慧城市品牌的定义以及特点。智慧城市品牌是智慧城市的品牌化的结晶，即以人为核心，以品牌为引导，使品牌建设自觉地贯穿于智慧城市建设全过程，既是智慧城市不断升级的方法，同时也是智慧城市不断升级并且可以实现的目标，使智慧城市在体现互联网、智能化等技术智慧特质的同时，获得差异化和特色化发展的人文动力以及精神价值支撑，使城市发展始终保持多元性和丰富性，有效避免因技术标准化和产业发展一窝蜂带来的同质化以及出于利益考量使技术之间难以兼容的“孤岛现象”等问题，既有效规避城市快速发展中的问题，同时充分彰显城市发展的活力与魅力。智慧城市建设的各种技术手段，也是品牌建设中新的使用工具，品牌建设因此展示出一种新的可能。智慧城市品牌是当今人类科技、经济、社会和文化新的综合发展水平的最高标志，衡量人类有史以来城市发展水平的新的标尺。智慧城市品牌与传统的城市品牌有显著区别，体现出高科技化、高价值化、高人文化、高知识化和高生态化等特点。当发展到一定阶段之后，智慧城市与品牌的各自特质得到更深层次的揭示，但又居于智慧城市品牌的基础之上，两者既合二为一，同时又一分为二，人们发现它们是两座居于同一大地上的山峰，既相互作用，又成全对方。

1.高科技化。深刻地表现为以信息化和智能化等为代表的人类最新科技发明成果在城市发展中的快速应用，使城市发展中的自然地理等变迁因素相对减弱，而科技的作用日益突显。城市对于科技的依赖性日益深入，并因此得以快速规模化、巨型化发展。城市内部之间、外部之间的联系更加快捷、紧密和协同。

2.高价值化。使城市的有形资产与无形资产的价值最大化，具体表现为三个方面：一是城市品牌的高价值化，无形资产增值率达到新的水平，其作用得到充分发挥；二是高科技产业的资本增值率、劳动生产率等明显高于传统产业，溢价空间不断优化，体现出一种新的经济发展水平和竞争力；三是城市的经济价值与精神价值得到有机转换与有机统一，两者不再相互割裂，实现一体式提升，同步增值。

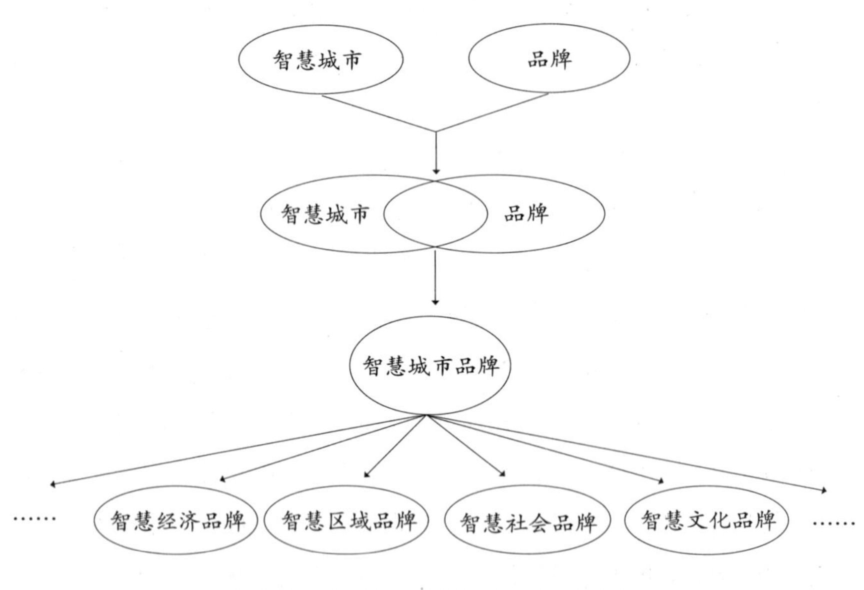

图 6-1 智慧城市品牌形成与构成体系图

3.高人文化。具有明确的人文价值取向，坚持以自然为本与以人为本相结合。一是尊重自然发展规律，与自然和谐共生，有效修复科技已给予大自然带来的程度不一的负面性伤害，有效认识科技的局限性，避免随着科技发展带给人类新的伤害，对科技造福人类有正确的认识与作为。二是体现人文关怀，高度警惕科技发展所带来的各种新的不公与歧视，并拥有应对的具体办法，有效减少新的经济不公、社会不公和技术不公等，普惠性与法治化特质明显。人类借助科技发展，对于自身的关怀达到新的高度，软实力较强。硬实力与软实力均衡发展。

4.高知识化。无论经济发展，还是日常生活，科技知识含量均呈高密集化与前沿性。不同层次的人的知识结构更趋合理和全面，均具有较高的自然科学和人文社会科学知识的修养，对世界的认知水平达到新的高度，对以信息化、智能化为表征的科技知识的掌握与运用能力普遍较强。学习型社会形态特征鲜明。

5.高生态化。人类对于科技的研发与利用更趋于理性，对自身有较高的反思与行为矫正能力。人类的经济增长与物质享受不再建立在过度获取自然资源与伤害自然环境的基础之上，人与自然和谐共生，有一系列的制度保障，生态文明高度发达。

（二）智慧城市品牌建设的四层意义。推进智慧城市品牌建设既有强烈的现实针对性，同时对于未来智慧城市的高质量建设，形成中国特色的城市发展道路与品牌建设路径具有不可限量的意义，强有力地全面提升我国城市综合竞争力，以新的面貌与姿态参与经济全球化发展。其意义主要有以下四个层面：

1.有利于人类反思有史以来城市发展模式。人类自有史以来，所经历的自然经济时代以自然方式主导人类发展，及至农业时代，则以农村方式主导人类发展，从思想形态到物质形态均具有鲜明的自然色彩和农耕色彩，城市（镇）的作用虽然不断凸显，但一般而言，处于辅助地位，人类普遍不以城市为根和终极归宿，在城市中的每一个人都会在乡村直接找到自己生命的对应，恰如唐朝诗人崔颢的《黄鹤楼》所言：“日暮乡关何处是，烟波江上使人愁。”伴随工业文明的崛起，城市的地位与作用不断显现，人类的发展方式进入以城市为主导的时代，并将主导人类的未来，城市进入快速发展时期，其基本阶段分别是：以单核心为主的城市发展阶段、区域性的城市群（带）发展阶段和全球性的城市体系发展阶段。目前即处于构建全球城市体系发展阶段，无论发达国家，还是发展中国家，相当一部分城市的联系日益国际化和紧密化。智慧城市建设则是这一阶段的始作俑者与助推器。每一个城市在巨型化的同时，都试图深深地嵌入全球城市体系，智慧城市品牌建设则突显这些城市自身的功能与地位，竭力占据城市体系中的金字塔顶端。城市之间的竞争进入超越时空的白热化阶段，促使每一个城市重新梳理自己的文化传统和发展方式，重新定位自身，重新寻找自身发展路径：一方面深深地推进经济全球化发展，另一方面深深地影响世界城市发展的历史进程、文明程度以及历史形态。

2. 有利于增强我国综合国力并打造新后发优势。智慧城市品牌建设意味着城市建设必须既重硬实力，同时必须注重软实力，硬实力与软实力相互促进，均衡发展，即两手都要硬，不然所谓智慧城市品牌沦为口号。因此推进智慧城市品牌建设在目前最能增强我国城市综合国际竞争力，并且是我国充分显示新的后发优势的绝佳表现与方式，在更深层次上融入世界一体化发展并推动世界一体化发展。自改革开放以来，我国通过低廉而广大的劳动力资源、生态环境资源以及广阔的消费市场等，通过管理与技术引进、模仿等，充分吸收世界科技发明成果以及制度文明成果，获取全球分工效应，经济发展一跃而上，以此展示出举世瞩目的强大的后发优势。然而在未来新一轮全球化竞争中，这些后发优势正在渐渐减弱，要求我国必须挖掘并形成新的后发优势，即必须努力形成以文化、制度和创新为品牌力的经济社会新形态，在更大程度上集聚全球资源，同时通过形成新的物质需求和社会需求，并提供相应的供给，实现我国经济社会的整体性转型升级和可持续发展，让世界共享中国文化以及文明成果，向跨入发达国家行列迈出更加坚实的步伐。

3. 有利于彰显城市品牌，使智慧城市实现特色化发展。每一座城市都是一个充满个性的生命体，当人类建造它们时，充分显示了人类的想象力、多元性与丰富性。世界上没有绝对相同的两片树叶，同样也没有绝对相同的两座城市。每一座城市都独一无二，不可复制。但由于人类对于发展方式的选择的有限性，又注定了城市发展的同质性，例如城市外在面貌的相似性，街道规划、建筑造型、汽车外观设计和产业结构等的相似性，使城市之间的差异性一点点泯灭，陷入千城一面的泥淖。再如由于发展路径的相似性和过度依赖土地以及矿产等自然资源，城市之间的竞争往往演变为拼价格、拼资源的低水平恶性竞争，溢价空间乏善可陈，无从获取，这样的竞争无疑是城市发展的自杀性行为。推进智慧城市品牌，即在智慧城市建设潮中，通过寻找并塑造自身的独特性和唯一性，形成自己与他者相区别的发展理念与路径。脱颖而出，彰显城市品牌，警惕并避免千城一面以及同质性竞争的负面性恶果，使城市文明在趋于相似性的同时，又能显示出文化差异性，保持特色化发展，有效提升溢价空间，集聚更多的科技流、资金流、信息流和人才流，高度体现人类的智慧，城市发展的物质价值与精神价值得以重新衡量和锻造。

4.有利于化解城市传统发展中的诸多问题。自新中国成立以来，我国的城镇化率稳步增长。1949年，全国城镇人口为5 765万人，城镇化率达10.64%；1978年，全国城镇人口为17 245万人，城镇化率达17.92%；截至2013年，全国城镇人口为73 111万人，城镇化率达53.73%。在未来一定时期内，全国城镇人口依然持续增长，城镇化率处于高速增长期，到2020年，城镇化率为60%〔《国家新型城镇化规划（2014—2020年）》〕。根据国务院出台的《长江三角洲地区区域规划》所述，目前，我国最发达的长三角地区的核心区城镇化率已达60%以上，高出全国平均7个百分点，到2020年，核心区城镇化率将高达75%左右，高出全国平均15个百分点。与此同时，典型的城镇化病愈来愈突出，例如交通拥堵、空气质量不断下降（PM2.5值居高不下）、水质达标率保持难度增大、城市垃圾难以处理、土地资源日益匮乏和能源日趋紧张……城市生态系统越来越脆弱。城市之间的定位与分工不尽合理，发展中的矛盾向深层次演化。对此，通过推进智慧城市品牌建设，从交通、环保治理到资源集约利用，从行政体制机制改革到行政管理方式，从社会事业发展到公共服务提供，坚持以品牌化建设为引导，实施智慧交通、智慧环保、智慧气象、智慧治安、智慧水务和智慧社区等工程，不仅将极大地化解这些问题，突破各种瓶颈与制约，而且使城市向高端化迈进，变得更加美丽、宜居、宜业和宜游。

（三）智慧城市品牌的基本构成。智慧城市品牌是一个巨系统，不再是传统的城市品牌，也不是简单的原有城市品牌的升级，而是推进智慧城市建设品牌化的集成。根据品牌层级以及智慧城市品牌的内容形态，其基本构成，首先为智慧城市品牌，其次为智慧经济品牌、智慧区域品牌、智慧社会品牌和智慧文化品牌等。智慧城市品牌是互联网以及移动互联网等新一代信息技术和智能技术在城市中广泛应用，与该城市政治、经济、社会、文化和自然地理等因素相互作用而形成的城市品牌：一种是广义的，另外一种是狭义的。广义的智慧城市品牌既包含公共性、文化性，同时包含经济性，以增强城市精神感召力和凝聚力为旨归，显著地提升该城市的知名度、美誉度和忠诚度，在最大程度上提升这个城市的无形资产的质量，使这个城市的经济溢价能力处于不断企高状态，并获得广泛认同，对贴上该城市标签的经济行为具有明显的推动作用，可以进行价值评估，其表现特征侧重于制度保障和文化氛围营造等软环境建设。狭义的智慧城市品牌主要指在现代市场经济中，遵循现代市场规则，运用互联网以及移动互联网等新一代信息技术和智能技术而塑造的企业品牌、产品品牌，包括互联网以及移动互联网和智能产品的制造企业、服务贸易企业以及相关产品，是该城市经济实力的直接体现，能直接参与市场竞争，其表现特征侧重于企业家主体精神、科技发明、专利与版权、商业模式创新。

智慧经济品牌、智慧区域品牌、智慧社会品牌和智慧文化品牌等，亦均有广义与狭义之分，与智慧城市品牌的广义与狭义之分的属性既有相同点，又有不同点，是智慧城市品牌的深化与细分，它们彼此之间有一定的交叉与重合，对此应必须给予一定的界定，以便于在推进智慧城市品牌建设中更好地分工与协作，更有针对性、操作性，务求实效。就狭义而言，它们基本涵盖了一、

二、三产业品牌，例如智慧农业品牌、智慧生物医药品牌、智慧电力品牌、智慧物流品牌、智慧旅游品牌和智慧文化产业品牌等。在具体推进过程中，注重打造若干竞争力强、规模大和素质高的强势型世界级智慧企业品牌，及其行销世界的强势型智慧产品品牌（市场覆盖率高、消费者忠诚度高和品牌文化鲜明），包括智慧制造品牌、智慧服务品牌等。形成以这些智慧大企业品牌为龙头，其他智慧中小企业品牌相协作的智慧企业品牌体系，而在最大程度上直接优化城市经济结构、增强城市科技创新能力。它们无疑是未来城市财富与综合竞争力的核心标志与主要载体。

三、推进我国智慧城市品牌建设的问题及对策

结合我国《我国经济和社会发展“十二五”规划》和《国家新型城镇化规划（2014—2020年）》要求，根据智慧城市建设与品牌建设在我国经济发展中的实际地位与作用，推进智慧城市品牌建设，应是我国未来相当长时期内的国家的战略选择，就目前而言，存在着诸多问题与障碍，主要有如下几个方面：

（一）尚未有效地形成智慧城市品牌理念。绝大多数人虽然享受着智慧城市建设与品牌建设所带来的各种成果，但还未能有效形成智慧城市品牌理念，更遑论以智慧城市品牌理念推动智慧城市建设与品牌建设。绝大多数人囿于传统的城市发展与传统品牌建设的理念，同时由于对新生事物缺乏敏感性、洞察力和有效的掌控力，又由于采取怀疑与轻视的态度，使智慧城市品牌建设的内涵、必要性、重要性与迫切性难以得到充分研究论证、认知与践行。当然在某些商家眼里却是另一番景象。由于预见其丰厚的商业利益，有人把它作为一种叫卖产品的噱头，使人们对它的认知止于浅表，甚至反感，不能不令人忧虑。智慧城市品牌的理论研究与普及亟待开展，既要从国家中长期发展的必然的战略选择进行全方位研究，还应从科技与人文相结合的独特的理论角度，形成独到的分析框架、肌理纹路，乃至能自洽的体系，是人文社会科学研究与科学技术发展的全面跨界行为，无论对于人文社会科学研究，还是对于科学技术发展

都将带来未可限量的促进意义。

（二）注重技术与商业，轻视人文。智慧城市建设是一个动态的过程。迄今为止，我国智慧城市建设借经济挂帅的习惯性发展思路与路径，普遍重硬件投入与建设，无论从信息化普及，到信息化与工业化融合发展，皆停留于技术工程项目建设和商业利益开发利用，或者只是作为数字化的延展，致使智慧城市建设处于一般性价值引导，甚或至于在扭曲的价值观，特别是扭曲的政绩观的主导下发展。经济至上、技术至上，但技术也只是经济的奴仆，对于蕴含其中的人文性（人类对于自身的终极关怀）漠然置之，或虽有关注，但揭示不够不深，显得轻描淡写，更不要说增强品牌意识与提高实践能力。智慧城市建设中的技术性与人文性处于两张皮现象。须知，智慧城市建设不仅是科学技术发展的必然结果，而且也是人们认识世界，改造世界，特别是对于人类提升自身认知的一次革命性的变化，更需要良好的人文价值引导和文化范式创新，使人类通过科技发展与自然界的可持续发展获得更高层次的和谐共生，使人类的内在世界因此得到前所未有的深度关切，进而建立起智慧城市品牌。

（三）技术浪费惊人，各种乱象丛生。在推进体制机制上，囿于传统的文化理念与认识，及其囿于传统的管理体制机制，在大力呼吁并培育管理与技术创新的同时，对于已有信息技术的开发与利用表现乏力。1.政出多门，缺乏统筹协调，分头行动。这主要是从政府管理部门以及相关企业管理结构中的职责分工而言，部门调整不到位，对于跨界协调的特性把握不够；另外，出于部门利益考量而制造障碍，难以形成合力，提高效率。2.信息技术标准杂、不能兼容。某些技术标准直接关系到市场拥有率，谁在标准中拥有话语权就意味着拥有市场，标准大战时有发生，旧标准难以淘汰，新标准难以建立。而在新标准具体建立中，依然标准多头，各搞一套，造成技术专利和资本浪费，各类“信息孤岛”和“断头路”难以避免。3.各地争相展开大投资、大投入，把智慧城市建设当成新一轮的“唐僧肉”，重新跑马圈地，对于智慧城市建设中可能出现的“烂尾楼”现象、资本浪费警惕不够，更不要说建立风险预防机制。

（四）大批传统企业品牌急速衰落。新一代信息技术以及智能技术的普及与使用是目前经济结构调整中的重要方面，它直接催生一批新的产业诞生，形成新的经济增长点，意味着固守旧有的技术与商业模式的城市以及企业的经济与利润将增长乏力，开始式微并走向衰落。新旧产业格局并存且交锋激烈，例如新媒体与传统媒体之间的竞争：广播收听率、报刊发行量和电视收视率目前均不断下降，有的步履维艰，有的曾名噪一时的品牌刊物以卖版面谋生，有的干脆已经消失，而以互联网为标志的视听、阅读率处于上升势头。近年来，诞生了一批令人瞩目的关联企业品牌，例如百度、新浪、搜狐、腾讯和盛大文学等。旧产业的衰落标志往往是代表这些产业的品牌企业的衰落，老字号品牌的兴衰便是这方面的晴雨表。新产业的兴旺发达也往往以新崛起的品牌为标志。在这些新旧企业品牌的此消彼长中，意味着产业工人的换代式更替，预示着教育培训必须做出重大调整。因此大批传统品牌企业的衰落说明产业链以及依附于产业的价值链的重塑的残酷性。在这新的重大调整中，也意味着以传统产业发展为主的城市将面临不以人的意志为转移的重大挑战，对此，故步自封，敏感性弱以及应对不力的城市、企业发展将处于下行。当前在鼓励并推进新兴产业发展以及打造相关新兴智慧企业品牌的同时，亟须从智慧品牌角度加大对城市传统产业、传统企业和传统品牌进行脱胎换骨式的发展改造的力度，老树开新花。

（五）数字鸿沟现象日益严重。在智慧城市建设中由于片面追求速度与经济效率，在各种负面问题中，有一问题较为突出，即一种新型社会不公现象——数字鸿沟。当一部分人群充分享受智慧城市建设所带来的种种福利，并形成主流人群时，还有一部分人群由于经济实力、知识结构等原因，处于信息边缘，“被脱网”“被抛弃”，致使智慧城市建设的惠民特征受到严重挑战。这样的智慧城市建设不仅没有缩小并消灭财富不公，反而在财富创造中既加剧了财富不公，还产生了信息不公。这种信息不公反映为高档社区与普通社区、青少年与中老年、发达地区与落后地区、城市与乡村等之间的差异，即获取智慧型服务的公平权利由于制度滞后等原因，发生了与其宗旨不该发生的偏差与不适当的倾斜。

针对上述问题，我国智慧城市品牌建设的路径究竟在哪里？当然主要围绕解决以上一系列问题中，开拓出新路径，也正是智慧城市品牌建设理论研究的重点，分别是智慧城市品牌价值新体系研究、智慧城市品牌综合性与专业性相结合的指标体系研究、智慧城市品牌建设的体制机制建设研究、智慧城市与自然环境、社会文化和谐发展研究、智慧城市品牌与信用体系建设研究、智慧产业模式及其品牌价值研究等，做到理论研究与实践相同步，相互印证，相互促进，应包括如下几个方面：

（一）转变传统观念，确立我国新的城市发展坐标体系。将智慧城市品牌发展置于世界城市发展的历史长河之中加以省察，作为我国现阶段城市发展的最高目标。为实现这一目标，充分重视互联网思维以及特征，切实转变传统文化范式、理念以及思维模式，从未来人类发展趋势的角度，即从消费者为中心角度，从技术与人类和谐发展角度，从人类与大自然和谐共生的角度，来构建智慧城市品牌。在具体推进建设过程中，善于发现并深刻把握智慧城市品牌的本质及其建设规律，坚持以民为本的宗旨，通过挖掘中国优秀传统文化，汲取世界上最为优秀的文化，古为今用，洋为中用，以差异化、特色化、多元化、高价值化和高技术化为引领，使智慧城市品牌成为人类历史上迄今为止的各类城市文明成果的集大成者，使每座城市都充满自己的个性色彩，拥有清晰的可持续发展路径，较高的幸福指数，可辨识，可借鉴，处处保持先进性的同时，处处体现有特色的品牌化，充满独特的魅力。

（二）不断增强智慧城市品牌意识并付之行动。智慧城市品牌建设的过程，事实上是智慧城市建设与品牌建设深度融合、彼此促进的过程。在注重基础设施以及产业发展的基础上，应强调人文性，强调对人的终极关怀。从对人的终极关怀来审视并有效矫治智慧城市品牌建设中的种种问题。让智慧城市建设中既重视技术的智慧，同时能重视人类自身的智慧，进而彰显城市品牌价值。须知技术的智慧也是人类智慧的结晶，要预防过分依赖技术，为技术所奴役和驱使，彰显并高扬人的主体性。对此，应制定升级版的智慧城市指标体系，即制定中国智慧城市品牌建设指标体系，突破过去仅仅从信息化与工业化融合角度所进行的相关指标体系研究框架，不仅要从信息经济、基础设施、城市公共治理和服务，更要注重绿色生态、市民人文科学素养、文化活动、市民参与度和幸福感等角度加以综合考虑，促进我国城市全面进步与发展。在鼓励地方标准试点的基础上，不仅要完成国家标准立项，更要推动形成国际标准，并在国际标准中拥有话语权，而在世界范围内，拥有中国影响力。

（三）强化顶层设计，统筹智慧城市品牌建设。在目前我国行政体制机制还难以做出重大变革的情况下，根据小政府、大服务的职能转变要求，设立国家智慧城市品牌建设委员会，开展我国未来智慧城市品牌建设预研究，为列入我国国民经济与社会发展规划做好准备，让智慧城市品牌建设列为推进我国经济、社会和文化全面进步的重要发展战略。建议国家智慧城市品牌建设推进委员会在目前认识不一的情况下，分步走。目前阶段，与其他国家部委办工作职能比较而言，因工业和信息化部既力推智慧城市建设，同时力推工业品牌建设，故由工业和信息化部牵头，建立部际联席会议机制。在试运行一定时间之后，升格为国务院牵头，并成立专门办公室协调推进，办公室设于工业和信息化部，以共同制订清晰的行动计划，协调推进。与此同时，充分发挥行业协会等第三方社会组织，及其研究、咨询等专业力量的作用，从不同角度展开预研究和实践。工业和信息化部、科技部、住房和城乡建设部以及国家旅游局在已有智慧城市建设试点的基础上，在东中西部不同地区，特别是在深圳特区、上海浦东新区和天津滨海新区等国家级新区，利用国家已赋予的先行先试的政策优势，进行更深一步的点的实践，积累经验，进而以点带面。在这一过程中，工业和信息化部侧重于综合试点智慧产业品牌建设，其他部门侧重于特色性试点，强调专业性和行业性，总体目标与任务是既各司其职，又相互协调，合力推进。工作重点是着重夯实推进智慧城市品牌建设的模式、制度基础和文化氛围，以建立法治的市场化为手段，明晰政府公权力边界，突出市场的主体性和国家发展成果的共享性，形成既区别于其他国家，又能让世界普遍接受的主流文化价值，促进并引领我国智慧城市品牌和智慧产业品牌建设，在世界范围内形成新的国家品牌力，使我国以全新的面貌出现在世界面前。

（四）坚持走安全、绿色、生态、集约和共享的发展之路。不断利用信息技术与智能技术以及其他先进的科技优势，有效解决我国自改革开放以来伴生的突出问题，例如高能耗、高污染，矿产、土地与人力劳动等资源的低价值化以及贫富差距日益增大等问题。强调发挥人民群众的主体性，关注不同人群之间以及不同地区之间的平等性，在最大程度上激发人们内在的创新动力，以此推动创新发展，使国家体制机制更显科学合理与公平，使科技创新成效更加显著，空间正义能得到最大程度实现。始终坚持走安全、绿色、生态、集约和共享式发展之路，既在理念上得到普遍确立，同时在实践中得以全面深入推行。在有效解决老问题的同时，重视解决在智慧城市建设中产生的诸如“信息孤岛”、技术与资本浪费等各类新问题，包括还未出现的各种潜在性问题，尽量避免老问题依然存在，新问题同时并存，各种隐患层出不穷的局面，使建立于科技发展基础之上的智慧城市建设真正地造福人类，人自身的智慧特质得到最为有效的放大，而令我国城市发展在化解各类问题中行稳致远。

（五）坚持以智慧品牌重塑城市产业链与价值链。智慧品牌是世界范围内推进品牌建设的全新概念和方法，简言之，即智慧品牌化，品牌智慧化，智慧城市品牌建设是其重要范畴之一。它注重以新技术和新模式对传统品牌进行改造升级，同时通过新的价值引领，催生新技术形成新产业和新业态，跨界融合，挖掘并塑造新的产业链和价值链，打造一批具有智慧特质的新兴品牌，即智慧品牌，如物联网品牌、电子商务品牌和智能品牌等。以满足、改变并提升在信息革命条件下人们新的生活理念、消费需求和生活品质，突显新的产业模式和经济发展方式。对于我国品牌建设而言，坚持以智慧品牌引领并整合传统品牌和新兴品牌，在培育新兴品牌时，注重品牌的规模效应和综合效应，各类品牌相互促进，互为依托，在我国经济参与全球化竞争中发挥主体作用，使我国从为其他国家国际品牌代工或对这些国际品牌单纯模仿阶段，进入到自主品牌大发展阶段，占据世界产业链高端。这些自主品牌必须在世界经济的某一方面，具有不可替代性，并且在全球市场中占有绝对份额，拥有定价权，也即世界级大品牌是我国从经济大国转变成经济强国的必由之路与标志。在现阶段以及未来相当长时期内，我国智慧品牌建设应着重于三大方面：以核心专利技术处于世界领先水平为特征的制造业类智慧品牌，以能被世界普遍接受的传播弘扬中国核心文化价值观为特征的文化艺术类智慧品牌，以商业模式创新为核心并得到市场检验获得成功的现代服务业类智慧品牌。不同的城市对此应根据自身发展情况有所选择，有所为，有所不为，有重点、有策略地持续推动智慧城市品牌建设。

四、结语

综上所述，在我国未来经济和社会发展规划中，应充分重视智慧城市建设与品牌建设融合发展，坚持智慧城市品牌理念，力争成为我国各类城市的自觉追求，掌握其发生发展规律，一体化推进。对此，针对智慧城市品牌建设所展开的理论研究，由于智慧城市品牌建设是一个动态过程，因此它的理论也应是一河活水。但正如任何理论天然地有它自身局限一样，智慧城市品牌建设的理论研究也有其天生局限。在研究和实践中，不管居于何种目的，均应深深地扎根在传统的城市发展模式和品牌发展模式之中。它是突破性的、超越性的，是创新的，是自洽的，当然不应是守旧的、与历史割裂的、自私的。

“诺贝尔经济学奖获得者斯蒂格利茨指出，‘在21世纪初期，影响世界的最大的两件事，一是新技术革命，二是中国的城市化，新技术与城市化相结合，即智慧城市。’”[1] 而智慧城市品牌建设则无疑让中国的后发优势表露无遗，分明是中国在这21世纪乃至于更长时间里对世界的巨大贡献，对于世界在新一

1 屈一平:《智慧城市：文明演进的选择》，新华网，2014年8月14日。

轮全球经济全方位的竞争中，建立一种新的经济发展良序和城市发展良序，乃至于建立新的人类良序，无与伦比。人类已无论如何不可能再回到从前。

第二节 智慧旅游品牌的示范者与引领者

旅游业是我国重要的战略性支柱产业，在世界范围内，旅游业约占世界经济的10%。旅游业对我国国民经济的综合贡献度不断提升，2015年高达10.5%，2019年则高达11.5%。我国无论国内旅游，还是入境旅游以及出境旅游全面繁荣，成为名副其实的旅游大国，并正向小康型旅游大国、旅游强国转变。在这一过程中，智慧旅游品牌正成为我国打造旅游强国的重要标志。

在国际金融危机爆发之际，2009年，国务院发布的《关于加快发展旅游业的意见》，明确提出要把旅游业培育成国民经济的战略性支柱产业和人民群众更加满意的现代服务业。该文件既是应对国际金融危机的一项重大举措，同时也是立足旅游业长期发展，确立其在我国国民经济发展中地位的一份纲领性文件。2014年8月，国务院发布的《关于促进旅游业改革发展的若干意见》，既是对我国“十二五”旅游规划的深化，也是针对新技术革命条件下旅游业发展的研判后的具体措施，进一步体现了旅游业在我国经济转型发展中的重要作用，充分表明我国智慧旅游时代已经到来，在这一时代中应做出中国对世界的贡献。国家旅游局积极开展智慧旅游试点城市工作，列入试点城市达33个，即第一批北京、武汉、成都、福州、大连、厦门、黄山、温州、烟台、洛阳、武夷山、南京、苏州、无锡、常州、南通、扬州、镇江18个城市。第二批天津市、广州市、杭州市、青岛市、长春市、郑州市、太原市、昆明市、贵阳市、宁波市、秦皇岛市、湘潭市、牡丹江市、铜仁市、龙岩市15个城市，共占全国城市的0.05%。其中长三角城市达10个，占比为30.3%多，而江苏的城市有7个，占比达21%，成为国家智慧旅游试点城市最多的省份，充分发挥东部沿海发达城市的示范与带动效应。国家旅游局更是旗帜鲜明地提出2014年为智慧旅游年，分别以“美丽中国，智慧旅游”“智慧旅游，让生活更精彩”和“新科技，旅游新体验”为主题。与此同时，必须积极打造智慧旅游品牌，才能更好地示范、引领、推动我国旅游业转型升级和全面发展。

一、智慧旅游品牌为何物

概而言之，所谓智慧旅游品牌就是信息化、智能化以及文化创新与传统旅游业及旅游文化的全面融合，具有这样几个特征：“两个高度”“三个一致”。两个高度：一是高度信息化和智能化，即信息化、智能级贯穿于吃、住、行、游、购、娱等各个旅游环节，在旅游景点、旅游设施和旅游服务等各方面做到无处不在，深度融合；二是旅游目的地的特色高度鲜明，包括特色自然景观、特色文化和特色服务等的个性高度鲜明，充分显示出差异化、独特化。三个一致：一是特别注重旅游者的感受，使旅游者的外在物质性体验与内在感受的精神性和谐相一致，身心合一；二是讲究信用和公众广泛参与，旅游目的地的公共秩序与活力和生机相一致，既秩序井然，又丰富多彩；三是高附加值性与可持续性相一致，在旅游消费者中拥有较高的知名度、美誉度和忠诚度，使旅游者乐于购买高附加值的产品，并作为他们生活品质的标志，同时使旅游者成为这些高附加值产品的拥趸。

二、智慧旅游品牌建设的四个层面

智慧旅游品牌建设从大的方面以及层次结构来说，包括四个层面：

第一个层面指的是空间结构，对于城市来说反映在智慧旅游城市品牌与智慧旅游品牌项目的打造上，做到城市外在整体性与内在旅游要素的局部性，与信息化、智能化深度互动互融，相得益彰，均充分体现智慧旅游品牌的特征。例如建筑、街道、自然景点作为外在整体性在晚上的灯光秀，及其利用这些建筑、街道、自然景点所做的各种文艺演出活动等。这些灯光秀以及演艺活动分明是智慧旅游品牌项目，也可以是智慧旅游产品品牌。

第二个层面是指旅游产业的硬件建设与软件建设中，主要指在旅游设施的建设中、旅游服务水平的提高中，全面引入信息化、智能化，以此全面改造提升旅游设施、转变旅游服务方式，使旅游设施、旅游服务的品质化得以全面升级，进而使旅游业各种显在的、内在的价值得到最大程度发掘，成为旅游业发掘利润的新途径，旅游业综合竞争力显著提升。

第三个层面指的是智慧旅游企业品牌打造，旅游企业已程度不同地与信息化、智能化相结合。有的旅游企业一出现便以智慧旅游品牌的形象崭新亮相，例如携程网等，是旅游业中的新企业，它们以信息化、智能化等最新技术的变化来思考、定位自己的企业品牌的使命、愿景，决定其成败的核心是技术。因此这类企业特别注重科技研发以及对于最新技术的运用。

第四个层面指的是智慧旅游产品品牌的开发，有效摆脱传统技术的束缚，进行数字化旅游创意开发、数字化流程实施、数字化管理、数字化旅游产品设计研发、数字化旅游产品制造、数字化旅游产品传播推广、数字化旅游产品营销等，获得全新的格局和模式。例如在旅游产品品类开发中，可以把旅游者的想法、文化、知识和品位融入其中，成为该旅游产品品类独一无二的一部分，即旅游产品订制，以充分满足旅游者的个性化需求，旅游产品的服务者、生产者以及消费者的界限开始变得模糊，促使旅游业的整体模式发生颠覆性改变。

三、上海国际旅游度假区要有高度地打造智慧旅游品牌

在智慧旅游品牌打造上，上海旅游大有可为。上海针对自己的实际情况，提出打造国际著名旅游城市，而上海国际旅游度假区建设是具体贯彻落实其要求的重大工程之一，具有标志性意义。

上海国际旅游度假区位于中国改革开放的前沿——浦东新区中部，规划面积为24.7平方公里，核心区为7平方公里，以迪士尼乐园为核心，其著名景点有迪士尼乐园、迪士尼小镇、星愿湖、奕欧来上海购物村、生态园、香草园等。自2016年6月开园以来两年时间里，总共接待中外游客3 400万人（次），成功跻

身国内第一、世界第六大主题乐园，为上海旅游业贡献了高于5%的增量。乐园内处处可见执子之手，家庭游特色十分鲜明，给中国的家文化注入了新的内涵与质地，正在旅游业界创造着与传统旅游业迥异的新业态，对接世界、引领旅游新潮流。

对此，有必要以全新的视角打量区域智慧旅游品牌——上海国际旅游度假区建设，那就是针对未来智慧旅游品牌发展的特征与趋势，上海国际旅游度假区不仅要成为上海时尚新地标，更要成为国际智慧旅游品牌的示范者和引领者。那么，如何示范与引领？对于上海国际旅游度假区来说，明确提出成为“梦·享之地”。在硬件建设上，随着新技术的不断发展，应该不成问题，它有这样的财力和物力。在这方面它着力于智慧旅游公共服务平台建设，实现智慧管理和智慧服务，高质量发展。在软件建设上，即品牌建设上，除了做到各方面服务一流、高标准地与国际接轨外，它还必须善于造势。只有善于造势，并把势造得足足，才能制造潮流，让人家跟着走。而只有让人家跟着走，才能引导潮流，积聚人气。这一造势，就是要突出差异化，告诉世界：上海国际旅游度假区跟你们是不一样的！异而有和，和而不同，这才是做品牌，抓住了品牌的本质，品牌的本质就是差异化。

突出差异化是上海国际旅游度假区打造智慧旅游品牌必不可少的手段，但还必须要有高度，这个高度可以体现在许多方面。有一点极其重要，这个高度应该是唯一性的、不可复制的。对此，上海国际旅游度假区可以率先成为国际智慧旅游品牌体系标准的制定者、倡导者，国际智慧旅游品牌发展最新态势以及未来趋势预测的研发平台和发布平台，成为国际智慧旅游品牌建设的价值引领者，是我国在世界旅游业发展中的话语权的具体体现。这就是有高度的造势，有战略的造势。这十分符合国家要求，是我国从旅游大国成为旅游强国的必然举措。上海国际旅游度假区要在这方面善于抓住先机，先声夺人，要当仁不让，要有责任担当。这是上海国际旅游度假区树立国际品牌形象，提升软实力的应有举措，也是上海打造国际著名旅游城市的应有举措，更是未来世界旅游业健康发展所需要的。

对于上海国际旅游度假区来说，至少会带来以下几方面好处：一是通过国际智慧旅游品牌体系标准的研发、制定，更好地指导上海国际旅游度假区建设，助推上海著名国际旅游城市建设，与国际对标，与未来发展要求对标，不断地认识到自己的不足，并据此寻找到弥补不足的路径与办法。这一指标体系应充满上海特点和上海特色，具有不可替代性、唯一性和权威性。二是有助于上海形成自己中西融合的旅游价值坐标体系，包括能为世界所乐于接受的人文价值，及其市场价值，较好地增强上海在国内外旅游市场中的凝聚力和可持续力，成为国内外智慧旅游品牌的高地。三是能更好地传播中国旅游文化以及具有海派文化特色的上海旅游文化。

四、上海国际旅游度假区打造智慧旅游品牌的具体策略

中国传统文化讲究虚实相生，上海国际旅游度假区打造智慧旅游品牌的策略概莫能外。如果国际智慧旅游品牌体系标准的制定是虚的、概念性的话，那么还必须要有实的支撑，要接得住、撑得牢。首先要有良好的实业。良好的实业就是以特色文化支撑特色旅游，形成具有海派文化为特色的旅游产业链，做到商旅文联动，与上海市旅游、长三角旅游和国外旅游空间联动，相互依托、相互影响、相互促进，真正做到产业融合，空间融合，把统筹国际国内、市内市外的市场做到实处，充分利用好由其与上海社会科学院联合牵头的长江三角洲城市经济协调会旅游专业委员会这一平台，主动参与并主导长三角智慧旅游品牌建设。这是上海智慧城市品牌建设的亮点。其次要有良好的实体，就是要注重培育几家大的本土旅游企业品牌。上海国际旅游度假区是一个大平台，在利用迪士尼这一世界级品牌中，努力打造自身的国际品牌。在这一过程中要重视培育自己较高的国际化程度，不仅能走出去，而且在走出去中成为有所作为的龙头品牌企业，这是上海国际旅游度假区的支撑与竞争力的重要载体。其次还要有良好的国际化程度，这不仅仅体现在有多少外国游客来旅游的国际化程

度上、自身企业品牌的国际化建设上，还要注意旅游项目的国际化。即在迪士尼之外，应再打造有多个国家共同参与的一两个主题型龙头旅游项目，当然也包括中国自身的项目，力争使上海国际旅游度假区成为世界各地风情和文化展示的平台，充分体现出丰富性与多样性，形成良好的国际旅游生态链，以此告诉世界一个不一样的上海和不一样的中国，从而展示一个不一样的世界。

综上所述，智慧旅游品牌建设的路径，是以优秀的人文价值为引领，以智慧化建设为基础，以差异化、特色化、个性化、高技术化和高附加值化为目标。按照智慧旅游品牌价值要素，重新梳理传统旅游要素，即对吃、住、行、游、购、娱进行重新价值定位，发现它们还未展示的一种价值可能。在云计算、物联网、大数据等各种新的技术条件下，让它们展示出一种新的价值可能，主要包括三个方面：一是功能性和实用性的价值，二是市场价值，三是精神价值。要必须做到这三者有机统一、互融互促。智慧旅游品牌价值的核心是更加注重旅游消费者导向，更加注重挖掘旅游消费者的精神价值以及内在需求，更加注重挖掘优秀的传统文化价值，更加注重文化创新，一句话，更加注重与消费者贴心贴肺。充分利用新技术的可能，形成一种新的可能的价值服务链，也可以说是在更高水平上重塑旅游产业链。上海国际旅游度假区无疑是一块很好的试验田，理应在中国智慧旅游品牌建设中发挥示范者和引领者的作用。

第三节　构建我国信用品牌价值评价的方法与原则

信用是品牌的基石。在中国传统品牌建设中十分注重信用建设，如童叟无欺等。最早的商标就是信用的标志，是对消费者的承诺，信用的行为是贯穿于品牌的研发、生产、销售以及售后服务的全过程，即一个品牌的全生命周期之中。在某种程度上信用文化即品牌文化。

随着工业化时代来临，国际上有了信用评价，它包括信用评估、信用评级等，是现代经济活动的重要表现，属于新兴的现代服务业，方兴未艾。其方法主要是通过第三方评价，约束并监督当事方信守承诺，若不信守，即付出相应的代价，例如被列入失信名单，在经济活动中寸步难行，并影响到日常生活，甚至受到法律惩处。在这个方面来说，政府、司法等也是信用建设中的重要单位，由此构筑出一个立体的信用建设体系。在这一体系中信用评价是极为重要的一环。

例如信用评级，也称资信评级，其目的一般来说，包括三个方面：一是揭示受评对象面临的经营风险，在这一提示下，达到规避风险的目的；二是体现一个经济体的履约能力，往往针对公司，以及政府，当然有时针对个人；三是发表专家意见，让投资方是否投资该企业等被评价对象提供决策参考。在这里要注意的是，它所进行的评价活动及其结果，不针对被评价对象的（政府等其他评价主体）价值，即不包括被评价对象的无形资产评估。信用品牌评价恰恰就是针对被评价对象的价值，把被评价对象的抽象价值纳入它的评价范畴之中，从信用以及品牌的双重角度对被评价的品牌的硬资产以及无形资产做出综合性的全面评价，是信用评价在推进品牌经济发展中对自身业务的拓展与升级，同时是品牌评价的一种新的方法。

在现有品牌价值评价体系里，有信用的因素，但还没有上升到独立的以信用为特征的价值衡量体系。在我们进行品牌经济评价体系里，信用是其中之一个要素，它还包括质量、创新、消费者口碑和财务表现等要素。现在把信用与品牌结合起来，以相对独立的信用品牌作为一个完整的概念推出来，并付之于实践，当然可行。具体包括如下两个方面：

一、开展信用品牌评价是现实需要

既是我国现阶段信用建设的需要，也是品牌建设的需要。这两者之间的关系可以用宋朝著名词人秦观的一首词《鹊桥仙·纤云弄巧》中的一句词形容："金风玉露一相逢，便胜却人间无数。"当然这首词最后还有一句："两情若是长久时，又岂在朝朝暮暮。"信用与品牌一相逢就交融为一体了，其价值就在于它们的朝朝暮暮，而不是两相分离。当然两相分离有它们各自的价值，这个另当别论。

我是研究品牌的，从品牌的角度讲，在国内外已有的品牌价值指数研究以及品牌价值榜的发布中，到目前为止，大多数只是纸面上有意义，很难被相关金融机构采信，缺乏实用性。而信用评级则直接能被金融机构采信，两者结合，将使品牌价值评价打通了金融机构直接服务于品牌建设的一个瓶颈。此外，还有很好的示范意义，加速我们的诚信体系建设，并使诚信体系建设与经济发展变得更加紧密。

二、信用品牌要建立适合于自己的评价模型

信用品牌不是简单的信用+品牌，不是两者的机械相加，搞拉郎配，而是浑然一体的。要形成一个独特的有着自己鲜明个性的生命体，要对信用品牌进行定义。在其评价模型设计中首当其冲的是两者的权重设计问题，到底是以信用为主，品牌为辅；还是以品牌为主，信用为辅，这有待于研究和实践。我以为在现阶段应是以信用为特征的品牌评价。因为，相对于品牌评价机构，目前信用评价较为成熟，依托成熟的信用评价体系以及信用实施体系，使信用品牌评价可落实可执行。当然也可以突出品牌属性。这要具体情况具体实行，关键是能落地。先落地，再改善提高。现在信用评价的模型不少，各有存在的土壤。当然品牌评价的模型也不少，选择何种模型，或者说研发出何种模型，这也是对于具体推进的人的价值考量。

那么如何让它实行？在这方面要坚持以下六大导向原则：

（一）坚持价值导向原则

要在基于信用的价值发现功能的基础上，以价值发现为导向。通过有针对性的一系列指数体系的设计，使得到评价的品牌获得相应的名副其实的价值测算。在测算中注意品牌的动态性评价，不能处于静态性评价。在市场经济活动中，品牌随时可能会出现意想不到的情况。如果刚刚获得正面的信用品牌评价，而在同时却被消费者发现其实这个品牌并不诚信，那么就伤害到信用品牌

评价本身的生命力。这是不应该的，这也是信用品牌评价难以避免的风险之一。

（二）坚持公共导向原则

在信用品牌评价活动中要坚持超越利益关系的公共导向原则（或者说独立性导向原则），做到公正、客观、科学、严谨和规范。在公共导向中，有几个分类：一是行业分类，例如轻工家电品牌、纺织服装品牌、食品品牌和医药品牌等，要体现行业属性以及行业特点；还有一种分类是按行政部门管理分类，目前来说有质量品牌、商标品牌。对此，我们的信用品牌是属于行业分类下的品牌评价呢？还是行政部门管理分类下的品牌评价呢？这个一定要搞清楚。我看它的本质上是超越于行业分类以及行政管理分类的，相对独立。我们知道，当对某一品牌强调它的标签性时，例如强调其质量属性时，会发现，事实上每个品牌都是讲质量的，并且也都有商标的。所谓质量品牌，同时也是商标品牌，并且每个品牌是讲诚信的，是信用品牌。把品牌中的某一要素特别剥离出来并加以标示，无非是强调它，达到某种特定的目的。倡导信用品牌自有其特定的目标，既要受其所限，又不能受其所限，要有超越于行业、部门利益的勇气与能力。在一定程度上坚持公共导向，就是要坚持法治化导向。在法治化中来寻求信用品牌评价活动中的公正、客观、科学、严谨和规范，进而建立起自己的权威性。最近中央印发的《社会主义核心价值观融入法治建设立法修法规划》明确指出：探索完善社会信用体系相关法律制度，研究制定信用方面的法律，健全守法诚信褒奖机制和违法失信行为联合惩戒机制，对于信用品牌建设当然是利好消息。

同时，还要明确，当它坚持公共导向原则时，它的评估是否简单地表述为无偿评估，而不是一种有偿评估呢？当它作为一种无偿评估行为时，就需要政府的政策支持，政府在信用品牌的公共导向原则中，有着责无旁贷的责任。它不仅承担引导的责任，还必须给予一定的经费扶助。当然对于信用企业作为一种市场策略，则另当别论。以无偿评估，来打造自己的竞争力，这也未尝不可。对于这种行为，政府也要给予实质性的扶持。当然扶持要讲究策略，当鼓励企业参与信用品牌评价时，政府的扶持可以通过补助第三方来实施，这是推动信用品牌建设的一种行之有效的方法。

（三）坚持国际化导向原则

相对于西方发达国家，我们的信用评级是一种舶来品。西方发达国家将信用评价做成超主权利益的国际信用评价体系。对此，我们要充分借鉴这些国家信用评价的国际化路径，建立具有中国特色的国际信用评价体系，不仅以服务于国内品牌为己任，而且要拥有服务于国际品牌的能力。我们要主动牵头，建立相应的国际组织。这方面已有经验可借鉴，例如中国品牌建设促进会的关于品牌评价以及品牌标准的国际化建立方面，做了积极的探索。在这方面，国家级相关行业协会以及有关地区要形成一种联盟，形成合力，避免碎片化。这方面我建议上海作为地方版的信用品牌评价国际化可以先行先试。

（四）坚持专业化导向原则

要充分体现出信用品牌的专业性，要研究信用品牌独特的内涵、特征、服务模式和商业模式等研究。按照品牌经济的分层体系，最起码它要满足国家信用品牌、区域信用品牌、城市信用品牌、行业信用品牌、企业信用品牌和产品信用品牌的需要，可能现在更多关注的是企业信用品牌。信用品牌要体现出一个地区、一个国家、一个城市、一个行业、一个企业和一个产品或者说品类品牌的信用品牌经济水平，其体现应做到准确、及时。这五者之间的信用品牌是什么关系？它们又有什么不同特点？至于如何做到准确及时，这就关系到信用品牌指数的设立。一般来说，信用品牌指数最起码要有三级指数，甚至于四级指数。每级指数分别包含哪些，还有每个指数权重的分配，每级指数要达到什么目的，指向应如何清晰，都值得深入探究。这是信用品牌的专业性的主体内容。

（五）坚持品牌化导向原则

如果说坚持价值导向原则侧重于为信用品牌的服务对象如何创造价值的话，那么坚持品牌化导向原则是针对从事这一行业的企业或机构而言，或者说信用行业自身建设而言。从事这一服务的企业或机构，要有鲜明的差异化、个性化和特色化追求，要有自己的知名度、美誉度，建立服务对象对自己的忠诚度。对此要有高度的品牌意识，按照品牌的标准来设计自己的商业模式，在为服务对象创造价值的同时，也要善于为自己创造价值。

（六）坚持品牌伦理导向原则

信用品牌评价不能只看重经济利益，在为服务对象创造价值时，不能一味强调它的获利能力。信用品牌评价自身应有人性的温度与光芒，要充分体现社会责任。这本身也是一个专业问题，即让信用品牌如何有效地闪耀这样的光芒。这是信用行业和信用企业进行自身品牌塑造时不可或缺的内容。我们要认识到一讲到品牌伦理，就显得不专业了，品牌伦理与信用品牌评价是相割裂的，这促使我们在更高层面上考虑我们的专业问题。我们现在还要注意到一些强势品牌借品牌之名，行市场垄断之实，获取不恰当的附加值。品牌对于附加值的诉求是有一定度的，不是无限放大的。如果一个品牌无限放大其附加值的话，我想它走向了品牌价值的反面，将不被消费者所接受，不可持续。

我们应该记住，如果我们的信用品牌不去仰望星空，即承担起应承担的时代责任，仅仅停留于资本、利润的信用品牌评价，将难以体现品牌伦理。这样的信用品牌评价是值得怀疑的。要知道，信用品牌本身究其本质充满了伦理要素，流淌着道德的血液，例如企业以及经营者所恪守的诚实原则。

自2017年国家设立中国品牌日以来，有一种现象值得关注，就是各种品牌价值指数发布，大有一哄而上、泥沙俱下之势，让许多城市、企业无所适从。应该相信谁，还有谁才真正值得相信，相信什么？真正的信用品牌应该经得起市场、时间的检验。我国推进信用品牌建设任重道远。恰如《诗经》中的一首诗《蒹葭》的第一段：“蒹葭苍苍，白露为霜。所谓伊人，在水一方。溯洄从之，道阻且长。溯游从之，宛在水中央。”

（本节系在2018年5月11日首届中国品牌信用发展论坛上的演讲；新华社客户端2018年5月12日发表，有删改。）

第七章　品牌经济发展的文化支撑

品牌经济竞争的背后，事实上是文化的竞争。什么样的文化催生出什么样的品牌，而什么样的品牌显示出的是这个国家的文化特性。一个国家的品牌往往是这个国家文化的外显，这个国家的企业品牌则显示出这个国家品牌的竞争力，而产品品牌则是国家品牌皇冠上的明珠。此时企业文化便是国家文化的直接反映，与构成品牌经济不同层次相对应的品牌文化具有相通性，同时也各有其特殊性，对品牌经济发展形成根本性的文化支撑。

第一节　中国传统文化的阴阳两面

中国传统文化十分注重追求物质世界与精神世界之间的和谐相生，例如阴阳五行、天人合一、中和中庸、克己复礼，均是中国传统文化最为典型的表达，促使人锻炼内在修养，与外部世界和平共处，进而衍生出“仁义礼智信、温良恭俭让、忠孝廉耻勇”的道德伦理原则，也即必须遵奉的做人做事的原则，并延伸至经济活动中必须遵奉的原则，包括政治活动中必须遵奉的原则。社会结构、经济结构、政治结构因此获得超常稳定，家庭、工商业、帝庭在相同的文化原则里有机营运，家道、商道与王道高度统一。此为中国传统文化的阳面，也即正面。与此相对应的，是奸滑、虚伪、卑鄙、无耻、无信、等级、特权、专制、江湖等。天下熙熙，皆为利来；天下攘攘，皆为利往。一要以利为旨归，只要为获利，可以无所不用其极。此为中国传统文化的阴面，也即负面。对于这种中国传统文化的糟粕、恶行，柏杨如此形容：“任何一个民族的文化，都像长江大河，滔滔不绝地流下去，但因为时间久了，长江大河里的许多污秽肮脏的东西，像死鱼、死猫、死耗子，开始沉淀，使这个水不能流动，变成一潭死水，愈沉愈多，愈久愈腐，就成了酱缸，一个污泥坑，发酸发臭。”[1] 在这里，他把中国传统文化的负面一言以蔽之，比喻为酱缸，谁到了这样的酱缸里，都不可能独善其身，不可谓不犀利。李宗吾的《厚黑学》把中国传统文化中的恶劣阴险描述得淋漓尽致，属于教科书级。鲁迅对于中国传统文化的反思，则喻之于“人血馒头”，把中国传统文化的阳面所导致的阴面进行了最为沉郁的比喻，形象而深刻。中国传统文化的阴阳两面居然狼狈为奸，阳即阴，其核心是人性的丰富复杂，幽深曲折。“我翻开历史一查，这历史没有年代，歪歪斜斜的每页上都写着‘仁义道德’几个字。我横竖睡不着，仔细看了半夜，才从字缝里看出字来，满本都写着两个字是‘吃人’!”这是鲁迅在其小说《狂人日记》里的文字，对中国传统文化做了最为决绝的反思，更是人对于自身的认知。无论柏杨、李宗吾，还是鲁迅，乃至王阳明等大家，对人性之恶有着天然的警惕，希望以阳制阴。王阳明的“心学”是集中国传统文化阳面的大成者，认为“仁者以天地万物为一体”，追求知行合一，希冀对于人性之恶给予有效的规避约束。然而事与愿违，往往以阴攻阳，阳不仅一败涂地，而且成为阴的遮羞布和幌子。

中国传统文化的阴阳两面，看似对立的两面，有时超出人们的想象，两者之间不仅相互转换，互为利用，而且是如此圆融，不可分离，精华与糟粕相伴相生。当试图对负面进行切割时，同时也就切割了正面。当对正面进行弘扬，抑制负面时，派生出的往往正是负面。中国传统文化充满着矛盾，而这矛盾体内，如此不可调和，却又如此地平衡。并且催生出自己的宗教——儒释道。释虽为外来文化，但与儒道如此和谐共生，相安无事，“不以宗教问题和异族异国，起无谓的争执”[2] 给这个国家以最大的精神文化动力。

---

1 柏杨:《丑陋的中国人》，作家出版社，2007年6月第1版，第23页。

2 吕思勉:《中国通史》，中国华侨出版社，2016年6月第1版，第272页。

这样的文化是向内的文化，注重对内用力，一旦向外，就乱了分寸。这从170年来，中国文化与外部文化的相处中可以看出。因为内部的极度圆融，在与外部世界相处时，要么外部文化纳入中国文化体系，将外部文化变异为它的一部分；要么中国文化纳入外部文化体系，可它像孙悟空钻进铁扇公主的肚子一样，不是与人家好好相处，而是征服，要让人家臣服于他。中国传统文化极难解决与外部世界的关系。中国传统文化与外部世界交互沟通时，一方面与外部世界构成紧张关系，二是促使自己在一定程度上异化，但这是表面的异化，是谓西学为用，中学为体。因此中国传统文化是“老大难”文化，“老”指的是老眼昏花，老极，朽极，又固执至极。“大”指的是体系庞杂，无论谁一旦陷于其中，不仅不能自拔，而且陷于迷宫，犹如进了八卦阵，犹如一滴水落入太平洋。“难”指的是难以根本性转型，无法脱胎换骨，凤凰涅槃。“老大难”另有一解，即处处以老大自居，或以老大期许，但难以实现；或给自己出了老大的难题，发展处处犯难。

这样的中国传统文化当然难以催生现代品牌文化，但又恰恰是当代中国品牌经济发展的重要的文化支撑，现代品牌文化的重要的文化来源与基础，充分表明推进当代中国品牌经济发展的艰巨性、长期性。推进品牌经济发展，培育品牌经济发展体系，究其实质是以推进转变经济发展方式为表，以推进中国传统文化向现代文化转型为里，表里相互作用，互为支持，才有可能深刻地实现品牌经济发展，为未来中国开出新路。

第二节 品牌经济的传统文化支持

中国经济长期以来以农耕经济为主体特征，不仅包括农业生产经济，而且还包括与其相对应的手工业、商业等，一体多元，司马迁《史记·货殖列传》对此这样描述：“待农而食之，虞而出之，工而成之，商而通之，此宁有政教发征期会哉！人各任其能，竭其力，以得所欲。……农不出则乏其食，工不出则乏其事，商不出则三宝绝，虞不出则财匮少，财匮少而山泽不辟矣。此四者，民所衣食之源也。”与之相伴相生的是工商经济的萌芽以及发展，使中国经济有了新的开拓，并对农耕经济文化构成严重挑战。但也只是挑战而已，并没有获得颠覆性的佳绩，所谓资本主义等经济形态始终处于萌芽状态，品牌经济发展的空气极为稀薄。纵是如此，品牌、品牌经济以及品牌文化的因子还是如影随形，主要体现在六个方面，分别是经济思想、经济制度、消费主张、产业发展、企业发展和企业文化，是中国传统文化在不同的经济领域中的体现。

一、经济思想

首先，重农抑商与重商抑农。中国历朝历代奉行“重农抑商”，源于周秦之际，它以农业为本，工商为末。有时也不尽然，时有重商主义者。相比而言，重商主义者重视品牌的作用，例如战国时期的齐国宰相管子，以消费引领并促进生产，是经济发展的重要动力，事实上是产品附加值在经济发展中的重要体现，是最为原初的品牌经济思想的火花。其次，崇义贬利与义利统一。在长期的农业经济社会里，以《盐铁论》等为主导的主流经济思想，在重农抑商的同时，提倡崇义贬利，义利排斥，而叶适所倡导的义利统一，则显得空谷足音，是中国经济思想中的另类。这些经济思想将经济活动道德化，有着各自不同的见解与践行。重农抑商思想严重地抑制了生产技术的进步，因此在明清之际虽有现代资本主义萌芽，商品发达，也仅此而已。另外，老子的民本思想，司马迁在其《货殖列传》中反映的经济思想中的自由放任思想，都主张在经济活动中藏富于民，以民主导经济发展，是古典自由经济思想的反映。还有，对于国家经济活动，主张政府干预，由政府主导。纵观中国经济思想，以市场经济为主导的品牌经济思想的资源较为稀薄由此可见一斑。

二、经济制度

经济发展离不开经济制度支撑，什么样的经济制度意味着什么样的经济发展方式。我国古代经济体制是与农业经济社会发展相吻合，极大地促进农业经济发展。有趣的是春秋战国时期，列国为增加国力，均不约而同通过厉行改革，促进商贸发展，以商贸强国，收到了较好成效，晋国、齐国和越国等国都采取了这一发展方针，并做出相应的制度安排。晋国是“轻关易道，通商宽农，懋穑劝分，省用足财”。但随着秦亡汉兴，面对商人地位的提高，和商贸繁荣可能导致并加剧“封建-集权”双轨社会的不稳定，这是儒家集权政治体制所不容的，因此做出相应的制度安排，一直绵延至近代上海开埠之际。

在以商标为标志的品牌建设中，长期没有制定相应的法律条文。“在我国漫长的封建社会里，商品经济发展缓慢，虽然出现了商标，但数量少，使用的范围又不广泛，商标对于商品的区别、宣传作用不大，谈不上通过立法保护商标权益，至今还没有发现古代禁止使用他人商标的榜文、敕令或‘已申请上司’（如同注册商标）的资料。但是，商品生产者和经营者为了维护自己的商标权益，曾采用过一些办法，来保护自己的商标或字号。”[1] 商标的运用与保护，基本上处于自发与自律状态。偶有诉诸官府，官府一般据实审判，保护商标持有人应有的权利。但随着行业协会的兴起，商标保护成了行规，使民间有了一定的保护机制。

上海开埠以后，资本主义的经济制度随着租界的兴起而在中国落地。光绪三十年（1904年），清政府在英、美、日政府的相继胁迫下，出台了我国有史以来第一部商标法，即《商标注册试办章程》，是我国第一部内容较为详细、完整的商标法律，作为外来的经济制度极大地促进了中国现代工商业发展，中国传统品牌向现代品牌转型发展。新中国成立后，国家实行计划经济体制，开展工商业运动改造。一批外国公司离场，一大批民族企业品牌国有化。及至改革开放，高度的计划经济体制向市场经济体制转变，在经历一段价格双轨制后，过渡到市场经济，对农村以及国有企业实行放权让利、承包制等，构建起

1　马东岐，康为民编著:《中华商标与文化》，中国文史出版社，2007年1月第1版，第9页。

促进经济发展的有效的激励体制，因此改革开放以来推动中国的市场化发展是中国历史上一场前所未有的制度变迁。在这样的制度变迁里，却不期然地催生了品牌经济发展的制度体系。当然这一制度体系具有鲜明的政府主导色彩，法治化的市场经济体系是这一制度变迁的方向与目标。

三、消费主张

由于农耕社会生产力水平的低下，即社会的总供给不高，黜奢崇俭一直是中国消费主张的主旋律，并由此形成了相应的消费文化，成为人们日常生活的行为准则，是中国传统文化的重要组成部分。无论春秋战国时期形成的儒家、道家、墨家和法家，还是汉代、唐宋时期和明清时期的消费主张，包括佛教中的消费文化都贯穿了这一主张。孔子在《论语·述而》一文中指出："奢则不孙（逊），俭则固，与其不孙也，宁固。"他极力推崇颜回："贤哉，回也，一箪食，一瓢饮，在陋巷，人不堪其忧，回也不改其乐。贤哉，回也！"他认为符合礼的消费者才是最佳消费，并因此形成以礼为核心的等级消费观。只有"德行高的圣贤可以而且也应该拥有奢华的生活，越'尊贵'越有'资格'奢侈消费。相反，地位不高、等级不够、德行不好的人超越了消费程度，就会受到谴责"。[1] 符合礼的消费才是最佳消费。这从出土的历代墓葬中挖掘出来的文物来看，古代的等级消费不仅包括活着的时候，而且在死后墓葬方面也有着不可逾越的严格的以官级为本位的等级限制。道家的创始人老子强调："去甚，去奢，去泰""吾有三宝，持而宝之，一曰慈，二曰俭，三曰不敢为天下先。慈故能勇，俭故能广，不敢为天下先故能成器长。"墨家在俭方面，走得更远，后世视其为很典型的禁欲主义者，提倡非乐、节葬、节用，主张"食之以时，用之以礼，则财不可胜也"。荀子作为法家代表人物，明确强调"强本而节用，则天不能贫"。这些消费主张是我国传统消费文化重要的理论源头，也是现代消

1 隋牧蓉:《中国古代"黜奢崇俭"消费文化的渊源述要》，载《兰台世界》，2013年11月下旬，第69页。

费文化的重要基础。与之相对应的还有“去吝取豪”的消费主张，管子在这方面有着极为深刻的阐述与践行。管子认为“俭者伤事”，在《乘马篇》中，他如此解释：“俭则金贱，金贱则事不成，故伤事。”在其《侈靡篇》中，他明确提出：“兴时化若何？莫善于侈靡。”甚至于倡导“雕卵然后瀹之，雕橑然后爨之”。他又在《牧民篇》中指出：“仓廪实而知礼节，衣食足而知荣辱。”这是古典的品牌消费之论，点明了人在不同的经济能力阶段的消费需求层次。

古时“商业初兴时，所运销的，还多数是奢侈品，所以专与王公贵人为缘。子贡结驷连骑，束帛之币，以聘享诸侯（《史记·货殖列传》中记载）”[1]。奢侈消费明显是一种等级消费的标志，并且是一种推动经济发展的有效方法。但总体上，在中国传统消费主张中，类似石崇斗富竞豪奢的消费方式一直处于抑制状态，形成了相应的寄情山水、淡泊物质利益、注重精神生活的一种消费生活。但毕竟随着以商品经济兴起为标志的城市经济活动的快速崛起，出现了一批新兴阶层。例如唐五代的江南，“中唐以后，在江南的一些大城市中出现了庞大的消费阶层。在中国古代一般城市中，城市居民主要是官员及其家属、军队、为政府机构服务的各色徭役以及一部分商人及城市手工业者等，但唐五代时期，江南城市中还逐渐聚集起了一大批富豪、停职官员、北方士大夫、文人、妓女之类的人物，他们逗留在江南地区，在一些比较富裕的城市中过起奢侈的生活。由于这批人数量相当多，财力雄厚，对江南城市经济的影响较大，他们的消费对城市经济产生了较大的刺激作用，并影响到了城市的风俗习惯，可以说他们对江南城市经济的繁荣起到了推波助澜的作用”。[2] 他们认牌消费，直接推动了品牌发展。例如餐饮食品业品牌方面的案例不胜枚举，据《嘉泰吴兴志》卷18《食用故事》记载：“湖州仪凤桥南有鱼脯楼，吴越国时在此专门曝鱼脯上贡，但‘春月尤多，作以供盘饤’，‘今乡土鱼脯甚美’。上贡用不

---

1 吕思勉：《中国通史》，中国华侨出版社，2016年6月第1版，第168页。

2 张剑光：《唐五代江南工商业布局研究》，中国典籍与文化研究丛书第一辑，江苏古籍出版社，2003年5月第1版，第369页。

了这么多，就用来出售，因此鱼楼分有名。”[1] 再如《宋稗类钞》中所记“建康七妙”：“金陵士大夫渊薮，家事鼎铛，种种臻妙；齑可照面，馄饨汤可注砚，饼可映字，亦可作劝盏，饭可打擦擦台，湿面可穿结带，寒具嚼著，警动十里人。”[2] 由此可知，随着市场经济活跃和城市经济勃兴，人们生活水平的提高，人们认牌消费蔚然成风，这是品牌消费的具体表现。这种消费方式一方面反映为生产者对于消费者的承诺，有利于建立良好的市场秩序，促进消费；另一方面反映为消费者对于产品品质的要求，对于日用品来说，产品要经久耐用，并且方便实用。对于餐饮食品业来说，不仅要满足基本的温饱，而且要满足审美等精神需求。品牌消费中可以有俭，例如满足大众消费，在确保产品质量前提下，采取薄利多销、质优价廉的大众品牌。可以有奢，以满足高端人群的中高档品牌，乃至于奢侈品。品牌消费是一种典型的身份型消费，是现代消费主张的重要组成部分。在现代经济活动中，一味的质优价廉不利于再生产，经济繁荣。

四、产业发展

我国长期处于农业社会，产业主要包括农业、盐业、渔业、纺织业、酿酒业、铸铁业、畜牧业和手工业等，在古代它们的所有制形式都具有王有制性质，史称“工商食官”。在奴隶制社会的手工业方面，青铜冶铸业、陶瓷业、车船制造业、玉器雕琢业、丝麻纺织业等较为发达，并形成了一系列产业品牌。例如扬州的瑶琨，即扬州的玉器是当时重要的贡物，驰名国内。随着朝代更替以及技术发展，这些传统产业的文化创意以及技术含量越来越高，具有强烈的时代性，并推动形成了新兴产业，并使许多地方形成了自己独具特色的产业品牌。例如扬州的漆器业，这一产业虽然现已式微，成为传统工艺美术

1　张剑光：《唐五代江南工商业布局研究》，中国典籍与文化研究丛书第一辑，江苏古籍出版社，2003年5月第1版，第367—368页。

2　马学仁：《“建康七妙”古今考》，载《江苏地方志》，2014年第4期。

行业中的非物质文化遗产，但一度极为辉煌，是扬州城市品牌的标志。在唐末五代时期，苏州、常州、南京、台州等地也均是重要的全国漆器生产中心，整个江南地区因此形成了自己的区域性的漆器产业集群品牌，傲视全国。近代产业主要分布有陶瓷、丝绸、棉布、医药、食品（酿酒）、餐饮、教育、金融等，这些产业以及产业品牌是中国器物文化的重要组成部分。随着这些产业发展，促使不同地域有了不同的产业分工，由于各地经济发展水平不一，产业品牌较为发达的地区最先出现资本主义萌芽，推动市场竞争水平不断提高，有利于品牌发展。但直至近代，中国式资本主义萌芽最终没有演变为西方式资本主义，而是在近代被欧美等工业发达国家以战争方式打开国门。在欧美资本主义的直接推动下，中国的现代产业才得以崛起，现代产业品牌在与欧美产业品牌的合作与竞争中，艰难起步，但快速发展，并有效地推动现代广告业等产业发展。广告业与品牌塑造、品牌营销和品牌推广密切相关。长期以来，在一般消费者，甚至于品牌建设的从业人员心目中，品牌塑造等同于广告，品牌作为企业营销与管理的重要组成部分，通过广告而在消费者中赢得知名度，因此最为快速地赢得市场。我国的商品广告最早可追溯至原始社会末期和奴隶社会初期，如今广告业随着现代品牌建设而趋于兴盛，并成为相对独立的产业形态。

五、企业发展

中国产业发展，离不开企业发展，企业是推动产业发展的主体性力量，同时也是经济活动的主体性力量，是关于劳动分工、提高生产效率，向社会提供所需产品，独立核算的一种劳动组织形式。它以追求利润、自负盈亏为旨归。自古以来，我国企业以官办为主，民营为辅。由于我国长期处于封建社会，率土之滨，莫非王土，历史上诸多叱咤风云的民营企业也与政府间有着千丝万缕的关系。我国著名的十大商帮也都得益于政府的政策扶持，一旦失去政府的政策扶持，便走向下坡路，难以为继。盐商也莫不如此，例如扬州盐商。扬州长期以来作为我国中部各省食盐的供应基地，“四方的盐商到扬州‘侨寄户居者，不下数十万’。这些盐商与清政府的关系十分密切，通过囤积居奇，垄断专利，获得巨额利润，‘富者以千万计’”。[1] 或者官商之间直接订立共同经营企业的契约，因此出现不少官员参股的企业，经营者获得官员保护，官员获得经营者的经营利润。由于我国历朝政府对于民营企业的严密控制，加之我国儒文化导向，我国的企业发展一直缺乏独立的企业价值导向，缺乏以科技为支撑的经营策略。但出于市场拓展的需要，一方面，一直较为注重商誉，即商标品牌建设。我国古代商标的起源可追溯至先秦时期的印信。随着手工业的兴起，人们将这种印信沿用至他们生产的产品上：首先用于不同生产者之间所生产的产品的区别，即差异化区别，并赋予它质量、技术和诚信的内涵；其次用于广告营销，以商标为标志，辅之以迎合消费者心理的广告语，直接反映为商战行为，强化消费者认牌消费意识。这种企业品牌以及产品品牌推广，在不同的时代里有着不同的方式：古代以实物、叫卖、标记、音响为主，在中世纪以商标、字号和牌号为主。当印刷物兴起后，便以印刷物为主，与时俱进。在字号上往往“融入创办人的姓氏、背景、行业、专业、经营理念、追求和向往等内容，用含义深远、称读响亮、言简意赅的字表达出来”，[2] 多体现吉祥如意、事事如意的意蕴，表达人们对于生活的美好愿望，是汉语言文化的精粹，有着一定的规则遵奉。这些举措，对推动企业发展发挥了举足轻重的作用，因此名品迭出。例如清代乾隆年间，江宁“手工业名品除绸缎外，其他名产品也不少。如仰氏之扇，伍少西之选毡货，汪天然之包头绢，几如和矢兑弓，著名四远”。[3] 另一方面，我国企业在经营中极为注重差异化策略，例如战国初期周人、最早的经商理论大师白圭，他信奉“人弃我取，人取我予”的经营思想，成为历代遵奉的经商名言，这也是现代品牌营销中遵循的重要原则。

1 王文清主编：《江苏史纲（古代卷）》，江苏古籍出版社，1993年8月版，第772页。

2 马东岐，康为民编著：《中华商标与文化》，中国文史出版社，2007年1月第1版，第7页。

3 王文清主编：《江苏史纲（古代卷）》，江苏古籍出版社，1993年1月第1版，第771页。

六、企业文化

企业文化是伴随着企业产生而产生，是企业得以生存发展的魂之所系，最能体现品牌文化的核心价值观。中国企业文化是中国古代文化的重要组成部分，它深受中国传统文化影响，但又有着自己的特征。主要是受我国传统文化“以商为末”的思想影响，人们对于工商业者，特别是商业人士，贬为“贱丈夫”（孟子），企业家的地位普遍不高。同时由于对“万般皆下品，唯有读书高”的理念的推崇，在相当一批企业家心目中，以追求成为儒商为旨归。他们不仅在企业经营管理中融入优秀的儒文化，使我国古代，乃至于现代企业管理思想以及企业管理文化中，具有浓郁的儒文化元素。当然还融入了不少道文化、佛文化等元素。正是由于受儒文化的影响，一大批企业家坚持达者兼济天下的理念，在经营中面对普通消费者，做到以诚信为本、童叟无欺，质佳而薄利多销。他们经商成功后，通过捐款造桥、兴办学校等举措，造福乡亲，义利相一致。由此形成了具有优秀的中国传统文化的企业文化，深刻地渗透于企业组织的价值追求，形成良好的企业经营管理思想和企业伦理。对内以人为本，即视企业员工为家人，凝聚员工，让优秀的传统文化成为企业全体员工的共有的精神素养、价值观和行为准则。对外在消费者心目中树立良好的企业品牌形象。一是善打名人牌，邀请名人题诗撰联，招徕顾客。例如中华老字号致和酱园，据说其藏头诗“致君美味传千里，和我天机养寸心。酱配龙蟠调芍药，园开鸡跖钟芙蓉”乃清末状元孙家鼐所撰。另一说，孙家鼐所撰的这首诗其实是两副对联。但不论对联，还是诗，客观上都起到了很好的名人广告效应。二是善以儒家仁义思想，确立品牌理念。例如中华老字号“同仁堂”，以仁义为经营理念。三是善于迎合消费者吉祥如意的心理，赢得客户。例如中华老字号“内联陞”鞋，意思是穿上此鞋，就能升官发财。

当然我国传统的企业文化不仅仅限于此，事实上远为复杂丰富，还应包括鱼龙混杂的不良的企业文化糟粕，例如假冒伪劣等。当然还有企业家的敬业精神、爱国精神以及后代培养等，这些百年老店如何得以传承的经验，都同样是现代企业品牌文化的重要组成部分，需要大力弘扬。这在我国文学作品中有着精彩的反映。关于商人的生活是我国文学创作的重要的题材库，从中折射出我国传统的企业文化。例如长篇小说《金瓶梅》《儒林外史》《歧路灯》《镜花缘》和《三言二拍》等均有生动形象的反映。

第三节 现代品牌文化的责任担当

《易经・系传》曰:“形而上者谓之道，形而下者谓之器。”对于品牌来说，则是形而上与形而下的两者结合体，其品牌文化既要讲究实用性，同时追求精神价值内涵，让人们在使用中感知、寄托并体现自身的价值主张和文化倾向。在交易中，既是货物交易，同时也是精神价值的交流、沟通和融合。现代品牌文化必须与现代文化价值观相一致，它强调消费者在对品牌的功能性使用过程中把握它的精神意义的终极性，有着典型的“七性”特征，即分别是:

一、时代性

任何品牌都是一定时代的产物，是这一时代文化在器物层面的反映，因此也有着鲜明的时代烙印与时代局限。品牌在其诞生的特定时代里的意识形态化，是品牌时代性的突出反映。例如民国年间的华生牌电风扇，新中国成立后的光明牌食品、东方红牌拖拉机、红旗渠建筑品牌和大寨春牌酒等。

华生牌电风扇创立于辛亥革命前后。1908年全国掀起一场声势浩大的“抵制洋货，使用国货”的爱国运动，让上海裕康洋行职员杨济川激发起制造中国自已的电风扇的梦想，抵制美货“奇异牌”电风扇。经过筹备，1916年，他与叶友才、袁宗耀等一起合资成立华生电器制造厂。“华生”之意即“中华民族更生”，希望中华民族在不远的将来能蓬勃向上。他们励精图治，令华生电风扇的技术、质量以及市场拓展能力，展示了中国电器制造的技术水平、生产能力以及品牌化营销能力。1925年6月，借助国人再次掀起“抵制洋货，使用国货”的爱国运动，华生电风扇后来居上，风靡市场。自改革开放以来涌现的世界级品牌华为、中兴通讯和振华港机等莫不如此，以爱国主义表达品牌的时代使命，跳动着鲜明的时代脉博。东方红牌拖拉机作为我国最具影响力的拖拉机品牌之一，于1958年诞生，其品牌名源于陕北民歌《东方红》，该歌歌词朴实简洁，旋律好记，唱出了人民群众对毛泽东主席及其领导的中国共产党的深厚真挚的感情，每一个中国人都对它耳熟能详，具有强大的传颂性、经典性以及政治性，拖拉机以此作为品牌名，使该拖位机打上鲜明的时代烙印，通过激起时代共鸣而易为消费者接受。

企业党建品牌是中国企业品牌建设时代性的典型反映，为企业品牌铸魂注入新的时代内涵。国有企业党建品牌是党建工作理念、形式、载体、机制的重要创新，有助于深刻把握党建工作的内在规律，是加强党的先进性建设的重要载体和有力抓手，令国有企业成为党和国家最可信赖的依靠力量。国有企业党建品牌工作形式多样，内容丰富，例如上海国企党建品牌的Logo设计，“超过九成的Logo选用了不止一种颜色，绝大部分是以红色作为主色，强调了Logo所代表的党建品牌属性，配色多以国有企业标准色为主，与国企品牌保持一致，符合企业整体视觉识别设计的统一性，能够进一步对国企形象进行推广。”[1] 更好地达成企业品牌发展愿景。

二、地域性

首先是不同的地理空间会产生不同的品牌，橘生淮北则为枳。农产品地理标志品牌是地域性的具体体现，在这些农产品地理标志品牌上还凝结了一定区域内的地域文化，形成品牌的差异性和唯一性。同时也有品牌主动导入传统区

1 于晶，苏虹，龚余晶:《基于视觉识别系统的国企党建品牌Logo设计模式与策略研究——以上海国资系统100家国企党建品牌为例》，载《现代国企研究》2021年第3期，第66—71页。

域文化，竭力打造成为区域品牌，例如秦函谷关商标视觉形象，直接以秦函谷关的图像为商标；还有的干脆直接以地名作为其品牌名，例如茅台酒、青岛啤酒和上海医药等，相互间形成良好的品牌联想。茅台酒既是中国国家地理标志产品，又是国家级非物质文化遗产，其加工工艺被确定为国家机密，鲜明地反映为一方水土产一方风物，此酒只有茅台有，企业品牌与产品品牌相一致。截至2021年9月1日，茅台酒总市值达2.04万亿元。它又直接带动了茅台这一区域酒产业的兴盛发展，推动了茅台区域品牌的发展。又由于它较长时间里使用国宴商标，而与国家品牌产生联想，使茅台品牌拥有了多个层次品牌的丰富联想，赢得市场。

这类品牌有时为强化自己的地域特征，会策划与这个地域相关的重大活动。或者其所在地域为打造城市品牌、区域品牌，与以城市名、区域名命名的重点企业品牌合作，举办大型活动，成为这个城市或区域的狂欢，相互背书，相互支撑，实现共赢。青岛啤酒与青岛市政府自1991年合作创立青岛国际啤酒节，至2021年共举办三十届，成为以啤酒为特色，融旅游、文化、体育、经贸于一体的国家级大型节庆活动，并赴国外举办，进行国际推广。2021年7月发布青岛国际啤酒节品牌价值，达368亿元人民币，进一步推动青岛国际啤酒节更好发展。这一啤酒节不仅为青岛啤酒，也为青岛城市品牌注入了特定的品牌文化内涵，强化了城市品牌特色。

三、传统性

充分挖掘传统文化中的特色元素以及相关价值主张，古为今用，推陈出新，直接化为品牌内涵以及外在形象呈现，这方面的成功案例不胜枚举，例如佛手牌味精。红豆牌服装，正是借用了唐朝诗人王维的《相思》一诗中“红豆生南国，此物最相思”中的红豆一词，让人们产生出良好的品牌联想，对该服装品牌形成一种浪漫想象。而月宫牌针织品，是借用了佛经里的故事中古代人民对美好生活之地的向往，让人对该品牌产生出穿上该品牌针织衣服，令人变得神话般美好之意。这些品牌既表现出对传统文化的继承性一面，同时又显示出对传统文化的创新运用的一面，继承与创新相互和谐，而不是相互排斥。佛手牌味精由天厨味精厂生产，创始人为吴蕴初，他将企业品牌命名为天厨，产品品牌命名为佛手，极富深意。为与日本的味之素味精竞争中胜出，原则上要适合当时佛教徒的心理状态，他与他的创意团队"联想到'天上珍馐皆出于庖厨'的美好传说。晋书《天文志》有'天厨星主盛馔'的记载，唐诗中有'朱骑传红烛，天厨赐近臣'的佳句。于是取'天厨'为厂名。"[1]秉承厂名之意，产品品牌名由此沿袭，几经商讨，确定为"佛手"。佛手既是一种植物名，既有较好的观赏价值，又有着良好的药用价值，更寄寓了深厚的文化内涵，是有福之手、佛祖之手之喻，能让人拥有智慧和力量，心想事成，逢凶化吉。含凡夫俗子绝不可能调理出如此鲜美的味精之意。它的问世，意味着中国从此拥有了自己的味精工业，并且承载了中国传统佛文化传播的使命。

四、实用性

这具体贯穿在研发生产环节，并在消费者使用过程中得到验证，进而在消费者心目中形成对该品牌经久耐用、方便使用并有良好效果的实际印象。它特别强调以质量为核心的使用功能以及使用效果，无论对研发者、制造者，还是消费者都具有积极作用。入选联合国教科文组织非物质文化遗产名录的藏医药浴法、中医针灸等便都极为讲究实效。其中藏医药浴法，藏语称"泷沐"，是藏族人民以土、水、火、风、空"五源"生命观和隆、赤巴、培根"三因"健康观及疾病观为指导，通过沐浴天然温泉或药物煮熬的水汁或蒸汽，调节身心平衡，实现生命健康和疾病防治的传统知识和实践。该遗产项目既体现了相关社区民众通过沐浴防病、疗疾的民间经验，也是以《四部医典》为代表的传统藏医理论在当代健康实践中的继承和发展，是藏医学"索瓦日巴"的重要组成

1　胡云芳主编:《上海工业老品牌》，上海市工业经济联合会出版，2017年7月第1版。

部分。中医针灸作为传统中医的一种医疗手段，通过物理刺激经络，促进人体自我调节功能而为病人带来健康。刺激方法包括用艾绒点炙或用针刺就管道的穴位，促进身体重新恢复平衡，进而达到预防和治疗疾病的目的。[1]这些传统医疗因疗效显著而代代相传。既是中华老字号，又是国家级非遗的张小泉刀剪作为传统手工艺品，以“良钢精作”为家训，磨工精细、刀口锋利、开闭自如而具有极强的实用性，至今传承340多年而不衰。

五、审美性

主要强调品牌的外观的创意设计，讲究美观时尚，赏心悦目。好的品牌具有艺术符号的特点，在视觉上征服消费者，它包括品牌的外包装、广告形象和产品本身等，每个细节每个环节均传递出美的韵味，并具有鲜明的民族性。以明代家具、民国海派旗袍为例。在历史的长河里，它们的审美性不论时代如何更替，始终坚守自己的审美特点而风格卓著。明代家具无论达官贵人，还是普通百姓，所使用的家具无论材质怎样，整体上均造型简洁，线条洗炼，结构严谨，做工精细，充分体现木材本身的优美纹理，自然质朴，至今仍褒有强大的生命力。仿明式家具，特别是明式红木家具依然为当代消费者所推崇。民国海派旗袍源于满族旗袍，随着辛亥革命，满族旗袍迅速式微。但在20世纪20年代，在中西服饰交汇的上海，吸收西式裁剪方法，对旗袍款式作深度改良，开身、收腰，充分体现女性身姿的婀娜之美。龙凤旗袍作为民国海派旗袍的代表，源于清乾隆年间苏广成衣铺，精工制作时尚高档旗袍，其工艺特色体现为“镶、嵌、滚、岩、盘、绣”，面料精选，图案一般以中国传统文化中的花鸟、龙凤、如意等为主，通过特有的“镂、雕”等绝技，使绣出的图案精美绝伦，时尚高档，具有高贵、典雅等审美特质。

品牌的审美性当然不仅包括视觉审美，还包括音乐艺术审美等，音乐艺术

1 资料来源：中国非物质文化遗产网・中国非物质文化遗产数字博物馆。

审美主要对于诗词品牌、音乐品牌而言，由表及里，由外而内，深层次激发消费者对品牌的认知、认同。

六、技术性

我国古代官营手工业的技术含量一般优于民营手工业者，因为它具有民营手工业者所不具备的研发条件、物质条件和人才条件。在现代品牌建设中，技术含量越来越重要，科技创新已成为众多品牌得以崛起、做大做强的决定性因素。对技术精益求精，富于工匠精神。明式家具、民国海派旗袍的技术性概莫能外，它们也均列为国家级非物质文化遗产中的传统技艺。中国传统木结构建筑营造技艺、南京云锦织造技艺、中国传统陶瓷制作技艺等，作为中国传统技术的翘楚，独步世界，也同样被列为非遗，有的甚至被列为世界级非遗。中国传统陶瓷是中国工业产品发展的重要成果，在相当长的历史时期里，正是由于实现了技术上的一次又一次革新和突破，积累了众多烧制技艺，世界领先。中国陶瓷通过陆上丝绸之路和海上丝绸之路，远销世界，成为中华文明对世界文明做出的重大贡献。近代以来，由于欧州、日本等一些国家陶瓷生产技术获得突破式创新，成为中国陶瓷的主要竞争对手，也成为激发中国陶瓷技术进一步创新发展的驱动力。

七、终极性

品牌凝结了生产者、创意者、设计者、销售者和消费者等不同群体共同的精神寄托，有着强烈的入世风格，世俗性是它最为鲜明的特征，即功能性的现实关怀（产品/服务的使用）和生命精神的寄寓。在全球化中，它充当了人类文化共同体的文明对话、文明交互、文明互鉴的媒介。在不同的文明语境里，同一品牌会折射出不同的人类精神面貌，消弭分歧、冲突，求同存异，达至和谐共生，有着无可替代的文化吸引力、感召力和同化力。在品牌形象设计中，不少中国企业自觉地将飞禽走兽、神话传说、动植物以及矿物质作为文化图腾运用于品牌形象设计，生动地表达对品牌使命的终极追求。例如互联网品牌较为喜欢运用动物形象作为品牌形象，腾讯的企鹅、美团外卖的袋鼠、苏宁易购的狮子、淘宝天猫的天猫、京东的小狗均是如此。当房产中介品牌我爱我家向互联网平台发力时，精心选择以大象作为品牌形象，并将此抽象成房屋形状。其理由是在中国传统文化里，象与祥是谐音字，太平有象，被称为祥兽，自古为神兽，以善吸水驰名，水为财，凡家居大窗见海或水池、河流等水者，均称为“明堂聚水”。若将大象摆放家中，则吉象送财，大财小财均为已所纳，吉祥如意，健康长寿。在神话中，大象为摇光之星生成，传说古佛乘象从天而降，能兆灵瑞。

以上七个特征不是天然割裂，而是相互联系，既满足消费者的外在使用、审美需求，同时满足消费者的内在精神与情感需求，贯穿于品牌塑造的全过程，当然必须体现在品牌经济发展的全过程。品牌经济的一切活动本质上是品牌文化的外在反映，还具有连贯性、稳定性、创新性等多种特征，以此深刻地体现品牌持久发展的生命力。现代品牌文化既有软性约束一面，同时又有刚性约束一面。软性约束主要包括契约精神、法律制度、道德伦理和审美倾向等，在一定程度上属于经济伦理范畴，难以量化。刚性约束，主要包括原材料、质量标准、质量追溯、环保标准和科技专利等，更多地表达为硬约束，可量化。以此才能在现代品牌文化构建中显示鲜明的责任担当，推动全球品牌经济发展获得良性秩序。现代品牌文化的责任担当如下：

一、充分确立全球经济一体化发展理念

全球经济一体化发展伴随着人类有史以来发展的整个过程，十分漫长，这是人类自身的特性所决定，尽管在全球化过程中伴随着种种丑陋与恶行，但这是人类命运的发展趋势。品牌在这一过程中，扮演着至关重要的推手作用，以跨国公司品牌为标志，有效地打破国家概念，对传统的全球治理带来新挑战与新格局。对此必须以全球视野观察品牌跨国界活动，才能充分实现全球市场一体化发展。在这一过程中，国家品牌文化、区域品牌文化、城市品牌文化等各

类品牌文化，将必须面临对抗冲撞、融合创新。对此要传播有利于共享全球化成果的发展理念，并且应化为全球治理的新的制度安排，包括跨国行业协会以及跨国的第三方公共性服务平台建设等。

二、充分尊重民族品牌以及区域性品牌的生存与发展

纵观自工业文明开启以来，世界各国都竭力打造自身的国家品牌、民族品牌，特别是工业品牌，许多中小国家艰难探索，以期突破各种主客观原因，在科技研发、生产制造、品牌推广和市场培育等各环节努力，实施自己的品牌之路。在这条路上，有的国家全面胜出，有的国家局部胜出，发展成为世界强国，有的难以胜出，国家因此衰落，甚至败亡。因此，在某种程度上品牌强弱直接表现为国家强弱，拥有一定的强势品牌，使强国恒强，弱国恒弱。例如欧盟一体化发展，进一步强化了德国、法国等发达国家即工业品牌强国在这一区域内的经济控制力，而这一区域内的发展中国家则处于被经济控制，典型地反映为被品牌，民族工业沦为价值链低端的代工。对此，要充分尊重富于特色的国家品牌、民族品牌和工业品牌建设，及其品牌文化传播，实现多元发展，以保证全球文化的多样性和多元性，并且拥有一个良好的品牌生态环境，避免强者通吃，在适度增加品牌的市场占有率的同时，必须有效破解发达国家、品牌大国对于发展中国家和品牌弱国的经济控制。

三、充分警惕强势品牌对国家经济的绑架

在品牌经济发展进程中，不可避免地产生一批跨国公司品牌，它们富可敌国，对全球资源的动员与组织，对不同国家的经济渗透以及引导能力，使它们对经济弱国具有巨大的影响力，同时对其母国的经济体制、经济政策，乃至于政治生活，都将带来难以估量的影响，甚至于它的垄断性，足以绑架国家经济。必须充分认识到跨国公司品牌以及其他强势品牌所具有的超国家性这一特征。全球性跨国公司品牌以及区域品牌通过外部进入，以雄厚的资本来获取其发展所必需的自然资源、市场、文化要素和劳动力。当然一开始以承担社会责任为名，柔性进入，带动一国经济发展，提升一国社会福利，然而当不可避免

地拉高该国消费水平以及使该国资源不可持续，当它们的生产成本急剧上升时，它们会从该国转移，以市场之名，寻找更为低廉的自然资源、劳动力。当然对于该国市场它们断不会轻易退出，并且还会吸收该国的文化要素，例如邀请该国明星担任形象代言人，增强其品牌竞争力。它们总是在全球范围内，寻找最低廉的自然资源、劳动力，并制造出人们乐于消费它们产品的市场，在一定程度上降低人类共同的生产成本，提高了资源配置效率以及利用效率，让人类在经济活动中变得容易合作而不是对抗，共享文明成果。但从深层而言，意味着它们对于品牌弱国的剥夺，从而获取暴利。这是跨国公司品牌在现有阶段逐利过程中的必然反映。因此对于跨国公司品牌的全球流动，必须有相应的全球性经济治理规则加以规范。然而国家的主权独立性以及意识形态的差异等客观原因，使这一治理体系的有效探索在目前以及未来相当长时期里，只能在某一区域范围内得到响应。

四、充分实现全球法治体系的对接

每个国家在它漫长的发展过程中，均建立了相对独立的法治体系，这些不同的法治体系深刻地体现出不同国家的特点，包括它们不同的政治、经济、社会和文化发展方式。对此，各国应确立相互包容、相互尊重的全球治理理念，建立相对统一的全球经济发展规则，包括追求贸易自由、充分体现契约精神等，这必须以全球法治体系做支撑。一方面对于人类在经济活动中的恶习进行强制约束，另一方面在全球范围内促使人类充分激发科技创新能力、品牌创新能力、经济发展方式的创新能力等，进而推动全球法治体系在坚持公正、公开和公平的原则中实现充分对接，以使品牌在全球性的经济活动中有章可循，例如WTO以及其他众多双边、多边等国际贸易规则、《商标国际注册马德里协定》等，为全球性的品牌有序发展打下了一定基础。

五、充分确立新型消费观，形成生产与消费的品质一致化

品牌消费是人类社会财富积累到一定程度后，应运而生的一种普适性消费现象，即人们的物质条件得到一定满足后，自觉地追求精神需求，而自然地

表现为对于附着精神文化价值的物质的渴望，以此实现品质生活。它需要供需两端同时发力，即什么样的供给会形成什么样的消费需求，而什么样的消费需求又导致什么样的供给，两者必须同步提升，才能相互匹配。供给主要指生产端，要坚持高质量与高标准，严把供给关，确保市场所提供的各类品牌与新型消费观相吻合，推动消费、引导消费。与此同时，要求消费者必须具有一定的货币购买力，这是消费者拥有一定消费能力的重要基础。消费能力不仅仅表现为货币购买力，而且表现为对于品牌消费的理念认同，这不仅需要消费者的消费自觉，同时对于一个国家或一个地区经济发展水平具有一定的客观要求，即必须具有一定的品牌经济发展水平。

六、充分推动传统品牌文化向现代品牌文化转型

品牌文化是随着现代工商文化发展而兴盛的一种文化现象，但源于传统品牌文化，因此它是对传统工商文化的继承与发展。传统品牌文化既包含诚信无价、讲究质量、童叟无欺、勇于进取和开拓创新等优秀的工商文化，熔铸了中国优秀的传统文化，但又处处包含了传统文化的阴暗面，例如短斤缺两、见利忘义、假冒伪劣和坑蒙拐骗等。世人一般评价商人为“无商不奸”等。对此，要对传统品牌文化注入现代文化内涵，推动传统品牌文化向以“法治”为核心的现代品牌文化转型，对于品牌发展中可能导致的恶，给予必要的规避约束，其中一般的经济伦理原则转换为品牌伦理原则显得尤为重要。根据品牌的六个层面，即每个层面的品牌文化建设既有相似性和相通性，但又各有属性和任务，例如国家品牌文化，就应保护品牌资产，即品牌产权清晰，使企业家乐于创建品牌，发展品牌。而企业家在创建品牌过程中，应依法创建。现代品牌文化作为支撑品牌经济发展的文化形态，不仅表达器物的现代精神价值取向，更应着力于解决品牌经济发展中的深层的文化动力问题。

七、充分实现企业治理结构品牌化，走价值型发展之路

企业品牌作为品牌经济的基石，在其品牌建设过程中，事实上是对那些流于传统的企业治理结构的流程再造。它不再简单地表述为对于生产流程与生

产职责的简单划分，而是按照品牌价值链来定位企业治理结构，包括部门设置以及相关部门所承担的责任。例如财务部不仅包括传统的财务核算，还必须包括品牌资产核算等，企业品牌不再简单地按照生产流程进行部门设置，而是按照价值链设置。在传统的品牌企业里，可能将品牌设置为某一部门，例如品牌管理部，有某一副总主管，但显然这是不够的。在企业品牌价值治理中，这是一把手工程，品牌建设贯穿于任何一个环节之中，而不是局部工作，它是全局的、整体的，并且相互间不可分割的。包含了公司设立、技术研发与应用、生产管理、员工活动、市场营销拓展和客户维护等，唯有如此，才能使企业治理结构充分实现品牌化，走上应有的价值型发展之路。从在市场活动中的价格竞争转变为价值竞争，从囿于价值链的低端恶性竞争上升为价值链高端竞争，才有可能居于价值链高端，实现高价值化发展。在跨国公司品牌以及隐形冠军类品牌中已不乏这样的企业品牌，值得中国企业学习借鉴。

显然，在中国传统工商业中，有品牌因子，但绝无品牌经济形态，有品牌文化的元素，但现代品牌文化相对缺乏。品牌文化作为近代以来，随着工业以及商业现代化的快速发展，自然呈现的一种现代文化范式。近年来，当中国经济再次深度融入全球经济体系，并因此得以快速崛起，成为全球化中一股不可忽视的重要力量时，人们顿时明白，这与中国众多企业品牌的崛起密切相关，这些品牌在未来中国推动全球化发展中将承担不可替代的重任，同时还将涌现一批新型强势品牌，这是可以预期的，对此必须建构中国特色的品牌文化。

自古至今，文化在经济领域里从来没有缺席过，即使被物质粗暴地强奸和遮蔽，显得那么孤独和软弱，它依然如水一样浸润着人类的经济活动沿着它应有的方向发展。然而只有在品牌经济中，它名正言顺地作为经济发展的要素之一，并且通过指数设计实现量化与评估，变得可资本化，才能从经济活动的幕后推手光明正大地走上前台。精神文化价值面对物质价值不再羞羞答答，不再小人言于利，而是实实在在的，不再是抽象的义利统一。这是品牌经济与其他经济发展方式的显著区别，它最为根本的是人的精神文化价值的货币化，当我们计算一国或者某一地区的经济总量时，必须包括这一部分。这是它新的力量的显示。人类如何用好这一发展方式，无疑是对人类欲望的一场崭新考验。特别是如何重建品牌价值，关乎着人类对于自身命运的选择与追求的方向。

推动品牌文化发展，从其本质上是通过器物这一层面推动中国传统文化的现代转型，重建中国文化，这将比空谈文化更为有效。从浅层来说，它将有利于推动当代经济体制机制的制度性变革，进而实现我国乃至更广范围内经济发展体系的整体性升级。从深层来说，有利于在新全球化背景下推动人类命运共同体的构建。因此品牌文化将在世界文明史中拥有一个突出的正面地位。要实现这样的发展，必须有许多条件支撑，关键是对于未来愿景的价值取向。因此现代品牌文化建设任重而道远，对此不能不省察到，为什么鲁迅对于中国国民的劣根性的批判至今没有过时，那些哀其不幸、怒其不争的国民劣根性不知还会继续多少年。至少，在现存的体制里那种国民劣根性是极难改观的。

附　录

附表 1

国家五年规划中的品牌建设要求一览表

五年规划	具体章节	内　　容
“六五”（1981—1985）	第一编 第二章：社会总产品、国民收入和经济效益	工业产品的质量，要符合国家规定的标准，并且努力提高优质产品的比重。
“七五”（1986—1990）	第二十三章：科技发展战略	大力开发和普遍推广效果好、见效快的科技成果，积极采用新技术改造传统产业、传统工艺和传统产品。
	第四十一章：技术改造的部署	所有企业的技术改造，都要以提高经济效益为中心，大力提高产品的质量和性能，节约能源、降低原材料消耗，开发新品种，扩大优质名牌产品和短线产品的生产能力。
“八五”（1991—1995）	一、1991—2000年的主要目标和指导方针	始终把提高经济效益作为全部经济工作的中心。围绕提高产品质量、开发新品种、降低物质消耗、提高劳动生产率、改善劳动条件等方面，抓好一大批投入少、效益好、见效快的科技成果的推广应用，推动企业技术改造和设备更新，促进产品结构的调整和技术水平的提高。
“九五”（1996—2000）	三、经济建设的主要任务和战略布局	轻纺工业，要适应国内外市场需求变化，加快结构调整和优化，推动技术进步，大力开发新产品，提高产品质量、档次和加工深度。 调整产品结构，以创名牌和出口创汇为重点，大力开发适销对路的新产品和优质产品。提高出口产品附加值。

续表

五年规划	具体章节	内　　容
"十五"（2001—2005）	第四章：优化工业结构，增强国际竞争力	轻纺工业积极发展高档面料、名牌服装等。通过上市、兼并、联合、重组等形式，形成一批拥有著名品牌和自主知识产权、主业突出、核心能力强的大公司和企业集团，提高产业集中度和产品开发能力。促进中小企业向"专、精、特、新"的方向发展，提高与大企业的配套能力。（优化企业组织结构）
	第十七章：扩大对外开放，发展开放型经济	鼓励有竞争优势的企业开展境外加工贸易，带动产品、服务和技术出口。支持有实力的企业跨国经营，实现国际化发展。
"十一五"（2006—2010）	第三章：经济社会发展的主要目标	产业结构优化升级。产业、产品和企业组织结构更趋合理，服务业增加值占国内生产总值比重和就业人员占全社会就业人员比重分别提高3个和4个百分点。自主创新能力增强，研究与试验发展经费支出占国内生产总值比重增加到2%，形成一批拥有自主知识产权和知名品牌、国际竞争力较强的优势企业。
	第四章：发展现代农业	重点发展优质专用粮食品种、经济效益高的经济作物、节粮型畜产品和名特优新水产品。在气候条件适宜区域建设经济作物产业带和名特优新稀热带作物产业带。积极发展品种优良、特色鲜明、附加值高的优质农产品。
	第十章：加快发展高技术产业	按照产业集聚、规模发展和扩大国际合作的要求，加快促进高技术产业从加工装配为主向自主研发制造延伸，推进自主创新成果产业化，引导形成一批具有核心竞争力的先导产业、一批集聚效应突出的产业基地、一批跨国高技术企业和一批具有自主知识产权的知名品牌。
	第十一章：第二节 提升汽车工业水平	发挥骨干企业作用，提高自主品牌乘用车市场占有率。
	第十四章：提升轻纺工业水平	着力打造自主品牌。鼓励纺织工业增加附加值。提高纺织工业技术含量和自主品牌比重。

续表

五年规划	具体章节	内　　容
“十一五”（2006—2010）	第十四章：第二节 鼓励纺织工业增加附加值	提高纺织工业技术含量和自主品牌比重。发展高技术、高性能、差别化、绿色环保纤维和再生纤维，扩大产业用纺织品、丝绸和非棉天然纤维开发利用，推进纺织工业梯度转移。
	第十七章：丰富消费性服务业	鼓励开发特色旅游商品。
	第十九章：第四节 鼓励东部地区率先发展	鼓励东部地区率先发展，加快形成一批自主知识产权、核心技术和知名品牌，提高产业素质和竞争力。
	第三十五章：第一节 优化出口结构	以自有品牌、自主知识产权和自主营销为重点，引导企业增强综合竞争力。
	第三十六章：第二节 促进利用外资方式多样化	引导国内企业同跨国公司开展多种形式的合作，发挥外资的技术溢出效应。在保护国内自主品牌基础上，引导和规范外商参与国内企业改组改造。
	第四十七章：调整和完善经济政策	实施品牌战略，支持拥有自主知识产权和知名品牌、竞争力强的大企业发展成为跨国公司。实施中小企业成长工程。
“十二五”（2011—2015）	第九章：第一节 推动重点产业结构调整	轻纺行业要强化环保和质量安全，加强企业品牌建设，提升工艺技术装备水平。
	第九章：第二节 优化产业布局	以产业链条为纽带，以产业园区为载体，发展一批专业特色鲜明、品牌形象突出、服务平台完备的现代产业集群。
	第九章：第四节 引导企业兼并重组	推动自主品牌建设，提升品牌价值和效应，加快发展拥有国际知名品牌和核心竞争力的大型企业。
	第四编：营造环境推动服务业大发展	把推动服务业大发展作为产业结构优化升级的战略重点，营造有利于服务业发展的政策和体制环境，拓展新领域，发展新业态，培育新热点，推进服务业规模化、品牌化、网络化经营，不断提高服务业比重和水平。
	第十五章：第三节 培育壮大高技术服务业	培育发展一批高技术服务骨干企业和知名品牌。

续表

五年规划	具体章节	内　容
“十二五”（2011—2015）	第十七章：第二节 完善服务业政策	建立健全服务业标准体系。支持服务业企业品牌和网络建设。优化服务业发展布局，推动特大城市形成以服务经济为主的产业结构。
	第五十一章：第一节 培育出口竞争新优势	保持现有出口竞争优势，加快培育以技术、品牌、质量、服务为核心竞争力的新优势。
	第五十二章：第二节 加快实施“走出去”战略	支持在境外开展技术研发投资合作，鼓励制造业优势企业有效对外投资，创建国际化营销网络和知名品牌。
“十三五”（2016—2020）	第十章：第三节 培育出口新优势	适应国际市场需求变化，加快转变外贸发展方式，优化贸易结构，发挥出口对增长的促进作用。加快培育以技术、标准、品牌、质量、服务为核心的对外经济新优势，推动高端装备出口，提高出口产品科技含量和附加值。扩大服务出口，健全售后保养维修等服务体系，促进在岸、离岸服务外包协调发展。加大对中小微企业出口支持力度。
	第十八章：第四节 确保农产品质量安全	加强动植物疫病防控能力建设，强化进口农产品质量安全监管。创建优质农产品品牌，支持品牌化营销。
	第二十二章：第四节 加强质量品牌建设	实施质量强国战略，全面强化企业质量管理，开展质量品牌提升行动，解决一批影响产品质量提升的关键共性技术问题，加强商标品牌法律保护，打造一批有竞争力的知名品牌。
	第二十四章：第二节 提高生活性服务业品质	实施生活性服务业放心行动计划，推广优质服务承诺标识与管理制度，培育知名服务品牌。
	第五十五章：第一节 促进两岸经济融合发展	加强两岸宏观政策交流，拓展经济合作空间和共同利益。推动两岸产业优势互补、融合发展，鼓励两岸企业相互持股、合作创新、共创品牌、共拓市场。
	第五十八章：第二节 健全广泛参与机制	创新参与模式，鼓励设立产业投资基金和公益信托基金，实施扶贫志愿者行动计划和社会工作专业人才服务贫困地区计划。着力打造扶贫公益品牌。

续表

五年规划	具体章节	内　　容
“十四五”（2021—2025）	第八章：第三节　推动制造业优化升级	深入实施质量提升行动，推动制造业产品“增品种、提品质、创品牌”。
	第十二章　畅通国内大循环：第一节　提升供给体系适配性	开展中国品牌创建行动，保护发展中华老字号，提升自主品牌影响力和竞争力，率先在化妆品、服装、家纺、电子产品等消费品领域培育一批高端品牌。
	第十三章　促进国内国际双循环：第二节　提高国际双向投资水平	完善境外生产服务网络和流通体系，加快金融、咨询、会计、法律等生产性服务业国际化发展，推动中国产品、服务、技术、品牌、标准走出去。
	第三十六章　健全现代文化产业体系：第一节　扩大优质文化产品供给	实施文化品牌战略，打造一批有影响力、代表性的文化品牌。培育骨干文化企业，规范发展文化产业园区，推动区域文化产业带建设。
	第三十六章　健全现代文化产业体系：第二节　推动文化和旅游融合发展	加强区域旅游品牌和服务整合，建设一批富有文化底蕴的世界级旅游景区和度假区，打造一批文化特色鲜明的国家级旅游休闲城市和街区。
	第四十一章　推动共建“一带一路”高质量发展：第二节　推进基础设施互联互通	扩大“丝路海运”品牌影响。推进福建、新疆建设“一带一路”核心区。推进“一带一路”空间信息走廊建设。建设“空中丝绸之路”。

附表 2

国家五年规划中的知识产权建设一览表

五年规划	具体章节	内　容
“六五”（1981—1985）	无	无
“七五”（1986—1990）	无	无
“八五”（1991—1995）	五、“八五”期间科学技术、教育发展的任务和政策	发展科学技术需要采取的主要措施是：通过深化改革，逐步建立有活力、有效率的科研、引进、创新、推广和应用相互促进的新机制；充分发挥专利制度的作用，保护知识产权。
“九五”（1996—2000）	二、主要奋斗目标和指导方针	要制定和完善振兴基础产业和支柱产业、规范政府行为、保护环境资源、保护知识产权等方面的法律。
“十五”（2001—2005）	第四章：优化工业结构，增强国际竞争力	通过上市、兼并、联合、重组等形式，形成一批拥有著名品牌和自主知识产权、主业突出、核心能力强的大公司和企业集团，提高产业集中度和产品开发能力。
	第十章：推进科技进步和创新，提高持续发展能力	加大国家和全社会的科技投入，鼓励企业增加研究开发资金。加强知识产权保护。
	第二十六章：创新实施机制，保障实现规划目标	在全社会强化信用意识，整肃信用秩序，建立严格的信用制度，依法惩处经济欺诈、逃废债务、不履行合约、侵犯知识产权等不法行为。
“十一五”（2006—2010）	第三章：经济社会发展的主要目标	自主创新能力增强，研究与试验发展经费支出占国内生产总值比重增加到2%，形成一批拥有自主知识产权和知名品牌、国际竞争力较强的优势企业。
	第十章：加快发展高技术产业	按照产业集聚、规模发展和扩大国际合作的要求，加快促进高技术产业从加工装配为主向自主研发制造延伸，推进自主创新成果产业化，引导形成一批具有核心竞争力的先导产业、一批集聚效应突出的产业基地、一批跨国高技术企业和一批具有自主知识产权的知名品牌。

续表

五年规划	具体章节	内　　容
“十一五”（2006—2010）	第十一章：振兴装备制造业	增强汽车工业自主创新能力，加快发展拥有自主知识产权的汽车发动机、汽车电子、关键总成及零部件。
	第十九章：实施区域发展总体战略	加快形成一批自主知识产权、核心技术和知名品牌，提高产业素质和竞争力。
	第二十七章：加快科学技术创新和跨越	研制一批具有自主知识产权和市场竞争力的新药，建立具有国际先进水平的研发平台。 加强公民知识产权意识，健全知识产权保护体系，建立知识产权预警机制，依法严厉打击侵犯知识产权行为。加强计量基础研究，完善国家标准体系，及时淘汰落后标准。优先采用具有自主知识产权的技术标准，积极参与制定国际标准。发展专利、商标、版权转让与代理、无形资产评估等知识产权服务。
	第三十五章：加快转变对外贸易增长方式	以自有品牌、自主知识产权和自主营销为重点，引导企业增强综合竞争力。支持自主性高技术产品、机电产品和高附加值劳动密集型产品出口。
	第四十七章：调整和完善经济政策	实施品牌战略，支持拥有自主知识产权和知名品牌、竞争力强的大企业发展成为跨国公司。
“十二五”（2011—2015）	第二篇：强农惠农加快社会主义新农村建设	推进农业技术集成化、劳动过程机械化、生产经营信息化。加快农业生物育种创新和推广应用，开发具有重要应用价值和自主知识产权的生物新品种，做大做强现代种业。
	第十五章：加快发展生产性服务业	积极发展检验检测、知识产权和科技成果转化等科技支撑服务。
	第二十七章：增强科技创新能力	实施知识产权质押等鼓励创新的金融政策。建立健全技术产权交易市场。实施知识产权战略，完善知识产权法律制度，加强知识产权的创造、运用、保护和管理，加大知识产权执法力度。鼓励采用和推广具有自主知识产权的技术标准。完善科技成果评价奖励制度，加强科研诚信建设。

续表

五年规划	具体章节	内　　容
“十二五”（2011—2015）	第五十八章：推进两岸关系和平发展和祖国统一大业	加强两岸在知识产权保护、贸易促进及贸易便利化、海关、电子商务等方面的合作。积极支持大陆台资企业转型升级。依法保护台湾同胞正当权益。
“十三五”（2016—2020）	第八章：构建激励创新的体制机制	支持自主探索，包容非共识创新。深化知识产权领域改革，强化知识产权司法保护。
	第十二章：建立现代产权制度	实施严格的知识产权保护制度，完善有利于激励创新的知识产权归属制度，建设知识产权运营交易和服务平台，建设知识产权强国。
	第五十章：健全对外开放新体制	加强知识产权保护和反垄断执法，深化执法国际合作。强化涉外法律服务，建立知识产权跨境维权援助机制。
“十四五”（2021—2025）	第五章　提升企业技术创新能力：第三节　完善企业创新服务体系	完善金融支持创新体系，鼓励金融机构发展知识产权质押融资、科技保险等科技金融产品，开展科技成果转化贷款风险补偿试点。
	第七章　完善科技创新体制机制：第二节　健全知识产权保护运用体制	实施知识产权强国战略，实行严格的知识产权保护制度，完善知识产权相关法律法规，加快新领域新业态知识产权立法。加强知识产权司法保护和行政执法，健全仲裁、调解、公证和维权援助体系，健全知识产权侵权惩罚性赔偿制度，加大损害赔偿力度。优化专利资助奖励政策和考核评价机制，更好保护和激励高价值专利，培育专利密集型产业。改革国有知识产权归属和权益分配机制，扩大科研机构和高等院校知识产权处置自主权。完善无形资产评估制度，形成激励与监管相协调的管理机制。构建知识产权保护运用公共服务平台。
	第十五章　打造数字经济新优势：第一节　加强关键数字技术创新应用	加快布局量子计算、量子通信、神经芯片、DNA存储等前沿技术，加强信息科学与生命科学、材料等基础学科的交叉创新，支持数字技术开源社区等创新联合体发展，完善开源知识产权和法律体系，鼓励企业开放软件源代码、硬件设计和应用服务。

续表

五年规划	具体章节	内　容
“十四五”（2021—2025）	第二十一章　建立现代财税金融体制：第一节　加快建立现代财政制度	建立权责清晰、财力协调、区域均衡的中央和地方财政关系，适当加强中央在知识产权保护、养老保险、跨区域生态环境保护等方面事权，减少并规范中央和地方共同事权。
	第六十一章　保持香港、澳门长期繁荣稳定：第一节　支持港澳巩固提升竞争优势	支持香港建设国际创新科技中心、亚太区国际法律及解决争议服务中心、区域知识产权贸易中心，支持香港服务业向高端高增值方向发展，支持香港发展中外文化艺术交流中心。

附表3

“十一五”以来国务院以及相关部委推进品牌建设部分文件一览表

编号	部门	文件名	联署及主题分类	成文时间
1	商务部	关于实施“振兴老字号”工程的通知（商改发〔2006〕171号）		2006年4月10日
2	商务部	关于开展“品牌万里行”活动的通知（商运发〔2006〕236号）		2006年5月12日
3	商务部	关于加强老字号文化遗产保护工作的通知（商改发〔2006〕554号）	国家文物局	2006年10月26日
4	商务部	关于品牌促进体系建设的若干意见（商财发〔2006〕628号）		2006年12月20日
5	商务部	关于保护和促进老字号发展的若干意见（商改发〔2008〕104号）	发展改革委、教育部、财政部、住房和城乡建设部、文化部、税务总局、工商总局、质检总局、知识产权局、旅游局、银监会、证监会、文物局	2008年3月31日
6	商务部	关于推进国际知名品牌培育工作的指导意见（商贸发〔2009〕150号）	国家发改委、财政部、科技部、海关总署、国家税务总局、国家工商局、国家质监总局	2009年4月2日
7	商务部	关于进一步做好中华老字号保护与促进工作的通知（商商贸发〔2011〕22号）		2011年3月7日
8	商务部	关于促进中国品牌消费的指导意见（商运发〔2012〕434号）		2012年12月17日

续表

编号	部门	文件名	联署及主题分类	成文时间
9	商务部	商务部等16部门关于促进老字号改革创新发展的指导意见（商流通发〔2017〕13号）	商务部、发展改革委、教育部、人力资源社会保障部、住房城乡建设部、文化部、国资委、税务总局、工商总局、质检总局、知识产权局、旅游局、银监会、证监会、文物局、中医药局	2017年1月13日
10	商务部	关于推动品牌连锁便利店加快发展的指导意见（商流通函〔2019〕696号）	商务部、宣传部、发改委、工业和信息化部、公安部、自然资源部、住建部、交通部、文旅部、国资委、市场监管局、烟草局、药监局	2020年1月27日
11	质检总局	关于组织开展地理标志产品保护示范区试点工作的通知（〔2010〕1005号）		2010年12月29日
12	质检总局	关于加强品牌建设的指导意见（国质检质联〔2011〕329号）	国家发改委、工信部、农业部、国资委、国家知识产权局、国家旅游局	2011年7月4日
13	质检总局	关于印发《争创“全国质量强市示范城市”活动指导意见》的通知（国质检质〔2012〕179号）		2012年4月9日
14	质检总局	关于印发《“全国知名品牌创建设示范区”建设工作指导意见》的通知（国质检质〔2012年〕191号）		2012年4月16日
15	质检总局	关于进一步加快质量诚信体系建设的指导意见（国质检质〔2012〕216号）		2012年4月26日

续表

编号	部门	文件名	联署及主题分类	成文时间
16	质检总局	中国出口质量安全示范企业创建工作规范（试行）（国质检〔2014〕577号）		2014年11月3日
17	质检总局	关于开展“全国知名品牌创建示范区”区域品牌价值评价工作的通知（国质检质〔2015〕211号）		2015年5月19日
18	质检总局	质检总局关于同意命名青岛市为“全国质量强市示范城市”的公告（2015年第104号）		2015年8月21日
19	工商总局	关于开展打击“傍名牌”专项执法行动的通知（工商竞争字〔2013〕42号）		2013年2月27日
20	工商总局	关于深入实施商标品牌战略推进中国品牌建设的意见（工商标字〔2017〕81号）		2017年5月17日
21	国家知识产权局	关于进一步加强商标品牌指导站建设的通知》（国知发运字〔2021〕24号）		2021年7月27日
22	工信部	关于加快我国工业企业品牌建设的指导意见（工信部联科〔2021〕347号）	国家发改委、财政部、商务部、中国人民银行、国家工商总局、国家质监总局	2011年7月22日
23	工信部	关于做好2017年工业质量品牌工作的通知（工信厅科函〔2017〕132号）		2017年3月8日
24	工信部	关于联合开展2017年工业质量品牌行动的通知（工信部联科〔2017〕96号）	工业和信息化部、国家质量监督检验检疫总局	2017年5月3日
25	工信部	工业和信息化部办公厅关于做好2021年工业质量品牌建设工作的通知（工信厅科函〔2021〕48号）		2021年3月22日

续表

编号	部门	文件名	联署及主题分类	成文时间
26	农业部	关于进一步调整优化农业结构的指导意见（农发〔2015〕2号）		2015年2月
27	农业部	关于印发《国家农产品质量安全管理办法》（农质发〔2015〕8号）		2015年7月31日
28	农业部	关于推进“三品一标”持续健康发展的意见（农质发〔2016〕6号）		2016年5月6日
29	农业部	关于开展休闲渔业品牌培育活动的通知（农办渔〔2017〕52号）		2017年8月20日
30	农业农村部	关于加快推进品牌强农的意见（农市发〔2018〕3号）		2018年6月26日
31	农业农村部	关于农产品质量安全追溯与农业农村重大创建认定、农产品优质品牌推选、农产品认证、农业展会等工作挂钩的意见（农质发〔2018〕10号）		2018年11月27日
32	农业农村部	关于印发《奶业品牌提升实施方案》的通知（农办牧〔2019〕29号）		2019年3月22日
33	国资委	关于加强中央企业品牌建设的指导意见（国资发综合〔2013〕266号）		2013年12月17日
34	国务院	关于进一步做好打击侵犯知识产权和制售假冒伪劣商品工作的意见（国发〔2018〕3号）		2011年12月13日
35	国务院	关于贯彻实施质量发展纲要2013年行动计划的通知（国发〔2013〕18号）		2013年2月27日

续表

编号	部门	文件名	联署及主题分类	成文时间
36	国务院	关于加快发展对外文化贸易的意见（国发〔2014〕13号）		2014年3月3日
37	国务院	关于加快发展生产性服务业促进产业结构调整升级的指导意见国发〔2014〕26号		2014年7月28日
38	国务院	中国制造2025国发〔2015〕28号		2015年5月8日
39	国务院办公厅	关于印发贯彻实施质量纲要2016年行动计划的通知（国发〔2016〕18号）		2016年4月19日
40	国务院办公厅	关丁深入实施互联网+流通行动计划的通知（国办发〔2016〕24号）		2016年4月21日
41	国务院办厅	国务院办公厅关于开展消费品工业“三品”专项行动营造良好市场环境的若干意见（国办发〔2016〕40号）		2016年5月26日
42	国务院办公厅	关于发挥品牌引领作用推动供需结构升级的意见（国办发〔2016〕44号）		2016年6月10日
43	国务院办公厅	关于印发消费品标准和质量提升规划（2016—2020年）的通知（国办发〔2016〕68号）		2016年9月6日
44	国务院办公厅	国务院办公厅关于加快推进农业供给侧结构性改革大力发展粮食产业经济的意见（国办发〔2017〕78号）		2017年9月1日
45	国务院办公厅	关于支持国家级新区深化改革创新加快高质量发展的指导意见（国办发〔2019〕58号）		2020年1月27日

附表 4

我国部分省市品牌建设政策一览表

<table>
<tr><th>省区市</th><th>发文单位</th><th>政策文件名称</th><th>颁布时间</th></tr>
<tr><td rowspan="6">北京市</td><td>北京市人民政府</td><td>关于深入实施商标战略推动首都品牌经济发展的意见</td><td>2013年3月</td></tr>
<tr><td>北京市人民政府</td><td>关于发布2014年北京市引导支持品牌展会名录的通知</td><td>2014年11月</td></tr>
<tr><td>北京市人民政府办公厅</td><td>北京市消费品标准升级和质量提升规划（2016—2020年）</td><td>2016年12月</td></tr>
<tr><td>北京制造业创新发展领导小组</td><td>印发《关于开展消费品工业“三品”专项行动营造良好市场环境的实施意见》的通知</td><td>2017年6月</td></tr>
<tr><td>北京市经济和信息化局</td><td>关于印发北京市工业和信息化领域2020年质量品牌工作计划的通知</td><td>2020年4月</td></tr>
<tr><td>北京市商务局</td><td>《关于鼓励发展商业品牌首店的若干措施》（2.0版）</td><td>2020年9月</td></tr>
<tr><td rowspan="2">天津市</td><td>天津市工业和信息化委员会文件</td><td>天津市工业企业2017年质量品牌建设实施方案</td><td>2017年5月</td></tr>
<tr><td>天津市质量工作领导小组</td><td>关于印发《关于进一步促进天津品牌建设的实施意见》的通知</td><td>2017年7月</td></tr>
<tr><td rowspan="6">上海市</td><td>上海市经济委员会</td><td>关于推进本市品牌工作的实施意见</td><td>2004年11月</td></tr>
<tr><td>上海市经济和信息化委员会</td><td>关于本市加强品牌建设的若干意见</td><td>2012年8月</td></tr>
<tr><td>上海市经济和信息化委员会</td><td>关于组织开展2016年市级品牌培育试点示范工作的通知</td><td>2016年6月</td></tr>
<tr><td>上海市质量技术监督局</td><td>关于开展2015年上海市知名品牌创建示范区建设工作的通知</td><td>2016年8月</td></tr>
<tr><td>上海市人民政府办公厅</td><td>本市贯彻《国务院办公厅关于发挥品牌引领作用推动供需结构升级的意见》的实施办法</td><td>2016年9月</td></tr>
<tr><td>上海市人民政府办公厅</td><td>关于推进本市消费品工业增品种、提品质、创品牌的实施意见（沪府办发〔2017〕16号）</td><td>2017年2月</td></tr>
</table>

续表

省区市	发文单位	政策文件名称	颁布时间
上海市	中共上海市委、上海市人民政府	中共上海市委、上海市人民政府关于全力打响上海“四大品牌”率先推动高质量发展的若干意见	2018年4月
	上海市国有资产监督管理委员会	关于印发《关于本市国有企业全力打响上海“四大品牌”的实施方案（2018—2020年）》的通知	2018年7月
	上海市市场监督管理局	关于加强“上海品牌”认证工作的指导意见	2020年11月
浙江省	中共浙江省委、省人民政府	关于推进“品牌大省”建设的若干意见	2006年6月
	浙江省工商行政管理局办公室	关于进一步加强专业商标品牌基地建设的意见	2006年11月
	浙江省工商行政管理局	关于进一步推进品牌国际化建设的若干意见　浙工商标〔2008〕23号	2008年6月
	浙江省科学技术厅	关于印发《知识产权、标准化、品牌战略实施计划》的通知	2008年9月
	浙江省工商行政管理局办公室	关于推进我省农产品品牌建设的若干意见	2009年4月
	浙江省人民政府办公厅	关于加快服务业品牌建设的实施意见	2009年12月
	浙江省商务厅、浙江省财政厅	关于印发《浙江省品牌专卖连锁网络建设试点工作实施办法》的通知	2011年2月
	浙江省供销社、浙江省工商局	关于浙江省供销社系统全面实施商标品牌战略的意见	2013年4月
	浙江省人民政府办公厅	关于深入实施商标品牌战略的意见	2014年1月
	浙江省人民政府办公厅	关于打造“浙江制造”品牌的意见	2014年9月
	浙江省质监局	关于扶持“浙江制造”品牌发展的意见	2015年7月
	浙江省质量强省工作领导小组办公室	关于印发“浙江制造”品牌建设三年行动计划（2016—2018年）的通知	2016年5月

续表

省区市	发文单位	政策文件名称	颁布时间
浙江省	浙江省人民政府办公厅	关于印发浙江省标准强省质量强省品牌强省建设“十三五”规划的通知	2016年9月
	浙江省人民政府办公厅	关于印发浙江省发挥品牌引领作用推动供需结构升级工作实施方案的通知	2017年1月
	浙江省市场监督管理局	关于进一步推进“品字标浙江制造”品牌建设的意见	2019年12月
	浙江省发改委	浙江省质量强省标准强省品牌强省建设“十四五”规划	2021年5月
江苏省	江苏省人民政府	关于表彰奖励2006年度名牌品牌创建工作成绩显著市和企业的决定	2007年8月
	江苏省人民政府	关于大力推进名牌品牌创建工作的意见	2007年8月
	江苏省人民政府办公厅	江苏高校品牌专业建设工程实施方案	2014年10月
	江苏省人民政府办公厅	关于推进“畅游江苏”品牌建设的意见	2014年12月
贵州省	贵州省人民政府办公厅	贵州白酒品牌基地建设方案	2009年11月
	贵州省人民政府办公厅	关于加强品牌建设的指导意见	2012年10月
	贵州省人民政府办公厅	贵州省发挥品牌引领作用推动供需结构升级实施方案	2016年11月
海南省	海南省人民政府	海南省人民政府关于加快推进品牌农业发展的意见	2013年11月
	海南省质量技术监督局	关于印发《质量品牌提升（2016）行动计划》的通知	2016年7月
	海南省质量技术监督局	关于报送《发挥品牌引领作用推动供需结构升级的意见》实施措施的函	2016年8月
	海南省工业和信息化厅	关于做好2017年全省工业质量品牌工作的通知	2017年4月
	海南省工业和信息化厅	关于做好2018年全省工业质量品牌建设工作的通知	2018年3月

续表

省区市	发文单位	政策文件名称	颁布时间
黑龙江省	黑龙江省工商行政管理局	黑龙江省推进商标（品牌）战略促进全省经济更好更快发展的实施方案	2010年9月
	黑龙江省工业和信息化委员会	关于印发《黑龙江省食品工业企业创建品牌活动方案》的通知	2010年11月
	黑龙江省工业和信息化委员会	关于进一步做好2016年工业企业品牌培育工作的通知	2016年7月
	黑龙江省工商行政管理局	关于印发黑龙江省工商行政管理局品牌指导站试点建设工作方案的通知	2016年8月
	黑龙江省工商行政管理局	关于做好《商标、广告、合同三位一体促进品牌培育营销保护服务指南》发放及宣传有关事宜的通知	2016年9月
辽宁省	辽宁省人民政府办公厅	关于印发辽宁省实施品牌战略工作方案的通知	2007年6月
	辽宁省人民政府办公厅	关于推进品牌提升的意见	2017年8月
吉林省	吉林省工商行政管理局	关于加强产业集群区域品牌商标注册工作的意见	2017年3月
	吉林省人民政府办公厅	关于加强鲜食玉米品牌建设加快鲜食玉米产业发展的实施意见	2020年5月
广东省	广东省人民政府办公厅	关于实施商标品牌战略的指导意见	2012年3月
	广东省人民政府办公厅	转发国务院办公厅关于发挥品牌引领作用推动供需结构升级意见的通知	2016年7月
	广东省经济和信息化委员会	关于组织开展培育广东优质制造打造新广货新品牌活动的通知	2012年8月
	广东省府办公厅	广东省深入实施商标品牌战略服务经济社会发展的若干政策措施	2017年12月
广西自治区	广西壮族自治区人民政府	关于加快培育服务业品牌的意见	2010年12月
	广西壮族自治区人民政府办公厅	关于加快培育服务业品牌工作方案	2011年3月

续表

省区市	发文单位	政策文件名称	颁布时间
广西自治区	广西壮族自治区人民政府办公厅	关于深入实施商标品牌战略的意见	2016年7月
	广西壮族自治区人民政府办公厅	广西发挥品牌引领作用推动供需结构升级实施方案	2016年11月
	广西壮族自治区人民政府办公厅	广西实施商标品牌强桂战略三年行动计划	2018年12月
	广西壮族自治区人民政府办公厅	广西实施商标品牌强桂战略三年行动计划（2018—2020年）	2019年1月
湖北省	湖北省人民政府	关于推进品牌强省建设的若干意见	2013年11月
	湖北省人民政府办公厅	关于印发湖北省开展消费品工业“三品”专项行动计划（2016—2018年）的通知	2016年11月
	湖北省农业农村厅	关于印发湖北省农产品品牌三年培育方案的通知	2019年1月
湖南省	湖南省商务厅	关于印发《湖南省国际知名品牌认定和管理办法》的通知	2010年4月
	湖南省经济和信息化委员会	关于加强全省工业品牌建设的指导意见	2014年10月
	湖湖南省经济和信息化委员会	关于印发《湖南省工业领域知识产权运用标杆企业认定办法》《湖南省工业质量标杆认定办法》《湖南省工业品牌培育示范企业认定办法》的通知	2015年11月25日
	湖南省人民政府办公厅	关于发挥品牌引领作用推动供需结构升级的实施意见	2016年12月
	湖南省人民政府办公厅	关于进一步加快推进农产品品牌建设的指导意见	2017年1月
	湖南省体育局	关于开展“江、湖、山、道”全民健身品牌创建活动的通知	2017年10月
江西省	江西省人民政府	关于进一步实施商标发展战略的意见	2012年9月
	江西省人民政府办公厅	关于保护和促进我省老字号发展的指导意见	2014年8月
	江西省人民政府办公厅	关于推进全省茶叶品牌整合的实施意见	2015年5月

续表

省区市	发文单位	政策文件名称	颁布时间
江西省	江西省人民政府办公厅	江西省打造赣菜品牌三年行动计划（2021—2023年）	2020年11月
	江西省农业农村厅	关于印发江西“赣鄱正品”品牌创建三年行动计划（2021—2023年）的通知	2021年1月
福建省	中共福建省委、省人民政府	关于实施品牌带动的若干意见	2008年5月
	福建省人民政府办公厅	关于加快推进品牌农业建设七条措施的通知	2017年7月
	福建省人民政府办公厅	关于加强出口食品农产品品牌培育提升工作的通知	2018年1月
	福建省人民政府办公厅	关于印发福建省发挥品牌引领作用推动供需结构升级实施方案的通知	2016年8月
	福建省经济和信息化委员会	2018年福建省工业质量品牌建设工作计划的通知	2018年5月
	福建省人民政府办公厅	全力打造“全福游、有全福”品牌总体方案	2019年3月
山西省	山西省人民政府办公厅	山西省发挥品牌引领作用推动供需结构升级的实施方案	2016年12月
	山西省人民政府办公厅	关于印发“山西小米”品牌建设实施方案的通知	2017年8月
	山西省人民政府	关于打造“山西精品”公用品牌推动高质量转型发展的意见	2021年7月
山东省	山东省人民政府办公厅	关于加快培育国际自主品牌的实施意见	2016年3月
	山东省人民政府	关于加快推进品牌建设的意见	2016年9月
	山东省人民政府办公厅	关于印发山东省农产品品牌建设实施方案的通知	2016年9月
	山东省人民政府办公厅	关于贯彻国办发〔2016〕40号文件开展消费品工业“三品”专项行动营造良好市场环境的实施意见	2016年9月
	山东省人民政府办公厅	关于加快推进品牌建设的意见	2016年9月

续表

省区市	发文单位	政策文件名称	颁布时间
山东省	山东省人民政府办公厅	关于印发山东省知识产权强省建设实施方案的通知	2016年12月
	山东省人民政府办公厅	关于印发加快推进十大文化旅游目的地品牌建设实施方案的通知	2017年2月
	山东省人民政府办公厅	关于"食安山东"品牌建设的实施意见	2017年3月
	山东省经济和信息化委	关于加快培育白酒骨干企业和知名品牌的指导意见	2018年6月
陕西省	陕西省人民政府办公厅	陕西省人民政府关于印发《陕西省知识产权战略纲要(2008—2020年)》和《陕西省知识产权战略推进计划(2008—2010)》的通知	2008年12月
	陕西省人民政府办公厅	陕西省人民政府关于实施质量兴省战略的意见	2009年9月
	陕西省人民政府办公厅	陕西省人民政府关于推进商标战略的实施意见	2010年3月
	陕西省人民政府办公厅	陕西省人民政府办公厅关于印发发挥品牌引领作用推动供需结构升级实施方案的通知	2016年11月
	陕西省人民政府办公厅	陕西省人民政府办公厅关于印发推进陕菜品牌建设行动方案的通知	2017年12月
	陕西省人民政府办公厅	关于进一步推进实施名牌战略的意见	2017年12月
甘肃省	陕西省工业和信息化厅	关于组织申报2020年陕西省工业品牌示范企业的通知	2020年5月
安徽省	安徽省人民政府办公厅	关于印发加强茶叶品牌建设进一步做大做强茶产业目标任务分解方案的通知	2012年12月
	安徽省人民政府办公厅	关于印发发挥品牌引领作用推动供需结构升级工作实施方案的通知	2016年12月
	安徽省人民政府办公厅	关于"食安安徽"品牌建设的实施意见	2021年3月

续表

省区市	发文单位	政策文件名称	颁布时间
湖南省	湖南省人民政府办公厅	关于发挥品牌引领作用推动供需结构升级的实施意见	2016年12月
	湖南省工业和信息化厅	湖南省消费品工业“三品”标杆企业培育办法	2021年6月
四川省	四川省人民政府办公厅	关于印发《四川省强力推进工业品牌战略实施意见》的通知	2007年7月
	四川省人民政府办公厅	关于印发四川省推进工业品牌战略实施意见的通知	2009年6月
	四川省人民政府办公厅	关于印发四川省发挥品牌引领作用推动供需结构升级的实施方案的通知	2016年10月
	四川省人民政府办公厅	关于印发加快推进工业产品质量品牌提升行动实施意见的通知	2016年11月
	四川省人民政府办公厅	关于加强农产品品牌建设的意见	2017年5月
	四川省人民政府办公厅	四川省“十大”文化旅游品牌建设方案（2021—2025年）	2021年1月
河北省	河北省人民政府	关于加快知识产权强省建设的实施意见	2016年4月
	河北省人民政府	关于实施质量强省战略的意见	2016年7月
	河北省人民政府办公厅	关于发挥品牌引领作用推动供需结构升级的实施意见	2016年9月
	河北省工业和信息化厅	关于做好2017年河北省工业质量品牌建设工作的通知	2017年4月
	河北省市场监督管理局	关于组织开展2021年河北省知识产权服务品牌机构培育工作的通知	2021年4月
河南省	河南省人民政府办公厅	河南省创建知名品牌创建示范产业集聚区实施意见（试行）	2011年10月
	河南省人民政府办公厅	河南省人民政府办公厅关于印发河南省实施商标品牌战略2016—2018年行动计划的通知	2016年4月
	河南省农业农村厅厅	河南省知名农业品牌目录2019年入选名单	2020年4月

续表

省区市	发文单位	政策文件名称	颁布时间
内蒙古自治区	内蒙古自治区人民政府办公厅	内蒙古自治区“十三五”品牌发展规划	2017年1月
	内蒙古自治区人民政府办公厅	农畜产品区域公用品牌建设三年行动方案（2021—2023年）	2021年2月
西藏自治区	西藏自治区人民政府办公厅	关于发挥品牌引领作用推动供需结构升级的指导意见	2017年2月
新疆维吾尔自治区	新疆维吾尔自治区人民政府	关于加快推进农产品品牌建设工作的意见（新政发）	2010年4月
宁夏回族自治区	宁夏回族自治区人民政府办公厅	关于加强宁夏枸杞质量监管品牌保护及市场规范的指导意见	2014年4月
	宁夏回族自治区人民政府办公厅	关于加强贺兰山东麓葡萄酒质量监管品牌保护及市场规范的指导意见	2014年4月
	宁夏回族自治区人民政府办公厅	关于印发发挥品牌引领作用推动供需结构升级实施方案的通知	2017年1月
	宁夏回族自治区人民政府办公厅	关于加快推进宁夏特色优质农产品品牌建设的意见	2017年5月
云南省	云南省人民政府办公厅	关于印发云南省发挥品牌引领作用推动供需结构升级实施方案的通知	2016年7月
	云南省人民政府办公厅	关于加快培育国际自主品牌的实施意见	2018年9月
青海省	青海省人民政府	关于印发青海省进一步推进品牌战略实施意见的通知	2008年4月
	青海省人民政府办公厅	转发省农牧厅关于加快推进青海农畜产品品牌建设工作意见的通知	2010年11月
	青海省人民政府	关于全面实施质量强省战略的意见	2016年10月
	青海省人民政府办公厅	关于发挥品牌引领作用推动供需结构升级的实施意见	2016年12月
	青海省人民政府办公厅	关于印发青海省推进农畜产品商标和地理标志品牌战略实施意见的通知	2016年10月
	青海省人民政府办公厅	关于成立省“柴杞”品牌建设领导小组的通知	2018年8月

续表

省区市	发文单位	政策文件名称	颁布时间
重庆市	重庆市人民政府办公厅	关于印发重庆市发挥品牌引领作用推动供需结构升级实施方案的通知	2016年9月
	重庆市人民政府	关于加强农产品品牌建设工作的意见	2018年1月
	重庆市人民政府办公厅	关于深入实施商标品牌战略建设商标品牌强市的意见	2018年8月
	重庆市人民政府	重庆市农业品种品质品牌建设工程实施方案（2018—2022年）	2018年10月

内容来源：根据各省市政府门户网站信息整理。

编者说明

本书有关品牌的历史变迁，从晚清到民国到新中国成立及至改革开放后，时间跨越比较大。尤其是新中国成立后，与品牌有关的一些国家行政机构，在不同历史时期出现不同名称，或是在不同历史时期国家为不同职能而设置了新的行政部门。为了本书叙述的方便，同时也为了读者便于理解本书，本书在叙述有关2018年3月国务院机构改革之前一些行政机构时，仍用原称呼。以下为本书所涉及的一些国家行政机构的设置变化的补充说明。

国家工商总局：是依照法律、法规进行市场监督管理和有关行政执法工作的国务院直属机构。根据《国务院关于机构设置的通知》(国发〔2008〕11号)，设立国家工商行政管理总局(正部级)。

2018年3月，根据第十三届全国人民代表大会第一次会议批准的国务院机构改革方案，将国家工商行政管理总局的职责整合，组建国家市场监督管理总局；将国家工商行政管理总局的商标管理职责整合，重新组建国家知识产权局；不再保留国家工商行政管理总局。

国家质检总局：中华人民共和国国家质量监督检验检疫总局，是中华人民共和国国务院主管全国质量、计量、出入境商品检验、出入境卫生检疫、出入境动植物检疫、进出口食品安全和认证认可、标准化等工作，并行使行政执法职能的正部级国务院直属机构。按照国务院授权，将认证认可和标准化行政管理职能，分别交给国家质检总局管理的中国国家认证认可监督管理委员会和中国国家标准化管理委员会承担。

2018年3月，根据第十三届全国人民代表大会第一次会议批准的国务院机构改革方案，将国家质量监督检验检疫总局的职责整合，组建国家市场监督管理总局；将国家质量监督检验检疫总局的出入境检验检疫管理职责和队伍划入海关总署；将国家质量监督检验检疫总局的原产地地理标志管理职责整合，重新组建国家知识产权局；不再保留国家质量监督检验检疫总局。

国家食品药品监督管理局：中华人民共和国国家食品药品监督管理总局，是国务院综合监督管理药品、医疗器械、化妆品、保健食品和餐饮环节食品安全的直属机构，负责起草食品（含食品添加剂、保健食品，下同）安全、药品（含中药、民族药，下同）、医疗器械、化妆品监督管理的法律法规草案，制定食品行政许可的实施办法并监督实施，组织制定、公布国家药典等药品和医疗器械标准、分类管理制度并监督实施，制定食品、药品、医疗器械、化妆品监督管理的稽查制度并组织实施，组织查处重大违法行为。

2018年3月，根据第十三届全国人民代表大会第一次会议批准的国务院机构改革方案，将国家食品药品监督管理总局的职责整合，组建国家市场监督管理总局；不再保留国家食品药品监督管理总局。

农业部：中华人民共和国农业部，是主管农业与农村经济发展的国务院组成部门。农业部既是国务院综合管理种植业、畜牧业、水产业、农垦、乡镇企业和饲料工业等产业的职能部门，又是农村经济宏观管理的协调部门。

2018年3月13日，十三届全国人大一次会议审议国务院机构改革方案，组建农业农村部，不再保留农业部。

国家林业局：中华人民共和国国家林业局，是主管林业工作的国务院直属机构。其前身是1949年10月1日成立的中华人民共和国中央人民政府林垦部。根据《国务院关于机构设置的通知》(国发〔2008〕11号),设立国家林业局。

2018年3月,根据第十三届全国人民代表大会第一次会议批准的国务院机构改革方案,将国家林业局的森林、湿地等资源调查和确权登记管理职责整合,组建中华人民共和国自然资源部;将国家林业局的森林防火相关职责整合,组建中华人民共和国应急管理部;将中华人民共和国国家林业局的职责整合,组建国家林业和草原局,由中华人民共和国自然资源部管理;不再保留国家林业局。

文化部:中华人民共和国文化部是中国文化行政的最高机构,是国务院的职能部门,在国务院领导下管理全国文化艺术事业。中华人民共和国文化部是中华人民共和国国务院负责文化、艺术事业的组成部门,是中华人民共和国成立最早的政府部门之一。

2018年3月,根据第十三届全国人民代表大会第一次会议批准的国务院机构改革方案,将文化部和旅游局职责整合,组建中华人民共和国文化和旅游部,不再保留文化部。

国家新闻出版广电总局:是根据第十二届全国人民代表大会第一次会议批准的《国务院机构改革和职能转变方案》和《国务院关于机构设置的通知》(国发〔2013〕14号),设立的新闻、出版、广播、电影和电视领域的国家管理部门。国家新闻出版广电总局为正部级单位,是国务院直属机构。

2018年3月,根据第十三届全国人民代表大会第一次会议批准的国务院机构改革方案,在国家新闻出版广电总局广播电视管理职责的基础上组建国家广播电视总局,新闻出版划归中共中央宣传部,不再保留国家新闻出版广电总局。

另列出本书中多处出现、名称仍沿用的国家行政部门,如下:

工信部:中华人民共和国工业和信息化部,是根据2008年3月11日公布的国务院机构改革方案组建的国务院直属部门。

商务部：中华人民共和国商务部是中华人民共和国设立的主管国内外贸易和国际经济合作的部门，隶属于中华人民共和国国务院。是根据第十届全国人民代表大会第一次会议批准的国务院机构改革方案和《国务院关于机构设置的通知》(国发〔2003〕8号)组建中华人民共和国商务部。

国家知识产权局：由国家市场监督管理总局管理，行政级别为副部级。负责保护知识产权工作，推动知识产权保护体系建设，负责商标、专利、原产地地理标志的注册登记和行政裁决，指导商标、专利执法工作等。

国家税务总局：为中华人民共和国国务院主管税收工作的直属机构，正部级。2018年3月，根据中共中央印发的《深化党和国家机构改革方案》，将省级和省级以下国税地税机构合并，具体承担所辖区域内各项税收、非税收入征管等职责。

中共中央宣传部：是中共中央主管意识形态方面工作的综合职能部门。主要职能是：负责指导全国理论研究、学习与宣传工作；负责引导社会舆论，指导、协调中央各新闻单位的工作；负责从宏观上指导精神产品的生产；负责规划、部署全局性的思想政治工作任务，配合中央组织部做好党员教育工作，负责编写党员教育教材，会同有关部门研究和改进群众思想教育工作等。

国家发改委：中华人民共和国国家发展和改革委员会，作为国务院的职能机构，是综合研究拟订经济和社会发展政策，进行总量平衡，指导总体经济体制改革的宏观调控部门。 国家发改委的前身是国家计划委员会，成立于1952年。原国家计划委员会于1998年更名为国家发展计划委员会，又于2003年将原国务院体改办和国家经贸委部分职能并入，改组为国家发展和改革委员会，简称国家发改委。

国资委：国务院国有资产监督管理委员会，为国务院直属正部级特设机构，代表国家履行出资人职责。根据国务院授权，依照《中华人民共和国公司法》等法律和行政法规履行出资人职责，指导推进国有企业改革和重组;对所监管企业国有资产的保值增值进行监督，加强国有资产的管理工作;推进国有企业的现代企业制度建设，完善公司治理结构;推动国有经济结构和布局的战略性调整。2018年3月，根据第十三届全国人民代表大会第一次会议批准的国务院机构改革方案，将国务院国有资产监督管理委员会的国有企业领导干部经济责任审计和国有重点大型企业监事会的职责划入中华人民共和国审计署。

参考文献

[1]黄玮，曹静，王悦，杨杰．中国文化的三大关系[N]．上海：解放日报·解放周末版．2014-07-17.

[2]李佐军．充分发挥我国的后发优势[N/OL]．北京：人民网，2009-08-19.

[3]任远，陈向明，Dieter Lappley主编．全球城市——区域的时代[M]．上海：复旦大学出版社，2009.

[4]毛光烈．智慧城市建设的难点与对策[N/OL]．北京：新华网，2014-06-26.

[5]上海社会科学院信息研究所编著．智慧城市辞典[M]．上海：上海辞书出版社，2011.

[6]陈威如，余卓轩．平台战略[M]．北京：中信出版社，2013.

[7]姜卫红主编．上海品牌发展报告（2010/2011）[M]．上海：上海人民出版社，2012.

[8]傅崇兰，白晨曦，曹文明等．中国城市发展史[M]．北京：社会科学文献出版社，2009.

[9]杰布·布鲁格曼．城变[M]．北京：中国人民大学出版社，2011.

[10]刘易斯·芒福德．城市发展史——起源、演变和前景[M]．北京：中国建筑工业出版社，2005.

[11]唐·泰普斯科特．数据时代的经济学——对网络智能时代机遇和风险的再思考[M]．毕崇毅，译．北京：机械工业出版社，2016.

[12]熊月之主编．上海通史[M]．上海：上海人民出版社，1999.

[13]斯图尔特·杰克逊．隐藏的价值[M]．刘倬译，陈玮译校．北京：中信出版社，2014.

[14]安迪·派克／编．品牌与品牌地理化[M]．邓安龙，译．北京：经济管理出版社，2016.

[15]阿尔·拉马丹，戴夫·彼得森，克里斯托弗·洛克海德，凯文·梅尼．成为独角兽[M]．田新雅，译．北京：中信出版社，2017.

[16]韩中和．中国企业品牌国际化实证研究[M]．上海：复旦大学出版社，2014.

[17]王成荣．品牌价值论——科学评价与有效管理品牌的方法[M]．北京：中国人民大学出版社，2008.

[18]方惠萍主编．商标与城市经济[M]．上海：上海三联书店，2004.

[19]吴跃农．上世纪五十年代陈云全力保护工商业“老字号”[J]．河北：档案天地，2015（5）.

[20]丁三．清末“专利权”的兴废[J]．北京：中国中小企业，2014（2）.

[21]姜卫红，安羽青主编．中国品牌经济与知识产权研究[M]．北京：社会科学文献出版社，2019.

[22]景海峰．通向人类文化共同体的文明对话[N]．北京：中国社会科学报.2020-8-20.

[23]许维娜．国务院国资委：从四方面推进品牌强国建设[N/OL]．北京：人民网，2021-5-13.

图书在版编目（CIP）数据

站在新的文明起点上：中国品牌经济体系、政策与价值取向 / 姜卫红著. — 北京：商务印书馆, 2021（2022.5重印）

ISBN 978 - 7 - 100 - 20454 - 5

Ⅰ. ①站…　Ⅱ. ①姜…　Ⅲ. ①品牌 — 企业管理 — 中国 — 文集　Ⅳ. ①F279.23-53

中国版本图书馆 CIP 数据核字（2021）第212983号

站 在 新 的 文 明 起 点 上
中国品牌经济体系、政策与价值取向
姜卫红　著

商 务 印 书 馆 出 版
（北京王府井大街36号　邮政编码 100710）
商 务 印 书 馆 发 行
山西人民印刷有限责任公司印刷
ISBN 978 - 7 - 100 - 20454 - 5

2022年2月第1版　　开本 720×1020　1/16
2022年5月第2次印刷　　印张 16½

定价：55.00元